하용조 강해서 전집 19

사도행전 2

변화 받은 사람들

(9-15장)

하용조 강해서 전집 19

사도행전 2
변화 받은 사람들(9-15장)

지은이 | 하용조
초판 발행 | 1999. 3. 3
개정판 발행 | 2021. 7. 21
등록번호 | 제1988-000080호
등록된 곳 | 서울특별시 용산구 서빙고로 65길 38
발행처 | 사단법인 두란노서원
영업부 | 2078-3352   FAX | 080-749-3705
출판부 | 2078-3331

책값은 뒤표지에 있습니다.
ISBN 978-89-531-3497-3 04230

독자의 의견을 기다립니다.
tpress@duranno.com   www.duranno.com

두란노서원은 바울 사도가 3차 전도여행 때 에베소에서 성령 받은 제자들을 따로 세워 하나님의 말씀으로 양육하던 장소입니다. 사도행전 19장 8-20절의 정신에 따라 첫째 목회자를 돕는 사역과 평신도를 훈련시키는 사역, 둘째 세계선교(TIM)와 문서선교(단행본·잡지) 사역, 셋째 예수문화 및 경배와 찬양 사역, 그리고 가정·상담 사역 등을 감당하고 있습니다. 1980년 12월 22일에 창립된 두란노서원은 주님 오실 때까지 이 사역들을 계속할 것입니다.

하용조 강해서 전집 19

사도행전 2
변화 받은 사람들
(9-15장)

두란노

하나님은 당신을 통해
사도행전을 완성하고 계십니다

온누리교회에서 설교하는 동안, 사도행전을 강해할 기회가 있었습니다. 첫 번째는, 교회가 처음 시작하던 때였습니다. 온누리교회의 이상과 목회 철학이 사도행전적 교회에서 시작했기 때문입니다.

온누리교회의 비전은 예수님이 인도하시고 사도행전에서 보여준 바로 그 교회를 세우는 일입니다. 예수님이 인도하신 교회란 구원받은 성도들의 예배 공동체요, 예수님이 주인이신 예수 공동체요, 음부의 권세가 이기지 못하는 능력 공동체요, 천국 열쇠를 가진 전도 공동체입니다.

그러면 사도행전적 교회는 무엇입니까? 그것은 성령으로 잉태된 성령의 공동체요, 십자가와 부활을 전하는 증인 공동체요, 예수님의 제자를 삼는 양육 공동체요, 자신의 삶을 드리는 헌신 공동체요, 땅 끝까지 복음을 전하는 선교 공동체입니다.

사도행전에 대한 저의 관심은 진정한 교회의 모습과 틀을 어떻게 만드느냐에 있습니다. 오순절 이후 2천 년이 지난 지금에도 이러한 사도행전적 교회가 가능하다는 확신과 믿음을 가지고 이 교회를 시작했습니다.

온누리교회가 창립한 지 10년이 지났을 때, 우리의 비전을 다시 확인하고 새로운 결심과 각오를 다져야 했기에 사도행전을 다시 한 번 강해했습니다. 이 책은 그 두 번째 강해를 텍스트로 사용한 것입니다.

사도행전을 통해서 우리의 가슴이 뜨거워지고, 비전은 분명해지며, 능력이 나타날 것입니다.

사도행전은 하나님 나라를 향한 모든 성도들의 나침반입니다.

차례

2부

변화 받은 사람들과 선교

사도행전 12:1-15:41

1부

사울이 바울로 변화되다

사도행전 9:1-11:30

주님은 당신을 부르고 계십니다.
주님은 사울 한 사람을 불러 유럽을, 이방인 전체를,
전 세계를 복음화시킬 그릇으로 삼으셨습니다.
그렇다면 하나님은 당신을 통해서도 당신의 가정을, 교회를
그리고 이 민족을 변화시키실 수 있습니다.
하나님은 한 사람을 택해서 엄청난 일을 하십니다.

1

사울과 예수의 만남

사도행전 9:1-9

사람은 '누구를 만나느냐'로 그 인생이 결정됩니다. 어떤 나라에 태어나느냐가 그의 조국을 결정하고, 어떤 부모를 만나느냐가 그의 성품과 인격 및 인생의 큰 줄기를 결정하고, 어떤 배우자를 만나느냐가 그의 가정을 결정하고, 어떤 신을 만나느냐가 그의 영혼을 결정합니다. 특별히 예수 그리스도를 만나느냐, 만나지 못하느냐가 인생의 중요한 분기점이 됩니다. 그리스도를 만난 인생과 만나지 못한 인생은 그 출발부터가 다릅니다.

유대인 중의 유대인, 사울

사울이라는 한 청년이 있었습니다. 그가 예수를 만났습니다. 사울이 예수를 만나서 바울이 되었습니다. 기독교 역사상 오순절 이후 최대의 사건은 사울과 예수가 만난 것입니다. 그것은 굉장히 의미 있는 큰 사건이었습니다. 사울이 예수를 만남으로 말미암아 사울이라는 한 개인의 구원뿐 아니라, 복음이 이방 세계로 전해지는 놀라운 일이 일어납니다. 전 세계가 복음의 축복을 받게 되는 일이 바로 이 청년 사울이 예수를 만나는 사건으로 말미암아 이루어지는 것입니다.

당신이 예수를 만남으로써 가정이 뒤집어질 수 있습니다. 당신이 예수를 만남으로써 세상이 변할 수 있습니다. 어느 한 사람이 예수를 만나면, 이 사회가 온통 변할 수 있다는 것입니다. 예수를 만난다는 것은 이처럼 엄청난 일들을 만들어 내는 사건입니다.

사울이라는 청년이 예수를 만나기 전에는 어떻게 살았는지에 대해서 성경은 몇 가지로 얘기하고 있습니다. 그는 엄격한 바리새파 유대주의 배경에서 자랐습니다. 그는 유대인 중의 유대인이요, 나면서부터 할례를 받고 자라난 사람이었습니다. 그는 유대 전통과 히브리 율법에 아주 정통한 사람으로, 정말 히브리인 중의 히브리인이었습니다. 그는 다소라는 곳에서 자랐습니다. 다소에서 자랐다는 것은, 헬라의 문화와 철학에 익숙해 있다는 것을 의미합니다. 또한 그는 태어나면서부터 로마 시민권을 가지고 있었다고 했습니다. 로마 시민권을 가지고 있다는 것은, 그가 로마의 모든 정치와 법을 잘 아는 사람이라는 얘기입니다. 이 사울이라는 청년에게서 우리는 정통 유대주의를 보게 되고, 헬라 문화와 철학을 보게 되고, 로마의 법과 정치를 보게 됩니다.

그뿐만이 아닙니다. 그는 당대 석학이라고 일컬어졌던 가말리엘 선생의 문하에서 수학했습니다. 그는 지성인의 자격을 완벽히 갖춘 최고의 지성인이었습니다.

이런 사실을 볼 때, 그는 무식하고 맹목적인 예수교 박해자가 아니었습니다. 대부분의 예수교 박해자들은 좀 무식하고 감정적이고 맹목적인 모습들을 찾아볼 수 있는데, 사울은 그렇지 않았습니다. 그에게는 나름대로의 신앙적인 확신이 있었습니다. 그는 역사와 철학에 대한 지식을 가진 지성인이었습니다.

대부분의 지성인들에게는 행동이 없습니다. 나약하다는 것이 그들이 가진 특징 가운데 하나입니다. 머리는 분명 뛰어나고, 판단력도 빠르고 비판력도 있는데, 결정적인 순간에 행동하지 못하는 것이 보통의 지성인이 가진 약점입니다. 그래서 우리는 그런 지성인에게 이런 말을 붙여 줍니다. '사색하는 지성인.' 굉장히 멋있는 명칭 같지만, 행동하지 못하는 지성인이라는 말입니다.

그러나 사울이라는 청년은 자기가 옳다고 생각하는 것에 목숨을 걸 줄 아는 행동력을 갖고 있었습니다. 누가 시켜서 행동하는 것이 아니었습니다. 시켜서 하는 일은 시킨 만큼의 일밖에 하지 못합니다. 월급 받고 하는 일은 월급 받은 만큼의 일만 합니다. 하지만 자기가 좋아서 하는 일은 그 이상을 합니다. 보통 세상살이를 살펴보면 시키는 만큼만 일하는 수동적인 사람이 있고, 그것보다 더 큰 의미와 보람을 찾으며 창조적으로 일하는 사람이 있습니다. 행동하는 지성인, 손해를 볼 줄 아는 사람, 욕을 먹고 박해를 받고 굶는 한이 있어도 스스로 옳다고 생각하는 대로 행동하는 그 사람이 바로 사울이었습니다.

그리스도인을 박해하다

사울이 주의 제자들에 대하여 여전히 위협과 살기가 등등하여 대제
사장에게 가서 다메섹 여러 회당에 가져갈 공문을 청하니 이는 만
일 그 도를 따르는 사람을 만나면 남녀를 막론하고 결박하여 예루
살렘으로 잡아오려 함이라(행 9:1-2).

위의 말씀에서, 우리는 예수 만나기 이전의 사울의 두 가지 모습
을 발견할 수 있습니다. 첫째, 그는 예수 믿는 사람들에 대해 굉장
히 나쁜 선입관과 감정을 가지고 있었습니다. 우리 주위에도 이런
사람들이 있습니다. "예수쟁이들, 아주 밥맛없어." "옆집에 사는
것조차 기분 나빠." 이런 사람들은 언젠가 예수 믿는 사람에게 몹
시 상처를 받았거나 그들로 인해 큰 어려움을 겪었을지 모릅니다.
사울에게 기독교란 아주 재수 없는, 기분 나쁜 그런 경험이었습
니다. 사울이 주의 제자들에 대해 여전히 위협과 살기가 등등했다
는 표현을 보면, 사울이 얼마나 예수 믿는 사람에 대해 나쁜 감정
과 선입관을 가지고 있었는지 알 수 있습니다.
둘째, 그는 예수 믿는 자를 잡아 예루살렘으로 데려오기 위해 대
제사장에게 받은 공문을 들고 다메섹까지 직접 갔던 행동파였습
니다. 그는 자기 생각에 비추어 옳은 것에 대해서 행동할 줄 알았
습니다. 사실 이것은 쉬운 일이 아닙니다. 누가 월급을 주는 게 아

닙니다. 미래가 보장된 것도 아닙니다. 그런데 그렇게 행동하는 것입니다. 대단한 일이 아닐 수 없습니다.

하지만 후에 이런 사울이 변화됩니다. 그를 변화시키시는 분이 누구입니까? 오직 한 분, 예수 그리스도십니다.

홀연히 임한 하늘의 빛

> 사울이 길을 가다가 다메섹에 가까이 이르더니 홀연히 하늘로부터 빛이 그를 둘러 비추는지라(행 9:3).

대제사장에게서 체포 명령을 위임받고 다메섹으로 가는 사울, 자기 정의감에 충실하고자 큰 결단을 내리고 행동에 옮기는 이 사람을 누가 막을 수 있겠습니까? 아무도 막을 수 없습니다. 그런데 그러한 사울에게 갑자기 하늘로부터 빛이 임한 것입니다. 순간 그는 땅에 엎드러졌습니다. 그때 하늘로부터 소리가 들렸습니다. "사울아 사울아 네가 어찌하여 나를 박해하느냐"(행 9:4). 얼마나 놀라운 경험이었겠습니까? 얼마나 놀라운 순간이었겠습니까? 어떤 사람은 이 사건이 오순절 이후 최대의 사건이었다고까지 설명합니다.

어느 누구도 자기 정의감에 충만한 사울을 막을 수 없었습니다. 그는 스데반의 죽음을 당연한 것으로 여겼습니다. 스데반이 성령 충만해서 죽어 간 것을 그는 종교적인 감상주의라고 생각했을 것입니다. 그리고 예수쟁이들을 잡아들여 죽이는 것이 하나님에게 영광을 돌리는 유일한 길이라고 생각한 것입니다. 아무도 그의 생각을 막을 수 없었습니다. 그는 행동하고 있었기 때문입니다. 그런데 하나님이 갑자기 개입하기 시작하신 것입니다. 저는 우리 일생에 하나님이 개입하시기를 바랍니다. 특별히 아무도 자신을 바꿀 수 없다고 생각하는 사람에게 하나님이 개입하시기를 바랍니다.

앞의 말씀에 재미있는 표현이 등장합니다. '홀연히'라는 표현이 그것입니다. '홀연히 하늘로부터 빛이 그를 둘러 비췄다'고 했습니다. 그런데 사도행전 2장을 보십시오. "오순절 날이 이미 이르매 … 홀연히 하늘로부터 급하고 강한 바람 같은 소리가 있어"(행 2:1-2)라고 말씀합니다. 그리고 다시 9장 4절을 보십시오. "땅에 엎드러져 들으매 소리가 있어 이르시되."

이 사건과 사도행전 2장의 오순절 사건이 비슷합니다. 오순절에 임하셨던 성령이 120명의 공동체에 임했던 하나님의 성령이라 말한다면, 다메섹 도상에 임하고 있는 이 빛은 한 개인에게 임하신 성령의 임재인 것입니다. 홀연히 하늘로부터 빛이 있었고, 하늘로부터 소리가 났다고 했습니다. 이 성령님이 우리에게도 개인적으로 임하실 것을 믿습니다. 그리고 이 성령님이 우리 개인의 삶에 관계할 수 있게 되기를 바랍니다.

사울을 두 번 부르시다

엎드러져 있는 사울에게 하늘로부터 신비한 음성이 들렸습니다. 그 음성은 어떤 것이었습니까? "사울아 사울아 네가 어찌하여 나를 박해하느냐"(행 9:4) 하는 말씀입니다. 여기서 주님은 "사울아" 하고 한 번 부르지 않고, 두 번 부르셨습니다. 이것은 하나님이 특별히 사울에게 관심과 애정을 갖고 계시다는 것입니다. 그에게 어떤 의미를 두고 있고, 어떤 목적을 갖고 계시다는 것입니다. 저는 하나님이 우리의 이름을 두 번 불러 주시기를 바랍니다. '내가 너에게 할 말이 있다. 내가 너에게 목적이 있다.' 하나님은 이렇게 우리를 찾아오십니다.

"사울아 사울아 네가 어찌하여 나를 박해하느냐." 이 말씀 속에서 우리는 두 가지 중요한 것을 묵상할 수 있습니다. 첫째는, '나는 너를 사랑했고, 너를 위해 십자가에 못 박혀 죽었고, 네가 내 품으로 돌아오기를 기다렸고, 내 사랑 받아 주기를 그렇게 바랐는데, 너는 어찌하여 사랑의 반응은 하지 않고 오히려 나를 박해하느냐? 사울아, 사울아. 내가 너를 그렇게 사랑했건만, 너는 어찌하여 나를 박해하느냐?'는 것입니다.

둘째는, 예수님이 "네가 어찌하여 나의 교회를 박해하느냐", "어찌하여 나의 제자들을 박해하느냐"라고 말씀하지 않으셨다는 사실입니다. 사도행전 8장 3절을 보십시오. "사울이 교회를 잔멸할새 각 집에 들어가 남녀를 끌어다가 옥에 넘기니라." 그리고 9장 1절을 보십시오. "사울이 주의 제자들에 대하여 여전히 위협과 살기가 등등하여." 사울이 예수님을 박해한 적은 없습니다. 예수님을 대놓고 욕한 적도 없습니다. 예수님을 만난 일도 없습니다. 그는 그저 예수 믿는 사람들과 교회를 기분 나쁘게 생각했을 뿐입니다. 하지만 예수님은 성령을 통해, "네가 어찌하여 나를 박해하느냐"고 말씀하셨습니다. 우리는 여기서, 교회를 박해하고 예수 믿는 사람들을 박해한 것이 곧 예수님을 박해한 것이라는 사실을 알게 됩니다.

사도 요한은 이렇게 기록합니다. "세상이 너희를 미워하면 너희보다 먼저 나를 미워한 줄을 알라 너희가 세상에 속하였으면 세상이 자기의 것을 사랑할 것이나 너희는 세상에 속한 자가 아니요 도리어 내가 너희를 세상에서 택하였기 때문에 세상이 너희를 미워하느니라"(요 15:18-19).

살아서 역사하시는 예수

여기서 한 가지 생각할 것이 있습니다. 그것은 육신으로 오신 그리스도입니다. 그분은 33년 동안 우리와 똑같이 이 지상에서 사셨습니다. 십자가에 못 박히셨습니다. 돌아가신 후 3일 만에 부활하셨습니다. 부활하신 후 40일 동안 이 세상에서 제자들과 함께 교제하며 그들을 훈련시키셨습니다. 그리고 승천하셨습니다. 예수님은 하늘로 올라가셨습니다. 그래서 우리는 더 이상 예수님의 얘기를 직접 들을 수 없게 되었습니다.

그런데 사울의 귀에 "나는 네가 박해하는 예수라"(행 9:5)라는 말이 들렸습니다. 다시 예수님의 말씀이 나타났다는 것입니다. 이 얼마나 놀라운 일입니까? 홀연히 하늘로부터 빛이 비추더니 사울의 귀에 예수님의 음성이 들린 것입니다.

우리는 여기에서 몇 가지 중요한 일들을 생각하게 됩니다. 만약한 목회자에게 무슨 일이 생겨 그가 다음 주에 죽는다고 가정해 봅시다. 그 교회 성도들은 다음 주에 그 목회자의 설교를 들을 수 없을 것입니다. 물론 설교는 계속될 것입니다. 누군가가 할 것입니다. 그러나 그의 설교는 들을 수 없게 될 것입니다.

예수님이 세상에 계실 때는 예수님의 말씀을 직접 들을 수 있었습니다. 예수님의 음성을 들을 수 있었습니다. 하지만 그분이 부활하고 승천하신 후에는 어디에서도 그분의 말씀을 들을 수 없었습니다. 그런데 그분의 말씀이 들렸다는 것입니다.

우리는 여기서 세 가지 사실을 더 생각할 수 있습니다. 첫째, 승천해서 육체로는 우리에게 보이지 않으시지만, 예수님은 분명히 살아 계신다는 것입니다. 우리를 보고 계신다는 것입니다.

예수님은 사울이 교회와 당신의 제자들을 박해하는 것을 다 보고 계셨습니다. 그래서 "네가 어찌하여 나를 박해하느냐"(행 9:4)고 말씀하신 것입니다. 예수님이 살아 계신 것을 믿으십시오. 그분은 오늘도 살아 계십니다. 우리를 보고 계십니다. 우리에게 말씀하고 계십니다. 그분은 없어진 것이 아닙니다.

둘째, 예수님은 시간과 공간을 초월해서 존재하신다는 것입니다. 육이 없어짐으로 완전히 사라지신 것이 아니라, 육이 없어지니까 더 자유로워지신 것입니다.

육신은 시간과 공간의 제약을 받습니다. 그렇지만 예수님은 미국에 있는 그리스도인에게도, 유럽에 있는 성도들에게도 동일하게 역사하십니다. 만일 예수님이 한 육체를 가지고 계셨다면, 그분은 시간과 공간을 벗어나지 못하셨을 것입니다. 영으로 오신 예수 그리스도, 성령으로 오신 예수 그리스도는 시간과 공간을 초월해서 역사 전체를 지배하십니다.

예수님은 항상 우리에게 오실 수 있습니다. 다메섹에도 오실 수 있고, 당신의 골방에도 오실 수 있고, 버스를 타고 가는 중에도 성령이 그곳에 임할 수 있다는 것입니다.

셋째, 예수님의 임재는 성령의 임재와 일치한다는 것입니다. 성령의 임재는 그리스도와 함께 있다는 것입니다. 우리가 믿는 성령이라는 존재는 어떠한 에너지나 기와 같은 존재도 아니고, 세상의 물질이나 귀신이나 무당이 섬기는 잡신들과 같은 존재도 아닙니다. 성령님은 바로 하나님이십니다. 성령님은 곧 하나님의 영이며, 그리스도의 영이십니다. 그리스도의 영이 없으면 하나님의 사람이 아니라고 했습니다. 이 성령 안에 하나님의 거룩이 그대로 있고, 이 성령 안에 예수 그리스도의 임재가 있는 것입니다.

따라서 성령이 임하시는 그곳에 예수님의 임재가 나타납니다. 성령이 임하시는 그곳에서 그리스도가 들림을 받고, 높임을 받으십니다. 성령이 계시는 곳에서는 예수 그리스도가 하신 모든 말씀이 기억나게 될 것입니다. 우리는 성령이 계시는 곳에서 예수님이 영광 받으시는 것을 보게 될 것입니다. 이렇게 성령이 계시는 곳마다 예수님이 선포되고, 증거되는 것입니다.

성령으로 말미암아 생기는 능력이란 무엇입니까? 예수 그리스도를 선포하고, 예수 그리스도를 영화롭게 하고, 예수 그리스도를 증거하기 위한 하나님의 능력입니다. 이것이 바로 성령의 임재입니다.

세상을 변화시키는 만남

사울은 이때 뭐라고 대답했습니까? "주여 누구시니이까"(행 9:5). 사울은 "당신은 누구십니까?"라고 말하지 않았습니다. 그 예수가 자신에게 성령으로 오는 순간, 그 마음으로 하나님의 거룩과 임재를 본 순간, 그는 '주여'라고 고백했습니다. 예수님은 '퀴리어스', 곧 우리의 '주님'이지 '당신'이 아닌 것입니다.

이렇게 말한 것을 보면, 사울이 아마 놀라움을, 거부할 수 없는 강렬한 그 어떤 하나님을 느낀 것 같습니다. 어떤 이들은 자기가 꼭 예수 믿을 것만 같은 느낌이 든다고 말합니다. '지금은 안 믿지만, 이러다가 내가 예수 믿지'라고 생각합니다. 특히 예수님을 박해하거나 교회를 비난하고 다니는 사람일수록 그럴 확률이 높습니다. '내가 이렇게 박해하는 걸 보니 곧 예수 믿겠군' 하는 생각이 드는 것입니다.

아마 사울이 그런 예감을 가졌는지도 모르겠습니다. 예수 믿는 사람을 그렇게도 지독하게 박해하는 것을 보니, 마귀를 믿든지 예수를 믿든지, 둘 중 하나였을 것입니다.

우리 교회의 한 성도가 기억납니다. 지금은 장년이 되었지만, 그는 한때 서울대 정치학과를 다니며 운동권에 깊이 가담해 과격한 행동을 하던 청년이었습니다. 그는 자기의 신념대로 빨간 띠를 두르고 대학로에서 격렬한 투쟁을 벌이던 중 경찰들과 대치하는 과정에서 곤봉으로 매를 맞아, 아수라장이 된 그 거리에 피를 흘린 채 쓰러져 있었습니다. 그때 주님이 그에게 나타나셨습니다. 그는 하얀 옷을 입은 주님이 자신에게 안수하고 일으켜 세우시는 것을 체험했습니다. 그 청년은 그 경험 이후에 완전히 돌아섰습니다. 그래서 우리 교회 청년부 예배에 나오게 되었고, '경배와 찬양'에서 찬양하는 사람으로 변화되었습니다.

또 한 부부를 기억합니다. 30대 중반의 한 부부가 교회에 새로 나왔는데, 그들은 교회에 출석하면서 고민에 빠지기 시작했습니다. 남편과 아내 모두 대학 시절 운동권에서 활발히 활동하던 이들이었고, 부인은 민중 신학으로 박사 학위를 받을 예정이었는데, 그들이 예배드리면서 예수님을 만났기 때문입니다.

그들은 오랫동안 기독교 배경에서 자란 사람들이었습니다. 그러나 예수보다는 이데올로기를 더 우선시하고 있었습니다. 그런데 몇 달간 설교를 들으며 은혜 받고 예수를 만나게 되자, 더 이상 논문을 쓸 수 없게 되었습니다. 민중 신학에 기초한 논문을 신앙의 양심상 더 이상 쓸 수 없게 된 것입니다.

몇 달만 지나면 학위를 받을 수 있었습니다. 그런데 학위를 포기하는 것보다, 자기를 아끼고 격려했던 사람들에 대한 미안함 때문에 더 견딜 수가 없었습니다. 또 너무 많은 장학금을 받으며 공부해 왔기 때문에, 신앙을 택할 것인지 학위를 택할 것인지, 고민이 되었습니다.

저는 어떤 대답도 해 줄 수 없어, 기도하자고 말했습니다. 그러고는 얼마 후, 그들은 이민을 결정했습니다. 이민 가서 무엇을 하겠느냐는 질문에, 아직은 아무것도 모르겠다는 대답이 돌아왔습니다. 다만, 학위와 사상은 포기했다고 했습니다. 그렇게 그 두 사람은 축복을 받고 떠났습니다.

얼마 후, 그들에게 편지가 왔습니다. 신학교에 가기로 결정했다며, 추천서를 써 달라는 편지였습니다. 제가 하나님 앞에 얼마나 감사했는지 모릅니다. 사도 바울을 보는 것 같았습니다. 매우 똑똑하고 냉철한 지성을 가진 부부였습니다. 그들이 바울처럼 하나님께 붙잡힘을 받은 것입니다.

우리 생애에 이러한 만남이 필요합니다. 저는 당신에게도 이런 만남이 있게 되기를 바랍니다. 당신과 예수님의 만남은 단순한 만남이 아니라, 로마를 변화시키는 만남, 유럽을 변화시키는 만남, 전 세계를 변화시키는 만남이 될 수 있습니다. 우리가 예수를 만난 것은 단지 개인적인 사건이 아니라, 통일의 문을 여는 사건, 세계를 복음화하는 사건일 수도 있습니다.

> 대답하되 주여 누구시니이까 이르시되 나는 네가 박해하는 예수라 (행 9:5).

"주여, 당신은 누구십니까? 나를 찾아와서 이렇게 무릎 꿇게 하는 당신은 누구십니까? 아무도 나를 꺾을 수 없었는데, 나를 꺾으신 당신은 누구십니까?" 그때 예수님이 대답하십니다. "네가 박해하는 예수라."

얼마나 놀랐겠습니까? 이 음성 앞에서 더 버틸 수 있는 인간이 어디 있겠습니까? 이 말씀 앞에서 거부하고 주저할 수 있는 사람이 어디 있겠습니까? 예수님은 이렇게 말씀하신 것입니다. "십자가에 못 박은 것은 로마 병정이나 빌라도나 대제사장이 아니다. 네가 나를 죽였다."

어떤 사람은 '나는 예수님을 박해한 일이 없다'고 말할지도 모르겠습니다. 자신은 그러지 않았다고 말입니다. 그러나 그가 교회를 박해했다면, 예수 믿는 사람들을 경멸하며 우습게 여겼다면, 그게 곧 예수님을 박해한 것입니다. 그것은 그 사람들에게 한 행동이 아닙니다.

창세부터 준비된 하나님의 계획

> 너는 일어나 시내로 들어가라 네가 행할 것을 네게 이를 자가 있느니라 하시니(행 9:6).

예수님은 사울을 위해 미리 어떤 준비와 계획을 하고 계셨다는 것을 볼 수 있습니다. 하나님은 우리를 그냥 부르시지 않습니다. 계획 가운데 부르십니다. 바울은 후에 에베소서를 쓸 때 이렇게 말합니다.

> 곧 창세전에 그리스도 안에서 우리를 택하사 우리로 사랑 안에서 그 앞에 거룩하고 흠이 없게 하시려고(엡 1:4).

예수를 알고 나면 과거가 보입니다. 믿음에는 사건을 해석하는 힘이 있습니다. 옛날에는 해석이 안 되고 보이지 않았던 것들을 깨닫게 되는 것입니다. 예수님을 알고 나면, '내가 이 가정에서 태어난 것이 하나님의 뜻이었구나', '내가 이 대학에 떨어진 것도, 병들었던 것도 다 하나님의 뜻이었구나' 하고 알게 됩니다. 과거가 자꾸 이해되고 해석됩니다.

사도 바울은 어디까지 해석했습니까? 시편에 보면 "모태에서 나를 만드셨나이다"(시 139:13)라는 구절이 나오는데, 그 정도가 아닙니다. 창세전부터 디자인하셨다는 것입니다. 얼마나 예정에 대한 생각이 깊어졌으면 거기까지 갔을까 싶습니다.

우리는 하나님과의 사이에서 이렇게 끊을 수 없는 깊은 해석을 가질 수 있어야 합니다. 하나님은 계획하셨습니다. 우리를 그냥 보내신 것이 아니라, 우리를 모태에서 조직하신 정도가 아니라, 하나님의 아이디어 속에 이미 우리가 있었던 것입니다. 그래서 하나님은 우리를 포기하지 않으십니다. 우리를 적당히 사랑하신 것이 아니기 때문입니다.

사울을 택하신 하나님은 아나니아를 준비해 두셨습니다. "너는 일어나 시내로 들어가라 네가 행할 것을 네게 이를 자가 있느니라"(행 9:6).

우리는 여기서 한 가지 놀라운 사실을 발견하게 됩니다. 그것은, 성령을 체험하고 불을 받고 능력과 은사를 받았다고 해서 그것으로 다 되는 것은 아니라는 사실입니다. 그 후에는 훈련을 받아야 합니다. 양육을 받아야 한다는 것입니다.

사울이 다메섹 도상에서 빛을 보고 난 후 그것으로 다 된 것이 아니었습니다. 그 후에는 예수님의 제자들에 의해 양육을 받았고, 특히 갈라디아서에 보면 3년 동안 아라비아로 가서 훈련받은 것을 볼 수 있습니다. 우리 식으로 말하면, 신학교를 간 것입니다. 그는 그런 곳에 가서 계속해서 훈련을 받았습니다. 인격의 훈련, 성품의 훈련, 관계의 훈련 등을 받은 것입니다.

우리가 성경을 모르고 어떻게 다른 사람을 가르칠 수 있겠습니까? 성령을 받았다고 성경이 모두 깨달아지는 것도 아닌데 말입니다. 공부해야 합니다. 훈련받아야 합니다. 의사가 한 사람의 육체를 다루기 위해 얼마나 많은 공부를 합니까? 하물며 육체뿐 아니라 영혼을 다루어야 할 하나님의 사람들이라면 얼마나 고도의 훈련을 받아야 하겠습니까? 우리는 부족한 인간이기에 이런 것들을 배우고 훈련해야 합니다. 그래야 다른 사람을 인격적으로 성숙하도록 도와줄 수 있습니다.

이어지는 말씀에는 사울의 옆에서 이 장면을 목격하던 사람들의 모습이 나타납니다.

> 같이 가던 사람들은 소리만 듣고 아무도 보지 못하여 말을 못하고 서 있더라(행 9:7).

그들은 어떤 소리를 들었습니다. 어떤 빛을 보았습니다. 그리고 사울이 순간적으로 거꾸러지는 모습을 보았습니다. 곁에 있던 그들은 이 광경에 대한 해석을 자유롭게 했을 것입니다. 소리를 바람이라고, 아니 바람 소리가 났다고 말할 수도 있습니다. 사울이 거꾸러진 것은 아마 그의 창자가 갑자기 뒤틀렸기 때문이라고 말할 수도 있었을 것입니다. 주변의 많은 사람들은 하나님의 사건과 성령의 사건들을 마음대로 해석할 수 있습니다. 그러나 사울에게 있어서 이것은 분명 하나님의 사건이었습니다.

3일, 거룩한 침묵의 시간

사울이 일어났을 때는 시력을 잃은 상태였습니다.

> 사울이 땅에서 일어나 눈은 떴으나 아무것도 보지 못하고 사람의 손에 끌려 다메섹으로 들어가서 사흘 동안 보지 못하고 먹지도 마시지도 아니하니라(행 9:8-9).

일어났을 때 앞이 보이지 않았습니다. 시신경이 파괴되었다기보다는 아마 강한 빛으로 말미암아 시신경이 일종의 마비 상태에 있었는지도 모르겠습니다. 그는 사람들의 손에 끌려가게 되었습니다.

우리는 이때의 사울의 심정을 이해해 볼 필요가 있습니다. 그가 다메섹으로 내려갈 때는 열정과 패기를 가지고 의기양양해 있었을 것입니다. 예수 믿는 놈들은 다 잡아서 예루살렘으로 끌고 와야 한다는 생각으로 개선장군이라도 되어 돌아올 것처럼 살기등등하게 떠났던 사람입니다. 그는 뭐든지 할 수 있을 거라고 생각했을 것입니다. 그는 그것이 하나님에게 영광 돌리는 최고이고 최선의 방법이라고 생각했을 것입니다. 그런데 그 도상에서 갑자기 빛을 보고 거꾸러진 것입니다.

앞을 볼 수 없게 된 그는 다른 사람의 손에 이끌려 다니는 신세가 되었습니다. 아주 비참해진 것입니다. 순식간에 너무나 다른 인생이 되어 버렸습니다.

아무것도 볼 수 없는 상태에서 사울은 무슨 생각을 했을까요? 성경은 식음을 전폐했다고 기록합니다. 아무것도 먹을 수 없었습니다. 먹을 수도 없고 볼 수도 없는, 그래서 하루아침에 사람들 손에 이끌려 다니게 된 사울의 모습이 바로 그가 하나님의 사람으로 태어나기 위해 겪어야 했던 해산의 고통이었습니다.

사람에게는 이런 시간이 필요합니다. 변화되기 위한 시간, 거룩한 침묵의 시간, 고통의 시간. 그것은 마치 애벌레가 나비로 탈바꿈하기 위해 견디는 시간과 같습니다. 이런 사람을 패배자라고 말할 순 없습니다. 이것은 마치 예수님이 십자가에 못 박혀 죽으신 후 무덤에 머물러 계셨던 3일 동안의 시간과도 같습니다. 3일 후에 예수님은 부활하셨습니다. 돌무덤이 열리며, 기적 같은 일이 생긴 것입니다.

요나를 보십시오. 하나님의 뜻에 순종하지 않았던 요나는 니느웨로 가지 않고 다시스로 가는 배를 탔습니다. 배는 풍랑을 맞아 모두 죽게 되었고, 결국 제비에 뽑힌 그는 물에 던져지게 되었습니다. 요나가 물에 던져지는 순간, 하나님은 큰 물고기를 준비하셨다가 그를 통째로 삼키게 하셨습니다. 그리고 요나는 물고기 배 속에서 3일 동안을 있어야 했습니다. 3일 동안 그는 아무것도 볼 수 없었을 것입니다. 그는 먹을 수도 없었을 것입니다. 먹지도 못하고 보지도 못하게 된 그 상황에서, 요나는 무슨 생각을 했을까요?

아브라함을 보십시오. 그는 100세에 아들을 얻었습니다. 이삭이라는 정말 귀여운 아이를 약속의 자녀로 낳았습니다. 그런데 그 아이가 청년이 될 무렵, 하나님은 "네 아들 네 사랑하는 독자 이삭을 … 번제로 드리라"(창 22:2)고 하셨습니다. 하나님에게 바치라고 말입니다. 그 명령을 들은 아브라함은 아침에 일찍이 일어나 아들 이삭과 두 종을 데리고 3일 길을 갔습니다. 3일째 되는 날, 그는 제사를 위한 땔감을 이삭의 등에 지우고 모리아 산으로 올라갔습니다. 아브라함은 이삭을 바치기 위해 모리아 산으로 향하는 3일 동안 무슨 생각을 했을까요? 그는 하나님 생각도 하고, 자기 아들 생각도 했을 것입니다.

이러한 시간이 아브라함의 3일이요, 요나의 3일이요, 예수님의 3일이요, 사울의 3일입니다. 그 3일이 지나면서부터 사울은 바울로 변하기 시작합니다.

우리에게도 이런 축복이 있기를 바랍니다. 변화되는 축복, 세상적 가치에서 벗어나 하늘의 가치로 살게 되는 축복 말입니다. 이는 이 땅에서 동물처럼 본능으로만 살던 사람이, '누가 앞서느냐, 누가 좀 더 버느냐, 누가 좀 더 오래 사느냐, 누가 좀 더 욕망을 만족시키느냐, 누가 좀 더 좋은 옷을 입느냐, 누가 좀 더 많은 땅을 차지하느냐' 하는 세속적 가치관 속에 살던 것에서 벗어나 하나님의 가치관을 배우는 것입니다. 우리는 거룩하게 살고, 높은 가치를 가지고 영광스러운 하나님 나라를 바라보면서 사는 사람으로 변화되어야 합니다. 그렇게 하기 위해 주님은 우리를 부르고 계십니다.

사울을 부르신 것처럼, 주님은 당신을 부르고 계십니다. 어떤 사람은 가정의 변화를 위해, 직장과 학교의 복음화를 위해 그곳에 보내셨을 것입니다. 어떤 사람은 특별히 뽑아서 신학교로 보내어, '한 교회를 부흥시키라'는 명령을 주셨을 것입니다. 또 어떤 사람에게는 특별히 역사하셔서 '북한을 변화시켜라', 혹은 '중국을 변화시켜라', 아니면 '스리랑카를, 아프리카를 변화시켜라' 하는 명령을 주셨을 것입니다.

분명한 사실은, 바울을 부르신 하나님이 당신도 부르셨다는 것입니다. 지금도 부르고 계시다는 것입니다. 그래도 거절하는 사람은 하나님이 빛을 보내서 거꾸러지게 하실지도 모릅니다. 눈을 약간 멀게 하실지도 모릅니다. 부디 그렇게 되지 않기를 바랍니다.

사랑으로 기다리시는 예수님을 바라보십시오. 우리에게 와서 말씀하시는 예수님을 바라보십시오. 우리를 변화시키기 위해 고난을 주시는 예수님을 바라보십시오. 그분은 우리를 사용하기 원하십니다.

2

사울과 아나니아의 만남

사도행전 9:10-22

청년 사울은 예수 믿는 사람을 잡아오기 위해 다메섹으로 가다가 바로 그 예수쟁이들이 믿는 예수를 만나게 됩니다. 이것은 참 기막힌 일입니다. 그리고 굉장히 충격적인 일입니다. 사울은 다메섹 도상에서 하늘로부터 강렬한 빛을 보았습니다. 홀연히 하늘로부터 강한 빛이 그를 둘러 비추었습니다.

그 빛 속에서 사울은 두 가지 음성을 듣습니다. 첫째는, "사울아 사울아 네가 어찌하여 나를 박해하느냐"(행 9:4) 하는 음성입니다. 그는 묻습니다. "주여 누구시니이까"(행 9:5). 그때 두 번째 음성이 들립니다. "나는 네가 박해하는 예수라"(행 9:5). 만약 당신이 그 음성을 들었다면 어떻게 하겠습니까? 사울은 빛과 그 음성 앞에 거꾸러지지 않을 수 없었습니다.

일어났을 때 그는 시력을 잃었습니다. 앞이 보이지 않았습니다. 그는 사람들에게 이끌려, 그가 예수 믿는 사람을 체포하러 가려 했던 다메섹으로 갔습니다. 다메섹에 가긴 갔는데, 다른 모습, 다른 입장으로 들어가 유다라는 사람의 작은 집에 머물게 됩니다. 사울과 예수의 만남은 이렇게 시작된 것입니다.

아나니아를 예비하신 하나님

이것은 결코 우연한 사건이 아닙니다. 사울을 만나기 위해 예비하신 하나님의 준비였습니다. 우리에게 일어난 사건에는 우연이 없습니다. 하나님의 부름을 받은 사람, 하나님의 택함을 입은 사람에게는 결코 어떤 사건도 우연이 아닙니다. 그들이 그저 우연처럼 느낄 뿐입니다.

앞 장에서도 언급했듯이, 신앙이 생기면 우선 사건이 해석됩니다. 예수 그리스도가 우리 생애에 들어오시면 이해할 수 없고 감당할 수 없었던 사건들이 이해되기 시작합니다. 닫혀 있던 과거, 황충이 먹어 버려 해석할 수 없었던, 고난으로 가득했던 과거가 해석되는 것입니다. 그리고 현실의 의미가 깨달아지는 동시에, 우리가 가야 할 미래에 대한 소망을 갖게 됩니다.

둘째로, 어떤 사람이 하나님을 만나면 또 다른 사람을 만나게 됩니다. 하나님은 사울을 위해 한 사람을 준비해 놓으셨습니다. 그는 예수를 만난 사울을 격려하고, 위로하고, 치유하고, 양육할 사람이었습니다. 그의 이름은 아나니아입니다. 이 아나니아는 참으로 신선한 충격을 주는 사람입니다. 성경에 그에 대한 기록은 별로 없습니다. 그가 출현하게 된 배경도 이 장면 외에는 별로 나타나 있지 않습니다. 하지만 우리는 이 아나니아라는 사람을 보면서 굉장히 놀라고, 신선한 충격을 받습니다.

그때에 다메섹에 아나니아라 하는 제자가 있더니 주께서 환상 중에 불러 이르시되 아나니아야 하시거늘 대답하되 주여 내가 여기 있나이다 하니(행 9:10).

그는 유명한 열두 사도 가운데 한 사람이 아닙니다. 예루살렘 초대 교회의 알려진 성도나 집사도 아닙니다. 예루살렘이 큰 도시라 한다면, 다메섹은 멀리 떨어져 있는 시골의 한 지방 도시입니다. 그는 그곳에 살고 있는 한 무명의 성도요, 예수님을 사랑하는 제자였습니다. 그러나 그의 생애는 어쩌면 사울을 만나기 위해 준비되었는지 모릅니다. 이 사람은 사울에게 결정적으로 중요한 영향력을 미쳤습니다.

잠깐 만났지만 큰 영향력을 미치는 사람이 있는가 하면, 오랫동안 만났지만 전혀 영향력을 미치지 못하는 사람이 있습니다. 그냥 세월만 보냈을 뿐입니다. 어떤 사람은 예수를 잠깐 믿었지만 크게 변하고 성숙합니다. 반면, 어떤 이는 수십 년 동안 교회를 들락날락하지만 전혀 변하지 않습니다.

사울은 사도행전 22장에서 자기가 예수를 어떻게 만나게 되었는지 간증합니다. 그는 간증 속에서 이 아나니아에 대해 언급합니다.

율법에 따라 경건한 사람으로 거기 사는 모든 유대인들에게 칭찬을 듣는 아나니아라 하는 이가(행 22:12).

우리는 이 구절을 통해 아나니아라는 사람에 대해 좀 더 이해할 수 있습니다. 그는 다메섹에 살고 있었습니다. 사도 바울은 그를 율법으로 보면 완전하고 경건한 사람이라고 소개합니다. 이 사람은 예수를 믿을 뿐 아니라, 하나님을 율법대로 사랑하고 사모하며 경건하게 살아온 사람이었음을 알 수 있습니다. 율법으로 경건하고 완전한 사람이 과연 몇이나 될까요? 그러나 이 사람은 일상이 곧 하나님 중심의 삶이었음을 알 수 있습니다.

사울은 아나니아에 대해 한마디를 더합니다. 이 사람은 그곳의 모든 유대인들에게 칭찬을 받고 있었다는 것입니다. 이런 사실들을 볼 때, 그는 헬라 문화권이 아닌 유대인 공동체 안에 살고 있던 히브리인이었다는 것을 짐작하게 됩니다. 히브리 유대인들 중에서도 존경과 칭찬을 받는 사람이었다는 것입니다.

사람이 어디에 사느냐는 중요하지 않습니다. 어떤 직분을 갖고 어떤 위치에 서 있느냐도 중요하지 않습니다. 그가 누구인지가 중요합니다. 대부분의 사람들은 어디에 사는가를 따집니다. 또 얼마나 넓은 집에 사는가로 자신의 존재를 확인하려 합니다. 어떤 차를 타느냐, 어떤 옷을 입느냐 하며 다른 사람들과 자신을 비교합니다. 그래서 자기만족을 느끼려고 합니다. 어떤 사람은 어떤 직업을 갖고 있느냐 그리고 그 직업 중에서도 어느 위치에 있느냐, 사장이냐, 전무냐, 이사냐, 교수냐, 연구원이냐, 아니면 노동자냐, 실업자냐 하는 것들로 자신을 평가하기도 하고, 다른 사람을 대하기도 합니다.

우리는 늘 이렇게 속아 삽니다. 하지만 그렇지 않습니다. 당신이 어디 사는지도 중요하지 않고, 당신이 어떤 지위에 있는지도 중요하지 않습니다. 문제는 당신이 누구냐는 것입니다. 하나님 앞에서 당신이 어떤 존재냐는 것입니다. 당신의 겉모습보다 내면생활이 더 중요하다는 것입니다.

아나니아는 시골 사람이었으며, 지위가 어떠했는지도 알 수 없습니다. 사도도 아니고, 스데반이나 빌립과 같은 집사도 아니었습니다. 하지만 그는 하나님이 쓰시는 사람이었습니다. 그리고 결정적인 순간에 자기의 역할을 잘 해냈던 사람이었습니다. 우리도 이런 사람이 되어야 합니다. 하나님이 쓰시고자 할 때 쓰임 받는 사람, 그래서 하나님의 일을 위해 늘 준비하고 기다리는 사람 말입니다. 그리고 쓰임을 받을 때는 결정적으로 순종하는 사람이 되어야 합니다. 그랬을 때 그것이 비록 작고 순간적인 사건일지라도 결정적인 영향을 미칠 수 있습니다.

아나니아, 환상을 보다

아나니아는 예수님을 무척 사랑하는 제자였습니다. 그리고 한 걸음 더 나아가, 그는 늘 기도하는 사람이었습니다. 성경이 이것을 증언합니다.

하나님은 우리에게 말씀하고 싶어 하십니다. 가까이 다가오고 싶어 하십니다. 그러나 성경을 읽지 않는다면, 어떻게 주님이 말씀하시겠습니까? 하나님의 음성을 듣고 싶다면 성경을 읽어야 합니다. 하나님은 우리가 읽는 말씀을 통해서 우리에게 다가오시기 때문입니다.

또한 말씀을 읽을 뿐 아니라 깊이 묵상해야 합니다. 하나님은 말씀을 통해서, 그 묵상을 통해서 우리에게 찾아와 말씀하시기 때문입니다. 교회에서 수많은 봉사와 활동으로 주를 위해 일한다 해도, 심지어 성경 공부를 열심히 한다 해도, 성경을 읽지 않는다면 어떻게 하나님이 우리에게 깊은 얘기를 해 주실 수 있겠습니까. 우리는 하나님의 말씀을 묵상해야 합니다.

또 한 가지는 환상입니다. 하나님은 우리에게 환상을 보여 주고 싶어 하십니다. 특별한 뜻을 계시하고 싶어 하십니다. 그런데 눈을 감고 기도하지 않는다면 어떻게 환상이 보이겠습니까? 눈을 뜨고 지내는데 환상이 보이겠습니까? 왔다 갔다 방황하고 있는데 환상이 보이겠습니까? 그래서는 안 됩니다. 기도하고 있어야 합니다. 눈을 감고 하나님을 묵상하고, 하나님에게 아뢰고, 하나님과 교제하며 그렇게 하나님과 가까이할 때, 하나님은 우리에게 환상을 보이며 당신의 뜻을 계시해 주실 것입니다.

오늘날 많은 그리스도인들의 문제는 너무 바쁘고 분주하다는 것입니다. 이것은 세상에서뿐 아니라 교회에 와서도 마찬가지입니다. 물론 교회에서 여러 가지 봉사도 해야 합니다. 그러나 우리는 너무 많은 일에 이리 뛰고 저리 뜁니다. 이 사람 만나고 저 사람 만나는 일 때문에 정신이 없습니다. 교회에는 생각보다 회의가 많습니다. 기도보다 회의가 더 많을 때도 있습니다. 반면 묵상하고 경건하게 기도하며 기다리는 시간은 너무나 적습니다. 교회 안에서만 그런 것이 아닙니다. 가정생활에 있어서도 경건한 시간, 기다리는 시간, 묵상하는 시간, 침묵하는 시간이 너무 적다는 사실을 발견하게 됩니다. 우리가 성경을 읽지 않고 있는데 어떻게 하나님이 말씀하시겠으며, 우리가 기도하고 있지 않은데 어찌 하나님이 환상으로 우리에게 무언가를 보여 주실 수 있겠습니까?

우리는 성경을 통해 아나니아는 특별히 주님과 대화하며 환상을 보고 있었다는 사실을 알게 됩니다. 대부분의 사람들이 하는 기도는 어떻습니까? 하나님에게 무언가를 말씀드리는 것만으로 끝납니다. 자신의 원하는 바를 일방적으로 전달하거나 감사의 말만 하나님에게 얘기할 뿐, 하나님이 말씀하실 기회를 드리지 않습니다. 이러한 기도는 반쪽 기도에 불과합니다.

진정한 기도는 어떻게 완성됩니까? 하나님이 말씀하시는 것으로 완성됩니다. 정말 참된 기도는 "주여, 말씀하시옵소서. 종이 듣겠나이다" 하며 그분의 음성에 귀 기울이는 것입니다. "우리 교회가 하나님의 말씀을 듣겠나이다." "우리 당회가, 우리 제직회가, 우리 위원회가 하나님의 말씀을 듣겠나이다. 말씀하시옵소서." 이렇게 기도하고 기다려야 합니다. 그런데 우리는 구하기만 하고는 얼른 끝내 버립니다. 하나님이 말씀하실 기회를 전혀 드리지 않습니다.

기도할 때, 우리에게는 침묵하는 시간이 필요합니다. 그분의 음성을 듣는 시간이 필요한 것입니다. 내 소리가 크면 타인의 소리가 안 들립니다. 하지만 내가 잠잠하면 다른 사람의 소리가 잘 들립니다. 자기 생각이 많은 사람은 다른 사람의 얘기를 잘 경청하지 못합니다. 우리는 하나님 앞에서 잠잠히 기다리는 시간이 필요합니다. "너희는 가만히 있어 내가 하나님 됨을 알지어다"(시 46:10)라는 말씀처럼, 우리는 하나님이 하나님 되심을 나타내시며 그분이 말씀하고 운행하실 수 있는 기회를 드려야 합니다.

참믿음은 내가 어떻게 행하느냐가 아니라, 하나님이 어떻게 행하시는지를 보는 것입니다. 사람들은 대부분 '내가 믿습니다' 하면서 행동으로 옮기는 것을 믿음의 전부라고 생각하는데, 그것은 믿음의 시작에 불과합니다. 참믿음은 하나님이 어떻게 움직이시고, 어떻게 말씀하시고, 어떻게 운행하시고, 어떻게 기적을 베푸시는지를 목격하는 것입니다. 저는 그런 일들이 당신에게 경험되기를 바랍니다. 얼마나 놀라운 일이 일어나겠습니까? 하나님이 하신다면 얼마나 엄청난 일들이 일어나겠습니까?

아나니아는 주님의 음성을 그냥 들은 것이 아니라, 환상을 보면서 들었습니다. 많은 그리스도인들의 간증을 들으면, '나는 하나님의 음성을 들었다', '하나님의 환상, 혹은 예수님을 보았다'는 얘기들을 하는데, 성경이 말하는 아주 뚜렷한 한 가지 사실이 있습니다. 그것이 음성이든 환상이든, 아주 분명하다는 것입니다. 그러나 우리가 들은 것은 분명하지 않은 게 너무 많습니다. 항상 그런 것 같기도 하고 아닌 것 같기도 하고, 꿈에서 분명히 본 것 같은데 이런 꿈을 꿨다고 했다가 저런 꿈을 꿨다고도 말합니다.

구약이나 신약이나 하나님이 말씀하실 때는 희미하지 않습니다. 환상은 '해석을 이렇게 할까, 저렇게 할까' 하는 게 아니라는 것입니다. 환상은 분명히 존재합니다. 그리고 그것은 언제나 분명합니다. 분명한 하나님의 음성이 있습니다. 상상해서 말한다든지, 그럴 것 같다든지 할 수 있는 것이 아닙니다.

에스겔서에 보면 재미있는 말씀이 있습니다. "본 것이 없이 자기 심령을 따라 예언하는 어리석은 선지자에게 화가 있을진저"(겔 13:3). 너무도 많은 사람들이 자기의 마음에서 우러나오는 대로 예언합니다. 그리고 자기 마음의 생각을 하나님의 뜻이라고 말합니다. 본 것도 없이 환상이라고 상상해서, 또는 과장해서 이야기하는 사람들도 너무 많습니다. 이렇게 하나님의 말씀을 빙자해서 말하는 사람에게는 화가 있을 것입니다. 하나님의 말씀은 그렇게 막연한 것이 아닙니다. 분명한 것입니다. 아나니아는 분명히 주님과 대화를 나누며 영적 교제와 환상을 경험한 사람입니다.

아나니아의 순종

아나니아에게서 찾을 수 있는 또 한 가지 모습은, 하나님의 명령에 언제나 순종하는 태도입니다. 개중에는 명령의 내용에 따라 순종하는 사람들이 있습니다. 이야기를 들으며 그 내용을 살펴본 다음 순종할 만하면 순종하고, 그렇지 않으면 순종하지 않겠다는 것입니다. 그것은 순종이 아닙니다. 순종보다 더 중요한 것은 순종의 태도입니다. 어떤 명령을 내리시든지 순종하겠다는 의지와 결단이 필요한 것입니다.

사랑에 빠진 연인들을 보십시오. 이들은 서로에게 순종할 마음을 언제나 갖고 있습니다. "부모님이 반대하시니 우리 도망가 버리자"라고 말해도 "그래, 좋아" 하며 따라갑니다. 사랑하는 사람들은 그 내용을 따지지 않습니다. 그냥 따라가려는 마음과 순종하려는 태도가 있습니다. 사랑하기 때문에 잘못된 것이라도 같이 하겠다는 것입니다.

하나님을 사랑하는 사람에게는 '당신이 말씀하시면 무슨 일이라도 하겠습니다' 하는 영적 태도가 있어야 합니다. 환상 속에 주님이 나타나실 때, 우리는 그런 말씀을 드릴 수 있어야 합니다. 주님이 당신에게 나타나실 때 이렇게 반응하십시오. "주님, 제가 여기 있습니다. 말씀하십시오. 저는 어떤 말씀이든 순종할 만반의 준비가 되어 있습니다."

아담과 하와에게 하나님이 나타나셨습니다. "아담아, 아담아,

네가 어디 있느냐." 그때 아담이 어떻게 반응했습니까? "주여, 내가 여기 있나이다" 하고 나왔습니까? 아닙니다. "내가 벗었으므로 두려워하여 숨었나이다"(창 3:10) 하고 말했습니다. 죄가 있는 사람은 순종할 마음이 생기지 않습니다. 언제나 이것저것 따지고, 생각하고, 나중에 잘해 주실 것 같으면 잘하고, 그러지 않으실 것 같으면 잘 안 합니다.

주님의 부르심에 얼른 숨어 버리는 사람들이 있습니다. 먼저 숨고, 관찰하는 것입니다. 그러지 마십시오. 주님이 당신을 부르신다면, 숨지 말고 일단 순종하려는 영적 태도를 가지십시오. 적극적인 태도를 가지십시오. 잘 못하더라도 일단은 순종하십시오. 그때 하나님의 축복이 당신에게 임하게 될 것입니다.

예수님이 아나니아에게 부탁하신 명령의 내용은 무엇입니까?

주께서 이르시되 일어나 직가라 하는 거리로 가서 유다의 집에서 다소 사람 사울이라 하는 사람을 찾으라 그가 기도하는 중이니라 (행 9:11).

환상 중에 나타나신 주님의 명령은 막연하지 않았습니다. 아주 구체적이고 분명했습니다. 우선 거리 이름이 나옵니다. '직가'라는 거리입니다. 유다라는 사람의 집은 바로 그곳에 있었습니다. 만나야 할 사람도 '다소 사람 사울'이라고 분명하게 말씀하셨습니다. 얼마나 구체적입니까? 하나님은 오늘도 우리를 이렇게 구체적으로 인도하십니다.

아나니아는 영적으로 순종하려는 태도를 가진 사람이었습니다. 그러나 내용을 듣고는 놀랐습니다. 굉장히 충격을 받고 당황했습니다. 이것은 순종하지 않겠다는 뜻이 아니라, 그 내용 자체가 기대와는 전혀 다른, 그의 상식에서는 벗어나는 내용이었기 때문입니다.

> 아나니아가 대답하되 주여 이 사람에 대하여 내가 여러 사람에게 듣사온즉 그가 예루살렘에서 주의 성도에게 적지 않은 해를 끼쳤다 하더니 여기서도 주의 이름을 부르는 모든 사람을 결박할 권한을 대제사장들에게서 받았나이다 하거늘(행 9:13-14).

우리는 아나니아의 반응을 이해할 수 있습니다. 순종하지 않겠다는 뜻이 아니라, 놀란 것입니다. 하나님은 가끔씩 이렇게 우리를 놀라게 하십니다. '하나님, 저를 택하시다니요!' 아주 깜짝 놀랍니다. '아니, 내가 예수를 믿다니!' 자기가 믿고도 자기가 놀랍니다. 사울이 예수를 믿었다면, 이 세상에 예수 못 믿을 사람은 하나도 없습니다. 그러니 안심하고 전도하십시오. 전혀 믿지 않을 것 같은 사람도 잘 믿게 되어 있습니다. 그가 예수님을 못 만나서, 예수님을 몰라서 그런 것뿐입니다. 정말 예수님을 알았다면 어찌 안 믿을 수 있겠습니까? 다만 예수님을 전하는 방법에 문제가 있고, 삶 속에서 예수님을 보여 주지 못했다는 데 문제가 있는 것입니다.

베드로에게도 이런 일이 있었습니다. 기도하는 중에 환상이 보이더니 보자기가 내려왔습니다. 구약의 율법에 규정된 부정하고 불결한 동물들이 거기에 담겨 있었습니다. 그런데 "잡아먹어라"(행 10:13) 하는 하나님의 음성이 들렸습니다. 베드로는 아주 대단한 사람이었습니다. "그럴 수 없나이다 속되고 깨끗하지 아니한 것을 내가 결코 먹지 아니하였나이다"(행 10:14) 하고 대답하며 하나님에게 항의를 합니다. 그러자 "하나님께서 깨끗하게 하신 것을 네가 속되다 하지 말라"(행 10:15) 하며 하나님이 야단을 치십니다. 이것은 하나님이 내리신 명령이었습니다.

바울은 아시아로 가서 전도하려 했습니다. 그때 하나님이 아시아로 가려는 것을 막으셨습니다. 그러고는 마게도냐로 가게 하셨습니다. 유럽으로 가서 전도하게 하신 것입니다. 하나님은 우리의 기대와 생각과 방법을 어떤 때에는 정반대로 뒤집어 버리십니다.

교회가 아무리 여러 계획과 방향을 설정한다 할지라도, 하나님이 어느 날 '바꿔라' 하시면 아무 소리 않고 바꿔야 합니다. 그럴 마음이 있어야 합니다. 내용보다 더 중요한 것은 하나님입니다. 내용은 언제든지 수정될 수 있어야 합니다. 내용보다 중요한 것은, 내용의 주인이신 하나님입니다. 하나님이 하라 하시면 그렇게 해야 합니다. 그것이 축복입니다.

하나님의 그릇으로 택함 받다

아나니아가 또 한 가지 놀란 사실은, 사울이 기도하는 중이라고 말씀하신 내용입니다. "그가 기도하는 중이니라"(행 9:11). 그리고 이어서 무슨 말씀이 나옵니까? "그가 아나니아라 하는 사람이 들어와서 자기에게 안수하여 다시 보게 하는 것을 보았느니라"(행 9:12). 사울도 환상을 보았다는 것입니다. 아나니아가 와서 자기에게 안수하는 환상을 보았다는 얘기입니다.

아나니아는 주님의 음성을 들었습니다. 주님의 음성을 들었을 때 그는 두말하지 않고 즉각 자기의 두려움, 자기의 선입관, 자기의 염려 등을 전부 덮어 두고 그대로 순종했습니다. 저는 당신에게, '순종하는 자는 정말 하나님의 비밀을 보게 된다'는 것을 말해 주고 싶습니다. 순종하는 자만이 하나님의 비밀을 보는 축복을 받습니다.

> 주께서 이르시되 가라 이 사람은 내 이름을 이방인과 임금들과 이스라엘 자손들에게 전하기 위하여 택한 나의 그릇이라 그가 내 이름을 위하여 얼마나 고난을 받아야 할 것을 내가 그에게 보이리라 하시니(행 9:15-16).

두려움과 선입관에 사로잡혀 있는 아나니아에게 예수님은 이렇게 말씀하셨습니다. "이 사람은 내 이름을 이방인과 임금들과 이스라엘 자손들에게 전하기 위하여 택한 나의 그릇이라." 그리고 이어서, "그가 내 이름을 위하여 고난을 받을 것이다"라고 말씀하셨습니다.

사울은 하나님의 택한 그릇입니다. 누구를 위해서입니까? 이방인들을 위해서입니다. 그렇다면 하나님이 아프리카를 위해서 택한 그릇은 누구입니까? 아시아를 위해서 택한 그릇은 누구입니까? 러시아와 중국을 위해서 택한 그릇은 누구입니까? 하나님은 이슬람권과 불교권에 있는 당신의 백성을 찾기 위해 누군가를 택해서 보내기를 원하십니다. 하나님은 그 사람들을 향해 이렇게 말씀하십니다. "너는 내가 택한 그릇이라."

주님은 당신을 부르고 계십니다. 주님은 사울 한 사람을 불러 유럽을, 이방인 전체를, 전 세계를 복음화시킬 그릇으로 삼으셨습니다. 그렇다면 하나님은 당신을 통해서도 당신의 가정을, 교회를 그리고 이 민족을 변화시키실 수 있습니다. 하나님은 한 사람을 택해서 엄청난 일을 하십니다.

아나니아가 떠나 그 집에 들어가서 그에게 안수하여 이르되 형제 사울아 주 곧 네가 오는 길에서 나타나셨던 예수께서 나를 보내어 너로 다시 보게 하시고 성령으로 충만하게 하신다 하니(행 9:17).

16절과 17절 사이에는 휴식 시간이 없습니다. 그 말을 듣는 순간 벌써 아나니아의 발걸음은 사울의 집을 향하고 있었습니다. 거기에 가서 "형제 사울아" 하고 그를 부릅니다. 이 말이 얼마나 좋은지 모릅니다. "원수 사울아"가 "형제 사울아"로 변한 것입니다. 어떤 사람이라도 변할 수 있다는 사실을 믿으십시오. 그리고 당신 자신 또한 변할 수 있다는 사실을 믿으십시오. 아나니아는 그곳에서 사울에게 안수했습니다. 이러한 안수가 당신에게도 있기를 바랍니다. 안수하는 행위를 통해서 하나님은 사울의 눈을 뜨게 하시고, 성령의 세례를 거쳐 그에게 성령의 충만함이 임하도록 하셨습니다.

사울에게 성령이 임하다

우리는 이 사도행전에서 한 가지 놀라운 법칙을 발견하게 됩니다. 그것은 하나님의 사건이 일어날 때마다 성령의 사건이 먼저 왔다는 사실입니다. 사마리아 사람이 예수를 믿었다고 할 때도 베드로와 요한이 가서 안수했습니다. 성령의 임재를 얘기한 것입니다. 이것은 고넬료의 경우도 마찬가지입니다. 또 바울이 에베소에서 열두 사람쯤 되는 제자들에게 안수할 때 성령이 임한 것도 마찬가지 경우입니다(행 19:6-7 참조). 우리는 더 이상 논쟁을 계속할 필요가 없습니다. 사도행전의 역사는 성령의 역사입니다.

　우리는 사도행전적으로 성령의 충만함을 받아야 합니다. 성령의 능력을 받아야 합니다. 성령의 살아 계신 역사를 삶 속에서 경험해야 합니다. 우리는 예수님을 지식으로 믿는 게 아닙니다. 2천 년 전에 계셨던 팔레스타인 땅의 그 예수님을 믿는 것도 아닙니다. 물론 예수님의 존재는 사실이고 실제였지만, 그분은 다시 살아나서 지금도 성령으로 우리 안에 거하시고, 말씀하시고, 운행하시고, 기적을 베풀어 주십니다.

> 즉시 사울의 눈에서 비늘 같은 것이 벗어져 다시 보게 된지라 일어나 세례를 받고(행 9:18).

우리는 여기서 또 한 가지 독특한 사실을 보게 됩니다. 안수한 후 성령이 임하시자 사울의 눈에서 비늘 같은 것이 벗어지면서 다시 보게 되었다고 이야기합니다. 그리고 일어나서 그는 무엇을 받았습니까? 세례입니다. 그렇다면 이것은 무슨 세례일까요? 물세례였습니다. 그러니까 성령 세례를 먼저 받은 다음 물세례를 받은 것입니다.

어떤 경우에는 성령 세례와 물세례가 같이 올 수도 있습니다. 또 어떤 경우에는 물세례가 먼저 오고 성령 세례가 뒤에 오는 경우도 있습니다. 그러나 사울의 경우에는 성령 세례가 먼저 왔습니다. 성령의 역사들이 먼저 일어난 것입니다. 고넬료의 경우에도 성령 세례가 먼저 왔습니다. 이는 베드로가 "누가 능히 물로 세례 베풂을 금하리요"(행 10:47)라고 말했던 것에서 알 수 있습니다.

그러나 유감스러운 점은, 물세례를 받았지만 성령을 깨닫지 못하는 사람들이 교회 안에 많다는 것입니다. 그들은 성령의 깊은 것을 이해하지 못하며, 그리스도의 진리의 깊은 데까지 이르지 못하고 믿는 사람들입니다.

성령이 임하시면, 우리에게는 다음과 같은 유익이 있습니다.

그가 ⋯ 내가 너희에게 말한 모든 것을 생각나게 하리라(요 14:26).

내가 떠나가는 것이 너희에게 유익이라 내가 ⋯ 가면 내가 그를 너희에게로 보내리니(요 16:7).

그가 와서 죄에 대하여, 의에 대하여, 심판에 대하여 세상을 책망하시리라(요 16:8).

그가 너희를 모든 진리 가운데로 인도하시리니(요 16:13).

그러나 우리는 이런 부분들에 대해 너무 무관심하고 무지했습니다. 그렇기 때문에 우리는 예수를 믿지만 능력이 없는 것입니다. 저는 당신이 살아 계시는 예수 그리스도, 역사하시는 예수 그리스도, 움직이시는 예수 그리스도, 오늘 우리 시대에 말씀하시는 예수 그리스도를 당신의 진정한 주님으로 만나기를 바랍니다.

비늘을 벗고 그리스도를 바라보다

성령의 세례가 사울에게 먼저 임했고, 그 후에 눈에서 비늘 같은 것이 떨어졌습니다. 이것이 떨어지자 사울은 다시 보게 되었습니다. 그리고 사울은 일어나서 세례를 받았습니다. 세례를 받고 나서 3일 동안 식음을 전폐했던 그가 어떻게 했습니까? 음식을 먹게 되었고, 음식을 먹으니까 다시 건강하게 되었습니다. 다시 정상으로 돌아왔습니다.

우리에게도 이 비늘 같은 것들이 있습니다. 무언가 해야 할 것 같은데 하지 않습니다. 봐야 할 것은 다 본 것 같은데 나아지지가 않습니다. 느낄 것 같은데 느껴지지 않고, 움직일 수 있을 것 같은데 움직여지지 않습니다. 용서해야 할 것 같은데 용서가 안 됩니다. 용서하려 하면 오히려 화가 나고 신경질이 납니다. 용서해야 한다는 사실은 압니다. 사랑해야 하는 것도 알고, 분노를 품어서는 안 된다는 것도 다 압니다. 죄를 지어서는 안 된다는 것도 압니다. 하지만 그러면서도 죄를 짓습니다. 원하는 것은 하지 않고, 하기 싫은 것만 자꾸 하게 됩니다. 로마서에서 바울은 이것을 무엇이라 말합니까? "내가 원하는 것은 행하지 아니하고 도리어 미워하는 것을 행함이라 … 그것을 행하는 자가 내가 아니요 내 속에 거하는 죄니라"(롬 7:15, 17).

대부분의 사람들은 이런 절제를 스스로 하지 못합니다. 잘되지 않습니다. 비늘 같은 것이 눈을 가리듯, 죄가 그들의 영혼을 가리고 있기 때문입니다. 그들의 귀와 입을 막고 있습니다. 손은 있는데 움직일 수 없고, 발은 있는데 갈 수 없고, 마음은 있는데 느껴지지 않습니다. 말 그대로 올무에 갇힌 것입니다. 자유하십시오. 올무를 끊어 버리십시오. 눈에서 비늘 같은 것을 떼어 내야 합니다. 그래야 보입니다. 그래야 들립니다. 그래야 말하게 됩니다. 그래야 움직이게 됩니다. 지금 우리의 신앙생활은 마치 새장에 갇힌 새처럼, 비만증에 걸려 아무것도 할 수 없게 되어 버린 사람처럼, 앞으로 가긴 가는데 기우뚱거리고, 말을 하긴 하는데 힘이 없고, 찬송을 부르긴 부르는데 능력이 없습니다.

사울에게서는 이 비늘이 떨어졌습니다. 저는 당신에게서 예수님의 이름으로 이 비늘이 다 떨어지기를 바랍니다. 성령이 임하시어 기쁨이 없는 마음에 샘물처럼 기쁨이 솟아나고, 의욕이 솟아나고, 수많은 역사들이 당신의 삶에서 일어나게 되기를 바랍니다. 얼마나 놀랍습니까? 그는 다시 보게 되었고, 음식을 먹게 되었고, 건강해졌습니다. 그러나 예전의 그와는 다릅니다. 뭔가 달라졌습니다.

우리 주위에도 무언가 예전과는 달라진 사람들이 있습니다. 그 사람은 불을 통과한 것입니다. 그 사람은 새로운 세계를 통과한 것입니다. 외형적으로 변한 것은 아무것도 없습니다. 똑같습니다. 그런데 그 사람은 예전의 그가 아닙니다. 물이 포도주로 바뀌듯이, 당신이 다른 사람으로 변화되기를 바랍니다. 속이 변해야 합니다. 본질이 변해야 합니다.

음식을 먹으매 강건하여지니라 사울이 다메섹에 있는 제자들과 함께 며칠 있을새 즉시로 각 회당에서 예수가 하나님의 아들이심을 전파하니 듣는 사람이 다 놀라 말하되 이 사람이 예루살렘에서 이 이름을 부르는 사람을 멸하려던 자가 아니냐 여기 온 것도 그들을 결박하여 대제사장들에게 끌어가고자 함이 아니냐 하더라(행 9:19-21).

사울에게서 일어난 첫 번째 변화는 무엇입니까? 그가 그리스도를 말하고 있습니다. 예수 그리스도는 하나님의 아들이라고 말하고 있는 것입니다. 저는 당신에게도 이런 변화가 있게 되기를 바랍니다. 성령의 불을 통과한 사람, 성령의 세례를 받은 사람들에게는 공통적인 특징이 있습니다. 자꾸 예수님에 대해서 얘기한다는 것입니다. 밥을 먹든, 공부를 하든, 잠을 자든, 강의를 하든, 일을 하든, 그 사람의 머릿속은 늘 예수님으로 가득 차 있습니다. 예수님으로 충만해져서 그분이 그 사람을 지배하는 것입니다.

예수님이 우리 안에 충만해야 예수님이 입 밖으로 나옵니다. 어떤 사람은 예수님이 바닥난 상태에 있습니다. 마구 펌프질을 하고 야단법석을 떨어야 겨우 '예수' 이 한마디를 말합니다. 그게 잘 안됩니다. 예수님을 얘기하라고 하거나 전도하라고 하면 땀을 뻘뻘 흘리면서 할까 말까 망설이다가 포기합니다. 예수님 말하기도 힘들고, 예수님 자랑하기도 힘듭니다. 그런데 어떤 사람은 틈만 나면 예수님 얘기를 합니다.

성령으로 충만해진 사울은 드디어 예수님을 이야기하기 시작했습니다. 사람들은 충격을 받았습니다.

> 사울은 힘을 더 얻어 예수를 그리스도라 증언하여 다메섹에 사는 유대인들을 당혹하게 하니라(행 9:22).

어디에서 예수 그리스도가 전해지는지는 중요하지 않습니다. 그곳이 신학교인지, 미션 스쿨인지는 중요하지 않습니다. 그곳이 교회인지도 중요하지 않습니다. 예수가 불리는 곳, 예수의 이야기가 전해지는 곳, 이것이 중요합니다. 오늘날 신학교에는 예수 이름이 별로 없습니다. 오늘날 미션 스쿨에도 예수 이름이 없습니다. 세미나에서 환경에 대한 얘기, 사회 정의에 대한 얘기, 민주화에 대한 얘기는 있어도, 예수 이야기는 없습니다. 이것은 잘못된 것입니다. 예수님이 계셔야 합니다. 교회는 많지만 예수 얘기를 안 하는 교회도 있습니다. 자꾸 다른 이야기만 합니다. 그건 교회가 아닙니다. 신학교가 아닙니다. 미션 스쿨도 아닙니다. 예수를 말하는 곳, 그곳이 교회요, 그곳이 신학교요, 그곳이 미션 스쿨입니다.

당신의 가정에서 예수님을 말하십시오. 당신의 삶에서 예수님이 날마다 풍성하게 전해지기를 바랍니다.

3

박해자에서
그리스도의 제자로

사도행전 9:23-30

사울은 '주의 이름을 이방인과 임금들과 이스라엘 자손들에게 전하기 위하여 택한 주님의 그릇'이었습니다. 그래서인지 사울은 특이한 방법으로 예수님을 만나게 됩니다. 그리고 특이한 방법으로 성령의 세례를 받게 됩니다. 사울이 아나니아를 만나 안수를 받을 때 성령이 강하게 임하게 되었고, 그 순간 그는 성령을 체험하게 됩니다. 성령의 세례와 더불어 성령의 충만을 받게 됩니다.

이렇게 변화 받은 사울의 메시지는 달라졌습니다. 그는 변화 받은 후에 즉시 각 회당에 돌아다니며 예수가 하나님의 아들이요, 그리스도라고 말하기 시작했습니다. 사울은 예수 믿는 사람들을 잡아 죽이려 했던 사람이었습니다. 예수가 그리스도라고 말하는 사람들, 예수가 하나님의 아들이라고 말하는 사람들을 가장 파렴치한 사람들이라고, 하나님을 모독하는 사람들이라고 생각했기 때문입니다. 그러한 사울이 자신의 입으로 예수가 하나님의 아들이요, 그리스도라고 말하고 있는 것입니다.

아라비아, 사울의 광야 학교

여러 날이 지나매 유대인들이 사울 죽이기를 공모하더니(행 9:23).

여기서 사울을 죽이려고 하는 한 세력이 등장합니다. 사울이 예수를 만났습니다. 사울이 아나니아를 만났습니다. 이제 그는 박해자를 만나게 됩니다. 사도행전에는 기록되지 않았지만, 사울이 박해자를 만나기 전에 일어난 중요한 한 사건이 있습니다. 그것은 갈라디아서에 기록된 사건입니다.

그의 아들을 이방에 전하기 위하여 그를 내 속에 나타내시기를 기뻐하셨을 때에 내가 곧 혈육과 의논하지 아니하고 또 나보다 먼저 사도 된 자들을 만나려고 예루살렘으로 가지 아니하고 아라비아로 갔다가 다시 다메섹으로 돌아갔노라(갈 1:16-17).

예수를 믿게 된 사울은 먼저 아라비아로 갑니다. 그리고 아라비아에서 다메섹으로 다시 돌아옵니다. 다메섹으로 돌아와서 박해를 받게 되는 것입니다. 사울에게는 아라비아로 가 있는 기회와 시간이 절대적으로 필요했습니다. 예수를 만난 것은 그에게 굉장히 충격적인 사건이었습니다. 그는 이 엄청난 사건을 재정리하고, 해석하고, 확인하는 시간이 필요했습니다. '그의 아들을 이방에 전하기 위하여 그를 내 속에 나타내시기를 기뻐하셨을' 바로 그때, 성령님을 통해서 예수님이 그의 안에 오셨을 바로 그때 이러한 시간이 필요했던 것입니다.

이러한 시간을 갖기 위해 아라비아로 가려고 할 때, 사울은 혈육과 의논하지 않았다고 했습니다. 먼저 사도 된 자들과도 의논하지 않았다고 했습니다. 이는 사울이 결코 교만해서 그런 것이 아닙니다. 대부분의 사람들은 교만하거나 고집이 세거나 자기 개성이 강할 때 이렇게 합니다만, 사울의 경우는 자신만만해서 그런 것도 아니고, 교만해서 그런 것도 아니었습니다. 그는 자기 생애에 예수 그리스도가 개입하신 이 엄청난 사건을 하나님과 일대일로 만나서 확인하고 결정하려 했던 것입니다. 이것은 매우 중요합니다. 어떤 문제는 사람하고 의논해야 하지만, 어떤 문제, 특히 하나님과 관련된 문제는 정말 기도하고 금식하면서 사람과 의논하지 않고 직접 하나님에게 여쭈어 볼 필요가 있습니다.

여기서 사울이 아라비아로 왜 갔으며, 그곳에 가서 무엇을 했을까 하는 궁금증이 생깁니다. 성경에는 이에 대한 언급이 전혀 없기 때문입니다. 바울의 연보를 통해 계산해 보면, 아라비아에 머물러 있던 햇수가 3년 정도 됩니다. 짧은 세월이 아닙니다. 그 기간 동안 그는 무엇을 했을까요? 성령과 능력을 받아 전도하러 갔다고 말하는 사람도 더러 있습니다. 물론 그럴 가능성이 없는 것은 아닙니다. 그러나 성경 여러 곳을 찾아보면 더 중요한 의미가 발견됩니다. 분명한 것은, 사울이 주님과 더 깊은 교제를 하기 위해, 직접 하나님의 말씀을 듣고 훈련받기 위해 그곳에 갔다는 것입니다. 예수님이 마귀와 싸우기 위해 40일 동안 광야에 가서 금식하며 기다림의 시간을 가지셨던 것처럼, 사울 또한 하나님의 사람으로 변하기 위해 그런 시간들이 필요했던 것입니다.

사람들은 대개 은혜를 받으면 그 즉시 무엇인가를 행동하려 합니다. 하지만 그것은 몹시 위험한 일입니다. 일보다 더 중요한 것은 사람이 되는 것입니다. 저도 일을 보면 기다리지 못하고 뛰어드는 습관이 있습니다. 그런데 그렇게 하면 언제나 실패를 합니다. 준비 없이 일을 하면 일한 만큼 손해를 봅니다. 처음으로 다시 돌아와야 하기 때문에 그렇습니다. 일보다 더 중요한 것은 준비입니다. 행동보다 더 중요한 것은 준비입니다. 준비가 얼마만큼 되었는지에 따라서 열매를 맺게 되기 때문입니다. 아무리 시간이 걸려도 주님과 깊이 교제하고 준비하는 자에게는 놀라운 성령의 역사들이 맺히게 됩니다.

사실 그렇습니다. 주인의 뜻을 모르고 무슨 일을 할 수 있겠습니까? 주인의 뜻을 모른 채 열심히 일한들 무슨 소용이 있겠습니까? 일은 많이 했을지라도 주인의 뜻과 맞지 않는다면, 그것은 오히려 주인에게 해를 끼치는 일이 되고 말 것입니다. 그러나 우리는 주인의 뜻을 생각하기보다는 일을 먼저 생각하는 경향이 있습니다. 낭비되는 것처럼 보이는 시간, 열매가 없어 보이는 시간, 무의미하게 느껴지는 시간이 우리에게 있지만, 바로 그 시간이 사울이 바울이 되는 시간이요, 물이 포도주가 되는 시간이요, 하나의 알이 새가 되는 시간인 것입니다.

우리는 사울의 숨겨진 이야기를 통해, 우리 개인에게는 준비하는 시간이 절대적으로 필요하다는 사실을 깨닫습니다. 하나님의 부름을 받은 사람들, 사명을 받은 사람들은 선교지나 사역지에 나가기 전에 최소한 2-3년 정도는 이런 시간을 가져야 합니다.

갈라디아서에 보면 아라비아라는 말이 또 한 번 나옵니다. 바울 사도는 자유 있는 여자와 여종 하갈의 이야기를 비유로 설명하면서 "아라비아에 있는 시내 산"(갈 4:25)을 언급하고 있습니다. 시내 산은 모세가 율법을 받았던 그 산입니다. 사울이 아라비아에 갔다면 분명 그 시내 산에 갔을 것이고, 만약 그곳에서 3년 동안 있었다고 한다면 바로 그곳이 말씀의 학교요, 기도의 학교라고 생각할 수 있습니다. 갈라디아서의 메시지와 연결시켜 생각해 보면, 사울은 그 율법의 산에서 율법의 멍에를 벗어 버리고 성령을 따라 은혜의 자리에 들어가는 체험을 했을 것입니다. 그리고 그 후에 사울이 개척한 모든 교회나 편지로 전하는 메시지를 보면 이러한 일들이 얼마나 깊이 있게, 다양하게 표현되는지 모릅니다.

사울의 경우를 보면 두 가지가 확실합니다. 첫째, 부름 받은 확신입니다. 누가 선교지로 가야 합니까? 누가 사역에 뛰어들어야 합니까? 부름 받음이 확실한 사람입니다. 하나님의 부르심은 희미하지 않습니다. 그런 것 같기도 하고 안 그런 것 같기도 한 경우는 없습니다. 하나님의 명령은 분명합니다. 그런데 부름 받지 않았는데도 부름 받았다고 생각하는 사람이 있습니다. 그런 사람을 관찰해 보면, 대부분의 경우는 현실 도피였습니다. 현재의 삶이 고통스럽고 가족 관계나 직장 생활에서 스트레스와 열등감이 많아, 현실 도피의 수단으로 선교지를 택하거나 선교사로 헌신하는 것이었습니다. 하지만 일정한 시간이 지나고 나면 그런 것들이 다 드러납니다. 고난이나 박해가 오면 이런 것들을 감당하지 못하고 결국에는 쓰러지는 것을 보게 됩니다. 사울의 경우는 분명한 하나님의 부르심이 있었습니다. '이방인들과 임금들과 이스라엘 자손들에게 주님의 이름을 전하기 위해 택한 그릇'이라는 부르심입니다.

둘째, 사울은 부름을 받고 나서 그 부름에 합당한 훈련을 2-3년 동안 받았습니다. 사울이 은혜 받은 즉시 일하기 시작했다면, 그는 그렇게 위대한 편지들을 쓸 수 없었을 것입니다. 그렇게 엄청난 사역들을 감당할 수 없었을 것입니다. 사울은 마음에 사형 선고를 받고 살 소망까지 끊어지는 비참한 상황에까지 들어갔습니다. 그는 강한 매를 다섯 번이나 맞았습니다. 태장을 맞았습니다. 강도의 위험과 도둑의 위험 등, 말할 수 없는 위험들을 수없이 겪었습니다. 감옥 생활을 했습니다. 이런 엄청난 시련 속에서 일생을 보냈는데, 만일 준비되지 않았더라면 그는 이러한 일들을 감당할 수 없었을 것입니다. 그렇습니다. 사울은 이런 엄청난 일들을 감당할 수 있도록 준비되기 위해 아라비아에 갔던 것입니다. 이것이 사울이 바울

되게 하는 아주 결정적이고 중요한 시간이었습니다.

어떤 일을 할 때 하나님이 길을 막으시는 경우가 있습니다. 나는 꼭 가야겠는데 길이 열리질 않습니다. 다 됐는데 마지막 도장 하나가 안 찍힙니다. 그것은 하나님의 사인이라고 보는 것이 좋습니다. 더 기다려야 한다, 더 훈련받아야 한다, 더 준비되어야 한다는 하나님의 사인일 수 있습니다. 우리는 준비되고 변화된 만큼, 말씀으로 무장한 만큼 열매를 맺습니다. 우리에게는 이런 시간들이 필요합니다. 사울은 이런 시간을 갖고 나서 다메섹으로 다시 돌아갔습니다.

고난이 시작되다

여러 날이 지나매 유대인들이 사울 죽이기를 공모하더니(행 9:23).

'여러 날'이라는 것은 계산할 수 없는 날들이라는 뜻이 내포되어 있습니다. 이렇게 여러 날이 지나서 다시 다메섹으로 돌아왔을 때, 사울을 죽이기로 결심한 사람들이 기다리고 있었습니다.

그 계교가 사울에게 알려지니라 그들이 그를 죽이려고 밤낮으로 성문까지 지키거늘 그의 제자들이 밤에 사울을 광주리에 담아 성벽에서 달아 내리니라(행 9:24-25).

그들은 사울을 죽이기 위해 밤낮으로 성문까지 지켰다고 했습니다. 또 사울의 제자들이 그를 광주리에 담아 성벽에서 달아 내렸다고 했습니다. 사울이 언제 제자를 만들었겠습니까? 이것은 사울이 예수 믿고 난 후 굉장히 오랜 시간이 지났음을 의미합니다.

고린도후서에 보면 사울을 죽이려고 공모했던 이들은 다메섹의 왕 아레다의 고관들이었습니다(고후 11:32 참조). 다시 말하면, 사울을 박해하던 세력은 개인적으로 그를 미워한 이들이 아니라, 다메섹 왕의 명령을 받고 사울을 조직적으로 체포하려 했다는 것입니다. 생각해 보십시오. 만약 사울이 준비되어 있지 않은 채 이런 박해를 받았다면, 그는 자신이 받은 구원을 의심했을 것입니다.

많은 사람들이 예수를 믿고서 무엇 때문에 갈등을 느낍니까? 예수 믿으면 만사가 잘되어야 하는데 고난이 오는 현실입니다. 예수 믿으면 건강해져야 하는데 병들 수도 있다는 것입니다. 박해가 더 많아질 수도 있다는 것입니다. 그때 사람들은 자기가 믿은 예수님에 대해 회의가 생기고, 흔들리기 시작합니다. 이런 사람을 믿고 어떻게 예수님이 일하시겠습니까? 그러나 누구든지 처음 단계에서는 이런 시험들이 있을 수 있습니다.

선교지란 2천 년 전이나 지금이나 변한 게 하나도 없습니다. 바울이 있었던 선교지는 더 위험했고 지금의 선교지는 덜 위험한 것이 아닙니다. 선교지란 주님 오실 때까지 똑같습니다. 사람들의 마음이 완고하고, 우상이 있고, 물질이 있고, 죽음이 있고, 두려움이 있고, 고통이 있는, 이해될 수 없는 곳이 바로 선교지입니다. 선교지가 편할 거라는 생각은 절대로 하지 마십시오. 많은 선교사들이 선교지로 갈 때 안전지대를 찾아다닙니다. 전 세계에 나가 있는 선교사의 90퍼센트 이상이 안전지대에서 예수 믿는 사람들을 상대로 전도하고 있다는 것입니다. 불안전한 지대, 예수를 믿지 않는 위험 지대로 가는 선교사는 5-10퍼센트밖에 되지 않습니다.

많은 그리스도인들이 세계 곳곳에서 박해를 받고 있습니다. OMF 선교사들이 얼마나 많이 순교했습니까? 순교했기 때문에 OMF 선교 단체가 존재했던 것입니다. 제가 섬겼던 WEC 선교 단체의 조그마한 강당에는 스물세 명의 사진이 붙어 있습니다. 그들은 20대 초반에서 30대 초반쯤 되는 의사, 간호사, 농업 기술자 및 교사들로서, 게릴라에 의해서, 또는 이루 말할 수 없는 여러 가지 박해 속에서 죽어 간 순교자들입니다. 적어도 천여 명 이상의 회원들로 구성된 선교 단체에는 이렇게 수십 명의 순교자들이 존재합니다. 이처럼 복음은 값싸게 전달된 것이 아닙니다. 예수 그리스도의 복음은 이같이 말할 수 없는 고난과 역경과 희생과 헌신 및 수난을 통해 전파되는 것입니다.

사울에게도 고난의 삶이 찾아왔습니다. 첫 번째 고난은 밤에 담을 넘어 도망가는 것으로 시작되었습니다. 그는 다메섹에 있을 수 없어 예루살렘으로 돌아왔습니다. 그런데 예루살렘에 돌아오니 또 하나의 고난이 기다리고 있었습니다. 다메섹에서의 고난이 예수 믿지 않는 사람들, 헬라파 유대인들이 박해한 것이었다면, 예루살렘에서의 고난은 그리스도인들에 의한 고난이었습니다. 그들은 사울을 인정하지 않고 의심하고 있었던 것입니다.

> 사울이 예루살렘에 가서 제자들을 사귀고자 하나 다 두려워하여 그가 제자 됨을 믿지 아니하니(행 9:26).

사울을 만나는 예루살렘 성도들의 얼굴 표정이 쉽게 상상이 갑니다. 웃고 있지만 속으로는 굉장히 불안했을 것입니다. 이때 굉장히 고마운 사람이 나타납니다. 그는 바나바라는 사람이었습니다.

화해자 바나바

> 바나바가 데리고 사도들에게 가서 그가 길에서 어떻게 주를 보았는지와 주께서 그에게 말씀하신 일과 다메섹에서 그가 어떻게 예수의 이름으로 담대히 말하였는지를 전하니라(행 9:27).

사울에게는 바나바가 얼마나 고마운 사람이겠습니까? 모든 사람이 의심합니다. 사람들이 적당히 거리를 두고 관망하고 있을 때, 바나바가 뛰어들어 바울을 변호하고 보호하며 화해자 역할을 해

줍니다.

바나바는 참 따뜻한 사람입니다. 그런 그에게는 두 가지 특징이 있습니다. 첫째, 바나바에게는 영적인 통찰력이 있었습니다. 다른 사람들은 보지 못했지만, 바나바는 보았습니다. 다른 사람들은 의심했지만, 바나바는 사울에게 영적인 신뢰가 생겼습니다. 사울의 회심이나 체험이 사실이고 진실이라는 점을 그는 누구보다도 먼저 알았던 것입니다.

둘째, 바나바에게는 화해자의 모습이 있었습니다. 대부분의 사람들은 옳은 줄 알면서도 손해 볼 경우에는 행동하지 않습니다. 대부분의 교인들은 손해 보지 않는 안전지대에 있으면서 예수를 믿습니다. 자기 시간을 뺏기지 않을 것, 자기 사생활을 간섭받지 않을 것, 존경 받을 수 있을 것 등의 기준을 마련해 놓고 교회에 다니는 것입니다. 진정한 그리스도의 사람인지의 여부는 얼마나 손해를 보았느냐로 결정됩니다. 시간에 얼마나 손해를 보았느냐, 재정에 얼마나 손해를 보았느냐, 인격에 얼마나 손해를 보았느냐는 것입니다. 그럼에도 불구하고 주님이 너무 좋아서 그런 것들을 기쁘게 감당할 수 있다면, 그런 사람들이 바로 진정한 그리스도인입니다.

바나바는 어떤 사람입니까? 그는 오해받을 수 있는 상황임에도 불구하고 뛰어들어 사울을 변호해 주었습니다. 교회에는 사울 같은 사람이 아니라, 바나바 같은 사람이 필요합니다. 선교지에는 능력 있고 위대한 사람이 아니라, 바나바와 같은 온유한 사람이 필요합니다. 그는 큰일은 하지 못했을지도 모릅니다. 그러나 그는 화해자요, 사람을 격려하는 사람이었습니다. 그는 사람을 상담하며 도와주는 사람이었습니다. 이런 사람이 정말 선교사인 것입니다.

선교지에서는 일하는 것보다 인간관계가 더 어렵습니다. 서로를 섬기며, 겸손하게 다른 사람을 인정하는 것이 굉장히 어렵습니다. 저는 바나바를 보면서 마음이 따뜻해져 옴을 느낍니다. 저는 이런 바나바가 참 좋습니다.

사울, 스데반의 자리를 채우다

> 또 주 예수의 이름으로 담대히 말하고 헬라파 유대인들과 함께 말하며 변론하니 그 사람들이 죽이려고 힘쓰거늘(행 9:29).

사울은 이렇게 바나바의 도움을 받아 그리스도의 복음을 증거할 수 있는 축복을 받게 되었습니다. 사람은 누군가가 격려하고 인정하고 도와줄 때 꽃을 피우게 됩니다. 그때 그가 힘 있는 메시지를 전할 수 있게 되는 것입니다.

사울은 그가 받은 그리스도의 복음을 증거하기 시작했습니다. 그러나 그가 복음을 증거할 때마다 반대가 생겼습니다. 우리는 이러한 공식을 알 수 있습니다. 복음을 위해 살려고 할 때 박해가 온다는 것입니다. 예수님도 이에 대해 말씀하신 것이 있습니다. "너희가 내 이름으로 말미암아 모든 사람에게 미움을 받을 것이나"(눅 21:17). 고난은 그리스도인의 징표입니다. 세상에 살면서 고난을 겪지 않는다면, 우리는 어쩌면 그리스도인이 아닐지도 모릅니다. 우리가 그리스도의 복음을 전하면, 사탄은 우리를 공격합니다. 고난이 우리에게 오게 되어 있습니다.

특별히 헬라파 유대인들이 사도 바울과 변론하게 되었습니다. 여기서 우리는 재미있는 사실을 또 하나 발견하게 됩니다. "주 예수의 이름으로 담대히 말하고 헬라파 유대인들과 함께 말하며 변론하니 그 사람들이 죽이려고 힘쓰거늘"(행 9:29). 무엇이 떠오릅니까? 이전에 헬라파 유대인들과 변론한 사람이 누구였습니까? 바로 스데반이었습니다. 스데반이 예수 그리스도의 복음을 전했을 때 그와 논쟁했던 사람이 헬라파 유대인이었고, 그 헬라파 유대인들이 복음을 듣다가 찔림을 받아 결국 그를 끌어다가 돌로 쳐 죽였던 것입니다.

사울은 스데반이 돌에 맞아 죽을 때 그 자리에 있었습니다. 그리고 그는 스데반의 죽음을 마땅히 여겼었습니다. 그런데 놀랍게도, 지금은 사울이 바로 스데반의 자리에 들어가 있습니다. 사울이 스데반처럼 예수 그리스도를 말하자, 그 말을 들은 사람들이 스데반을 죽이려 했던 것처럼 사울을 죽이려 하고 있습니다. 성경은 이 장면에서 '변론'이라는 단어를 쓰고 있는데, 이것은 사도행전 6장

9절에서 스데반이 어떤 자들과 '논쟁'했다고 했을 때의 '논쟁'과 같은 말입니다.

성령의 역사는 오묘합니다. 자신이 그 자리에 설 줄 어떻게 알았겠습니까? 그가 복음 증거자가 될 줄 누가 알았겠습니까? 예수 믿는 사람을 박해하지 마십시오. 당신이 그 자리에 들어갈 수 있습니다. 결국 사울은 이 박해 속에서 또 몸을 피하게 됩니다.

고향인 다소로 돌아가다

> 형제들이 알고 가이사랴로 데리고 내려가서 다소로 보내니라
> (행 9:30).

다소에서 출생한 사울은 예루살렘에서 교육을 받았습니다. 그는 로마 시민권을 가지고 있으며, 헬레니즘과 유대주의 그리고 로마를 경험한 사람이었습니다. 그러나 그가 얻은 것은 아무것도 없었습니다. 그는 다메섹에서 예수를 만난 후 인생이 180도 바뀌었습니다. 그는 하나님과 기쁜 교제를 하기 위해 아라비아로 갔다가 다시 다메섹으로, 다메섹에서 예루살렘으로 돌아옵니다. 그리고 예루살렘에서 다시 자기가 태어났던 고향 다소로 돌아오게 됩니다.

우리는 가끔 우리의 삶의 장소를 이동하게 됩니다. 그런데 여기에 선교의 깊은 비밀이 있습니다. 이것을 모르는 사람은 무슨 뜻인지 모르고 그냥 왔다 갔다만 합니다. 하지만 선교에 뜻을 둔 사람들, 성령을 받은 사람들, 예수를 만난 사람들은 '하나님이 나를 왜 이곳에 보내 주시는 것일까, 하나님의 놀랍고 오묘한 신비가 나를 기다리고 있구나, 여기에서 무슨 일이 생길까' 하는 기대와 흥분과 감격을 갖습니다.

하나님의 일을 위한 영적인 준비를 마치다

하나님의 일을 할 때는 자격이 필요합니다. 사울처럼 헬레니즘과 헤브라이즘과 로마 문화를 모두 경험하는 것과 소위 혈통이라는 것도 물론 중요합니다. 사실 그런 자격이 있었기 때문에 사울은 바울이 되어서 신약의 3분의 1을 쓸 수 있었습니다. 만약 그런 지적인 준비가 안 되어 있었더라면 그렇게 많은 편지들을 쓰지 못했을 것입니다. 이런 인간적인 자격은 매우 중요한 것입니다.

그러나 그것과는 비교할 수 없는, 결정적으로 중요한 영적인 자격이 있습니다. 첫째, 주님의 일을 하려면 부활하신 주님을 만나는 경험이 있어야 합니다. 이는 단순한 지식이나 열정으로 되는 것이 아닙니다. 세상적인 학문은 누구든 경험할 수 있습니다. 그러나 신앙은 학문의 대상이 아닙니다. 그것과는 비교할 수 없는 생명입니다. 부활하신 예수님을 만나지 못한 사람이 어찌 그분을 위해 죽을 수 있겠습니까? 예수님에 대해 공부할 수는 있습니다. 설교하거나 가르칠 수도 있습니다. 그러나 예수님을 위해 죽을 수는 없습니다.

많은 사람들이 이 부분에 문제가 있습니다. 그들은 예수님에 대한 얘기는 하지만, 예수님을 위해 죽을 만큼 헌신되어 있지는 않습니다. 아직 예수 그리스도를 인격 속에서, 삶 속에서 체험하지 못했다면 이것을 위해 기도해야 합니다. "주님, 당신이 만약 살아 계시다면 만나기를 원합니다. 당신이 정말 하나님이시라면, 당신의 음성 듣기를 원합니다." 죽은 하나님이 아니라면 말씀하실 것입니다. 우리는 그 하나님을 만나고 경험해야 합니다. 체험해야 합니다.

둘째, 하나님의 일을 감당하기 위해서는 사울처럼 영적인 훈련이 필요합니다. 영적인 훈련이 없이는 영적인 일을 감당하기 어렵습니다. 사울은 성령을 체험하고 아라비아에 가서 3년 동안이나 하나님을 묵상했습니다. 3년 동안 그가 무엇을 했는지에 대해서는 아무 기록이 없습니다. 그러나 분명한 것은, 그는 분명 하나님과 깊은 교제를 했을 거라는 것입니다.

은혜 받았다고 당장 움직이지 않기를 바랍니다. 준비하십시오. 훈련을 받으십시오. 가장 중요한 훈련은 성품과 인격이 변하는 훈련입니다. 이러한 훈련을 통해서 당신을 준비시키시며, 준비된 당신을 통해서 하나님이 영광을 받으실 것입니다.

4

참된 교회의 모습

사도행전 9:31

예수님의 예언이 성취되다

사도행전은 여러 가지 각도로 살펴볼 수 있는데, 그중에 하나가 예수님이 말씀하신 예언에 대한 성취입니다.

> 또 내가 네게 이르노니 너는 베드로라 내가 이 반석 위에 내 교회를 세우리니 음부의 권세가 이기지 못하리라(마 16:18).

교회의 주인은 예수님이십니다. 이 말씀이 성화된 것이 바로 사도행전입니다.

예수님이 하신 일은 두 가지로 요약할 수 있습니다. 첫째, 예수님은 십자가에 못 박혀 죽으시고 부활하심으로써 우리를 위한 구원을 완성하셨습니다. 그러나 구원의 완성으로 끝났다면 그 구원은 우리에게 전달되지 못했을 것입니다. 예수님은 우리에게 그 구원의 복음을 전하기 위해 교회를 세워 주셨습니다. 이것이 예수님이 하신 두 번째 일입니다. 이것은 주님이 구원을 완성하신 것만큼 중요합니다. 예수님이 완성하신 그 구원을 주님 오실 때까지 이룰 수 있는 하나님의 방법으로 교회를 주신 것입니다. 그러므로 교회는 있어도 되고 없어도 되는 존재가 아닙니다. 교회는 구원만큼이나 이 지상에 꼭 필요한 것입니다. 어떤 사람은 교회의 중요성을 깊이 깨닫지 못하고 자기 혼자 예수 믿고 구원받으면 되지 않겠느냐 생각하는데, 절대로 그렇지 않습니다.

예수님이 승천하기 전에 하신 말씀이 사도행전 1장에 기록되어 있습니다.

> 오직 성령이 너희에게 임하시면 너희가 권능을 받고 예루살렘과 온 유대와 사마리아와 땅 끝까지 이르러 내 증인이 되리라 하시니라(행 1:8).

이것은 예수님이 승천하기 전 지상에서 하신 마지막 말씀으로, 이 예언의 말씀은 그대로 성취되었습니다. 오순절 날 성령이 임하셨을 때 교회가 탄생했고, 이 교회는 예루살렘에 머물지 않고 유대와 사마리아와 땅 끝까지 이르도록 성령의 역사와 함께 전 세계로 확산되었습니다. 교회를 세워 주시겠다던 약속이 사도행전을 통해서 이루어진 것입니다. 주님은 십자가에 못 박혀 죽으시고 부활하시면서 지상에서 당신의 구원을 완성할 교회를 우리에게 남겨 주신 것입니다.

오순절 날 성령으로 충만해진 120명의 제자들이 다락방 문을 박차고 뛰쳐나갔습니다. 이것이 바로 초대 교회의 시작입니다. 그런데 어느 때보다 부흥하고 흥왕하던 이때, 하나님은 그들에게 박해와 시련을 주셨습니다. 이로 인해 교회는 한곳에 머물러 있지 못하게 되었습니다. 환난과 박해로 인해 본의 아니게 여러 방향으로 흩어지게 된 그리스도인들은 유대로, 사마리아로 이동했습니다. 이것이 바로 사도행전 1장 8절의 성취입니다.

하나님이 하시는 방법은 놀랍습니다. 어떻게 복음이 유대인으로부터 이방인에게로 넘어갈 수 있었겠습니까? 이것은 불가능 중에서도 불가능한 일입니다. 그러나 하나님은 이 일을 위해 교회를 박해하던 사울을 이방의 사도로 삼으셨습니다.

환난을 통해 복음이 확장되다

아래 구절은 예수님의 말씀대로 복음이 어떻게 유대와 사마리아에 확장되었는가를 기록하고 있습니다.

> 그리하여 온 유대와 갈릴리와 사마리아 교회가 평안하여 든든히 서 가고 주를 경외함과 성령의 위로로 진행하여 수가 더 많아지니라(행 9:31).

우리는 여기서 '그리하여'라는 말을 먼저 생각해 보려 합니다. 이 말은 어떻게 복음이 예루살렘에서 시작되어 유대와 사마리아까지 확산되었는가 하는 그 모든 내용을 요약하는 접속사임을 알 수 있습니다. 그런데 이 말을 좀 더 깊이 묵상해 보면, 지금까지 있었던 내용들을 요약하는 단순한 말이 아니라 더 깊은 의미가 있음을 발견하게 됩니다. 그것은 오순절 날 성령의 역사로 초대 교회가 이루어졌는데, 복음이 이 초대 교회로부터 유대와 사마리아와 갈릴리 지방까지 확산되는 데는 여러 가지 고통스런 위기와 고난과 환난이 있었다는 것입니다.

사도행전적으로 보면 환난은 그리스도인에게 두 가지 뜻 깊은 의미가 있습니다. 첫째는, 성도들을 거룩하고 순수하고 깨끗하게 만들기 위한 것입니다. 아나니아와 삽비라 사건이 바로 그런 것이었습니다. 초대 교회는 순수했습니다. 그러나 아나니아와 삽비라 안에 타락의 씨가 싹트기 시작했습니다. 그것도 겉으로 눈에 보이게 타락한 것이 아니라, 내면적으로 타락하기 시작했습니다. 이것은 초대 교회가 타락할 수 있는 여지를 보여 주는 사건이었습니다. 그러나 하나님은 이것을 허락하지 않으셨습니다. 하나님은 초대 교회가 순수한 상태로 유지되길 원하셨습니다. 그래서 시련을 주신 것입니다.

시련을 겪을 때 감사하십시오. 시련의 첫째 목적은 우리를 정화시키고, 순결하게 하며, 타락하지 않도록 하는 것입니다. 하나님은 시련과 고난과 위기를 통해 우리의 신앙을 순수하게 하십니다. 환난이나 고통이 오면, 또는 위기가 닥치면 사람들은 겸손하고 순수해집니다. 당신에게 찾아오는 고통이나 환난 또는 위기를 두려워하지 마십시오. 그것은 당신을 순수하게 만드는 것입니다. 그것은 당신을 연단시키는 것입니다. 그것은 당신을 더 순결하게 만드는 하나님의 방법입니다.

환난의 두 번째 목적은 선교입니다. 유대인들은 복음을 이방인에게 나눠 주는 것을 좋아하지 않았습니다. 복음이 예루살렘 중심에서 떠나는 것을 원하지 않았습니다. 사람들은 누구든지 늘 자기 합리화를 합니다. 사람들은 모험하기보다 안주하길 좋아합니다. 모든 일이 자기중심으로 되길 원합니다. 하지만 하나님의 생각은 그렇지 않습니다. 복음은 유대인들만의 전유물이 아니라, 하나님이 모든 이방인들에게 주시는 구원의 선물이었습니다. 그러나 그들은 미처 그런 생각을 하지 못했습니다. 하나님은 그들을 부흥시켜 주셨습니다. 성장하게 해 주셨습니다. 그렇지만 그들은 부흥과 성장과 축복만 받고 자기가 해야 할 사명은 생각하지 않았습니다. 이때 환난이 왔습니다. 환난이 와서 모든 것을 산산조각 내 버렸습니다. 흩어지게 만들었습니다. 예루살렘을 떠날 수밖에 없게 만드신 것입니다.

하나님은 가끔 당신에게도 그렇게 하십니다. 당신을 사랑하기 때문에 오히려 모든 일을 당신의 생각과 기대에 맞지 않게 만드시는 것입니다. 어떤 일로 자리를 옮기게 될 때가 있을 것입니다. 그런데 내 뜻과 계획에 맞지 않으면 사표 쓸 생각을 합니다. 옳지 않습니다. 어딘가로 움직이게 될 때, 거기에 하나님의 뜻이 있음을 생각하십시오. 당신의 기대와 방법에 맞지 않을지라도, 당신이 원하는 장소가 아닐지라도 그냥 가십시오. 때로 하나님은 우리를 광야로 가게 하십니다. 이것이 하나님의 방법입니다.

사람들의 생각은 짧습니다. 사람들의 생각은 단순하고 자기중심적입니다. 그래서 자기 보기에 좋지 않으면 이것이 하나님의 축복이 아니라고 해석합니다. 눈에 보이는 이익이 없으면 그것이 하나님의 축복이 아니라고 여깁니다. 그렇지 않습니다. 환난과 고난과 위기는 첫째, 우리를 연단하기 위함이고, 둘째, 우리를 하나님의 선교의 도구로 쓰기 위함입니다.

교회는 위기와 환난 속에서 확장되었습니다. 그러므로 이 '그리하여'라는 말 속에는 어떤 고난과 위기와 박해 속에서도 하나님의 섭리는 약속대로 성취된다는 뜻이 들어 있습니다. 생각해 보십시오. 오순절 날 성령이 임해서 120명이 능력을 받아 뛰쳐나간 사건 그리고 그들이 알 수 없는 다른 방언으로 말하면서 전도했던 이 사건은 상식적으로 있을 수 없는 일입니다. 그러나 그런 일들이 실제로 일어났습니다. 120명이 며칠이 못 되어 순식간에 3천 명이 되는 것은 있을 수 없는 일입니다. 그러나 하나님은 이러한 불가능한 일을 하신다는 것입니다. 바로 당신을 통해 하십니다. 이로 인해 예루살렘에 있던 이 교회가 지금 유대와 갈릴리와 사마리아까지 확산되고 있는 것입니다.

우리는 여기서 몇 가지 사실을 확인할 수 있습니다. 예루살렘에 머물고 있던 교회가 이제는 유대 교회로, 갈릴리 교회로, 사마리아 교회로 번졌다는 것입니다. 또 한 가지 사실은, 유대인에게 머물러 있던 이 복음이 그들의 손을 떠났다는 것입니다. 빌립이 에디오피아 내시를 만납니다. 복음이 이방인에게 들어가는 것입니다. 얼마나 놀라운 일입니까? 이제 점점 놀라운 일들이 일어나기 시작합니다.

초대 교회를 통해 발견하는 교회의 모습

여기서 한 가지 기억하고 넘어가야 할 것이 있습니다. 그것은 "유대와 갈릴리와 사마리아 교회"(행 9:31)라는 말입니다. 이 교회들은 과연 어떤 곳이었을까요? 오늘날 우리가 다니고 있는 교회는 제도적이고 교파적이며 방법론적이고 형식적인 구조로 되어 있기 때문에 교회가 무엇인가, 어떠해야 되는가에 대한 문제에 갈등이 있습니다. 바로 이런 의미에서 사도행전에 나타나는 교회를 본질적으로 이해할 필요가 있습니다.

우리는 물을 마시지, 그릇을 마시는 게 아닙니다. 하지만 그릇이 없으면 물을 담을 수 없습니다. 그렇지만 결코 그릇이 물보다 우선이 될 순 없습니다. 교회는 제도권 속에 살아야 합니다. 제도와 교파와 방법 속에 살아야 합니다. 그러나 이러한 제도가 더 앞서고 우선하게 되면, 내용을 잃어버리게 되는 것입니다. 이것이 위기입니다.

그러면 초대 교회는 과연 어떤 교회였을까요? 우선 사도행전 2-9장까지에 나오는 '교회'라는 단어를 조사해 보면 당시의 교회 모습을 쉽게 이해할 수 있는데, 분명한 것은 건물이 없었다는 점입니다. 그들은 그냥 모였을 것입니다. 교회는 건물이 아닙니다. 사도행전적 교회란 성령 받은 사람들이 모인 공동체입니다. 그것이 교회의 알파와 오메가입니다. 그것보다 더 중요한 것은 없습니다. 성령 받지 못한 사람들이 모인 교회는 교회가 아닙니다. 성령의 기름부음을 받지 않은 교회는 교회가 아닙니다. 아무리 교회 이름을 붙여도, 그것은 교회가 될 수 없습니다.

　둘째, 예루살렘의 교회를 살펴보면 성도들은 사도들의 가르침을 받았습니다. 진정한 교회는 말씀이 선포되며, 말씀을 가르치고 배울 수 있는 공동체입니다. 우리는 말씀을 받을 때, '이것이 교회다'라는 느낌을 받습니다. 그러나 말씀은 없고 세상적인 이야기로만 가득 찰 때, '이게 교회인가?' 하는 질문을 하게 됩니다. 진정한 교회는 하나님의 말씀이 바로 선포되며, 말씀을 가르치며 배우고, 말씀의 기적과 능력을 체험할 수 있어야 합니다. 이게 교회입니다. 이런 간증들이 있어야 하는 것입니다. 이것을 말하고 나누는 장소가 교회입니다.

　또 교회는 무엇입니까? 교회는 기도하는 곳입니다. 기도를 열심히 하고 있으면 사람들이 와서 그곳을 교회라고 합니다. 기도하지 않고 세미나만 하면, "여기는 학교인가 보다"라고 말합니다. 구제만 열심히 하면 사람들은 교회를 잘 느끼지 못할 것입니다.

진정한 교회는 자기의 소유를 팔아 가난한 자에게 나눠 주는 공동체입니다. 바로 이러한 모습을 볼 때 '여기에 하나님이 계시구나' 하고 느낄 수 있을 것입니다. 정말 부자나 가난한 자, 권력이 있는 자나 없는 자나 어떤 사람이라도 교회에 와서는 사랑과 위로를 받을 수 있다고 느껴야 사람들은 "여기에 하나님이 계신다"고 말할 것입니다.

사도행전 2장에 나오는 예루살렘의 교회를 보면 그리스도를 선포하는 공동체입니다. 그들은 때를 얻든지 못 얻든지, 위기가 있든지 없든지, 이익이 되든지 그렇지 않든지 간에 예수 그리스도를 고백했습니다. 선포했습니다. 진정한 교회는 전 세계를 향해서, 나와 상관없는 민족을 향해서 복음을 선포하며, 복음을 위해 투자하고 희생하는 곳입니다. 예수 그리스도를 주로 시인하고 고백하는 공동체가 바로 교회입니다.

또한 교회는 서로 교제하며 떡을 떼는 공동체입니다. 우리는 우리가 속한 교회 안에 용서와 사랑이 있는가, 기도가 있는가, 구제가 있는가, 떡을 떼고 교제하며 기도하는 모습이 있는가, 형제의 연약함을 감싸 주는 모습이 있는가, 상처가 치유되고 있는가 그리고 이곳에 오면 웃을 수 있는가를 살펴보아야 합니다. 이런 곳이 바로 교회입니다. 우리는 초대 교회에서 이런 모습들을 발견합니다. 그러므로 진정한 교회는 영적인 조직이요, 유기적인 생명체요,

어떤 방법이나 제도에 묶이지 않고 하나님을 향해 끝없이, 자유로이 번식하는 생명 세포와 같은 것입니다.

이것은 또 가정과 비교할 수 있습니다. 가정 안에서는 할아버지, 할머니, 아버지, 어머니도 중요하고, 아들과 딸도 중요하고, 손자도 다 중요합니다. 아버지가 아들에게, "너는 아들이니까 계급상 낮다"라고 말할 수 없습니다. 가정의 구조 안에서는 아버지의 인격이나 아들의 인격이 같습니다. 할아버지나 세상에 갓 태어난 아기라도 다르지 않습니다. 이것이 가정입니다. 그리고 이것이 바로 교회입니다.

교회는 이러한 본질적인 요소 때문에 유대인으로부터 시작됐지만 유대인에게 제한될 수 없었습니다. 예루살렘으로부터 시작되었지만 결코 교회는 예루살렘의 교회도 아니요, 유대인의 교회도 아니요, 갈릴리의 교회도 아니요, 사마리아의 교회도 아닌 것입니다. 진정한 교회는 그리스도를 위한 교회입니다. 진정한 교회는 그리스도에게 속한 교회입니다. 진정한 교회는 그리스도에 의해 만들어진 교회입니다. 이것이 교회입니다.

교회의 본질

그렇다면 교회의 본질은 무엇입니까?

그리하여 온 유대와 갈릴리와 사마리아 교회가 평안하여 든든히 서 가고 주를 경외함과 성령의 위로로 진행하여 수가 더 많아지니라(행 9:31).

그리스도의 평안을 소유

교회의 첫 번째 특징은 평안입니다. 평안의 주인은 예수 그리스도십니다. 누가 평안을 줄 수 있습니까? 예수 그리스도십니다. "평안을 너희에게 끼치노니 곧 나의 평안을 너희에게 주노라 내가 너희에게 주는 것은 세상이 주는 것과 같지 아니하니라 너희는 마음에 근심하지도 말고 두려워하지도 말라"(요 14:27). 또 예수님은 부활하신 후에 이렇게 말씀하셨습니다. "너희에게 평강이 있을지어다 아버지께서 나를 보내신 것같이 나도 너희를 보내노라"(요 20:21).

사도 바울은 이 평안을 가지고 감옥 안에서도 노래했습니다. 이것이 그리스도인의 특징입니다. 당신이 어떤 상황에 있을지라도, 당신에게는 평안이 있습니다. 이 평안은 세상이 빼앗을 수 없는 것입니다. 오늘 이 시대에 가장 긴급한 메시지는 평안입니다. 사람들은 물질은 소유했지만 평안을 잃어버렸습니다. 그러나 그리스도인이라면 전쟁에서 모든 것을 잃더라도 마음은 평안할 수 있습니다.

평안을 잃어버린 교회는 주님의 교회가 아닙니다. 그것은 사람들이 모인 교회입니다. 교회가 시끄럽고, 싸움이 있고, 복잡하고, 불편합니다. 주님이 계시지 않기 때문입니다. 예수 그리스도가 주인 되신 교회는 그렇지 않습니다. 건물이나 제도나 교파나 방법이 아닌, 예수 그리스도를 믿는 '성령 받은 두세 사람이 주님의 이름으로 모인' 교회는 내부가 시끄럽지 않습니다. 대신 환경이 평화롭지 않은 데 그 특징이 있습니다. 초대 교회부터 지금까지 그리스도의 교회, 주님의 교회가 존재하는 곳에는 언제나 환난과 박해가 있었습니다. 전쟁, 기아, 불의, 가난, 질병은 지금도 있습니다. 그러나 주님의 교회는 세상 속에서 환난과 위협과 박해요 기근과 전쟁을 당하면서도 흔들리지 않습니다.

배가 어떻게 물 위에 떠 있을 수 있습니까? 물이 배 안에 들어오지 않으면 됩니다. 그러면 언제든지 이 배는 물 위를 떠다닐 수 있습니다. 교회가 교회 되기 위해서는 세상의 사조와 방법과 생각이 교회에 들어오지 못하게 해야 합니다. 세상의 방법으로 교회를 운영하면 침몰해 버립니다. 하나님의 방법으로, 하나님의 영적인 조직으로 교회가 존재할 때, 언제나 유유히 물 위를 떠다니는 배처럼 교회 또한 세상에서 살아갈 수 있습니다. 이것이 평안이요, 이것이 진정한 교회의 모습입니다. 세상에 있지만 세상 속에 빠지지 않고, 세상과 싸워 승리하는 것입니다. 그래서 폭풍이 오면 배는 위험을 당하지만 빨리 가는 것입니다.

든든히 세워짐
교회의 두 번째 특징은, 든든히 서 가는 것입니다. 이것이 교회의 진정한 모습입니다. 이 뜻은 교회가 결코 완성되었다는 뜻도 아니요, 완벽하다는 뜻도 아닙니다. 주님의 교회는 두세 사람이 모여도, 아무리 작은 교회라 할지라도 하나님의 성령이 있는 한 언제나 성장하고 건강하게 움직입니다.

> 그의 안에서 건물마다 서로 연결하여 주 안에서 성전이 되어 가고 너희도 성령 안에서 하나님이 거하실 처소가 되기 위하여 그리스도 예수 안에서 함께 지어져 가느니라(엡 2:21-22).

하나님의 교회는 완성된 존재가 아니라 지어져 가는 존재입니다. 그리스도의 형상을 닮기까지 우리는 성장하고, 또 성장하고, 결국에는 열매를 맺게 될 것입니다. 어떤 사람이 "그리스도인들은 '공사 중'이라는 배지를 달아야 한다"고 말했습니다. 우리는 완성된 건물이 아니라 짓고 있는 건물이기 때문입니다. 짓고 있는 건물은 깨끗하지 않습니다. 먼지가 나고 지저분하지만, 이 건물은 머지않아 설계도대로 화려하고 아름답고 정말 편안한 집으로 변할 것입니다.

현재의 모습으로 자신을 평가하지 마십시오. 하나님의 당신을 향한 목표는 '예수'입니다. 하나님은 당신이 예수의 형상을 닮기까지 계속해서 작업하실 것입니다. 계속해서 당신의 성품을 때려 부수고 깎고 다듬고 닦아서 새로운 인격을 만드실 것입니다. 우리는 지어져 가는 존재입니다. 완성되지 않았다고 염려하지 마십시오. 우리는 변해 갈 것입니다. 든든히 서 갈 것입니다. 생산해 갈 것입니다. 오늘 넘어지면 다시 일어날 것입니다. 오늘 실패하면 또다시 일어날 것입니다. 이것이 그리스도의 모습이요, 교회의 모습입니다. 교회에 완벽을 요구하지 마십시오. 교회에 완성을 요구하지 마십시오. 중요한 것은, 교회가 자라고 있느냐는 것입니다. 교회가 성장하고 움직이고 있다면, 그곳은 부족해도 교회입니다.

교회의 역할

그러면 이처럼 평안하고 든든히 서 가는 교회가 하는 일은 무엇이겠습니까?

> 그리하여 온 유대와 갈릴리와 사마리아 교회가 평안하여 든든히 서 가고 주를 경외함과 성령의 위로로 진행하여 수가 더 많아지니라(행 9:31).

여기서 중요한 단어는 '진행하여'입니다. 건강한 교회는 어떤 한 목표를 위해서 전진합니다. 그 목표란 무엇입니까? 예수님의 지상 명령입니다.

그러므로 너희는 가서 모든 민족을 제자로 삼아 아버지와 아들과 성령의 이름으로 세례를 베풀고 내가 너희에게 분부한 모든 것을 가르쳐 지키게 하라 볼지어다 내가 세상 끝 날까지 너희와 항상 함께 있으리라 하시니라(마 28:19-20).

예수님이 우리에게 주신 지상 목표를 향해 진행하는 것, 이것이 교회입니다. 우리에게는 그 명령을 따르고 바라보는 흥분과 감동이 있어야 합니다. 교회는 병이 낫고, 기적이 일어나고, 축복을 받고, 모든 것이 잘되는 것이 전부가 아닙니다. 만약 교회가 목표를 잃어버리고 잘되기만 한다면, 그것은 축복이 아니라 저주일 수 있습니다.

그렇다면 그 목표에 따라 어떻게 진행합니까? 두 가지가 있습니다. 첫째는, '주를 경외함으로' 진행해야 합니다. 신앙이란 하나님에 대한 경외라고 표현할 수 있습니다. 신앙은 간단합니다. 하나님을 경외하는 것입니다. 그분을 두려워하는 것입니다. 하나님을 경외한다는 것은 무슨 뜻입니까? 그분의 주님 되심을 인정하는 것입니다. 그분의 최고 가치를 인정한다는 뜻입니다. 나의 최대의 존경을 그분에게 드린다는 것을 의미합니다.

우리는 어떤 한 사람을 존경하고 사랑할 때, 그 사람의 말을 순종하고 따르려고 합니다. 존경하고 사랑하면 그렇게 됩니다. 그를 위해 쓰는 것이, 그를 위해 시간을 보내는 것이 아깝지 않습니다.

그의 그림자라도 밟고 싶고, 그의 숨결이 있는 곳은 그곳이 어디든 같이 있고 싶습니다. 만일 자신이 더 중요하다면, 그것은 존경과 사랑이 아닙니다. 우리는 하나님을 경외하고 존경함으로, 그분의 말씀에 순종함으로 그분의 목표를 이룰 수 있습니다. 그렇게 되면 어떤 희생의 대가를 치른다 할지라도 원망스럽지 않습니다.

둘째는, '성령의 위로'로 진행해야 합니다. 내 힘이 아니라, 성령이 주시는 힘과 지혜로 이 목표를 달성하는 것입니다.

결론적으로 말하면, 내 편에서는 하나님을 경외함으로, 하나님 편에서는 성령의 능력을 부으심으로 예수님의 지상 목표를 완성하는 것입니다. 이렇게 진행해 나갈 때 그 수가 많아진다고 했습니다. 교회가 평안하며 성장하고 있으면 전도하지 말라고 해도 사람들이 모입니다. 우리 안에 사랑이 있으면 사람들이 와서 보고 깜짝 놀라 가지 않고 붙어 있습니다. 교회가 평안하고, 든든히 서 가며, 주를 경외함과 성령의 위로가 있을 때 그 수가 넘쳐나는 것입니다. 사도행전은 이런 원리들을 일곱 번이나 이야기하고 있습니다.

하나님을 찬미하며 또 온 백성에게 칭송을 받으니 주께서 구원받는 사람을 날마다 더하게 하시니라(행 2:47).

교회의 부흥은 사람이 데려오는 것이 아니라 주님이 보내 주시는 것입니다.

하나님의 말씀이 점점 왕성하여 예루살렘에 있는 제자의 수가 더 심히 많아지고 허다한 제사장의 무리도 이 도에 복종하니라(행 6:7).

말씀이 있으면 제자의 수가 많아집니다. 영적으로 먹을 것이 있으면 사람들이 많아지게 되어 있습니다.

그리하여 온 유대와 갈릴리와 사마리아 교회가 평안하여 든든히 서 가고 주를 경외함과 성령의 위로로 진행하여 수가 더 많아지니라(행 9:31).

하나님의 말씀은 흥왕하여 더하더라(행 12:24).

이에 여러 교회가 믿음이 더 굳건해지고 수가 날마다 늘어 가니라(행 16:5).

이와 같이 주의 말씀이 힘이 있어 흥왕하여 세력을 얻으니라(행 19:20).

바울이 온 이태를 자기 셋집에 머물면서 자기에게 오는 사람을 다 영접하고 하나님의 나라를 전파하며 주 예수 그리스도에 관한 모든 것을 담대하게 거침없이 가르치더라(행 28:30-31).

계속해서 사람들이 오는 것입니다. 사도행전 중간 중간에 이런 말씀들이 계속해서 등장합니다. 성령이 계시고, 말씀이 있고, 사랑이 있고, 구제가 있고, 설교가 있고, 떡을 떼는 교제가 있을 때 사람들은 구름 떼처럼 몰려오게 되어 있습니다. 이것이 교회 성장의 비결입니다. 이것이 건강한 교회의 표시입니다.

○

5

이방인들에게 나타난 기적

사도행전 9:32 - 43

○

이방인에게로 향하는 복음

두 사도가 주의 말씀을 증언하여 말한 후 예루살렘으로 돌아갈새 사마리아인의 여러 마을에서 복음을 전하니라(행 8:25).

위의 말씀은 사마리아 사람들도 하나님의 말씀을 들었다는 이야기를 듣고 베드로와 요한이 즉시 예루살렘에서 사마리아로 갔다는 내용입니다. 그들은 사마리아로 가서 말씀을 전하고, 그 사람들에게 안수를 합니다. 그때 성령이 임하며 여러 가지 능력과 기적들이 나타나는 것을 볼 수 있습니다. 그들은 기도를 마치고 사마리아 사람들을 격려하고 도와준 이후, 다시 예루살렘으로 돌아오는 길에 사마리아 여러 마을에 다니면서 복음을 전했습니다.

이렇게 보면 사도행전 8장 26절에서 9장 31절까지의 내용은 베드로와 상관이 없는, 삽입된 사건이라는 것을 쉽게 알 수 있습니다. 즉, 8장 26-40절까지는 빌립이 박해를 받아서 예루살렘을 떠나 사마리아와 유대 지방을 돌아다니면서 전도하던 중 에디오피아 내시를 전도하게 되는 이야기입니다. 그다음 9장 1-31절까지는 예수 믿는 사람들을 박해하러 다메섹으로 향하던 사울이 도중에 예수님을 만나, 예수님을 위한 사도로 전환되는 내용이 담겨 있습니다. 놀라운 사실입니다.

그렇다면 왜 누가는 베드로의 이야기를 하던 중 빌립과 사울의 이야기를 개입시켰을까요? 한 가지 목적 때문입니다. 그것은 빌립과 사울과 베드로의 사건이 모두 이방인을 향해서 복음의 문을 열고 있다는 공통점이 있기 때문입니다. 이것은 정말 놀랍고도 절묘한 성령의 역사입니다.

복음이 이방으로 들어간다는 것은 기적에 가까운 일입니다. 어떻게 이스라엘에 임한 그 복음이 세계 속에 들어갈 수 있을까요? 이것은 문화적으로, 전통적으로, 역사적으로 아무리 생각해 보아도 불가능한 일입니다. 사실은 이들도 이러한 일이 자신들을 통해서 일어나고 있다는 것을 몰랐습니다. 그러나 성령이 역사하셔서 빌립과 사울과 베드로를 통해 지금 이방인들에게 복음의 문을 열고 있는 것입니다. 이처럼 하나님은 사람을 사용하십니다. 그리고 환경을 사용하십니다.

누가는 이러한 이야기를 중간에 삽입하고 나서 다시 베드로 이야기로 돌아옵니다.

룻다가 욥바에서 가까운지라 제자들이 베드로가 거기 있음을 듣고 두 사람을 보내어 지체 말고 와 달라고 간청하여(행 9:38).

베드로와 요한은 예루살렘으로 돌아오는 길에 사마리아 여러 지방을 다니면서 복음을 전했는데, 바로 그때 그들은 사마리아와 유대 땅 중간쯤 되는, 해변에 가까운 '룻다'라는 지역에 들르게 되었습니다. 우리는 베드로에게서 또 하나의 놀라운 사실을 발견하게 되는데, 그것은 베드로가 흩어진 성도들을 심방하며 도와주고 있었다는 사실입니다. 당시에는 이미 여러 곳에 복음이 전파되었습니다. 예루살렘에서 시작된 복음이 순식간에 사방으로 퍼져 나간 것입니다.

앞의 말씀 앞 구절에 보면, 예수 믿는 사람들이 이미 룻다와 사론과 욥바에도 있었음을 알 수 있습니다(행 9:35-36 참조). 거기에 성도들이 있었습니다. 사울이 다메섹으로 예수 믿는 사람들을 잡으러 간 걸 보면, 분명히 다메섹에도 예수 믿는 사람들이 있었던 것입니다. 사울이 그 후 아라비아에까지 간 걸 보면, 거기에도 예수 믿는 사람들이 있었음을 짐작할 수 있습니다. 얼마나 놀랍습니까?

이것은 마치 불똥과 같은 것입니다. 불이 폭발하자 그 불똥이 산지사방으로 흩어지더니, 그 불똥에 성령의 불이 또 붙는 것입니다. 그렇습니다. 참복음은, 예수의 복음은, 성령의 복음은, 십자가의 복음은, 부활의 복음은 가만히 있지 않습니다. 마치 잡초가 번식하듯이, 불똥이 튀듯이 생명이 역사하는 것입니다. 불똥이 튀어나가 떨어지기만 하면 그것이 또 하나의 불이 되는 것입니다. 사도행전을 보면, 이 복음이 물이 흐르듯이 흐를 수 있는 곳까지 계속 흘러갑니다. 국적과 인종과 문화와 전통을 초월해서 이렇게 흘러가는 것입니다.

심방하는 사도들

사도행전은 어떻게 보면 심방의 책입니다. 사도들은 물론, 바울의 1차 전도, 2차 전도, 3차 전도 모두 심방의 의미가 있습니다. 바울은 여러 통의 편지를 썼습니다. 그것이 신약입니다. 편지를 왜 썼겠습니까? 격려하고, 위로하고, 마귀의 시험에 빠지지 않게 하기위해 쓴 것입니다. 그들을 도와주기 위한 일종의 심방 편지인 것입니다.

예수님의 뜨거운 심장을 가진 사람들은 연약한 형제들에 대한 관심이 있습니다. 그들이 기도를 잘하고 있는지, 겉으로는 잘 믿는 것 같지만 실제로는 집을 떠난 양처럼 방황하고 있는 것은 아닌지, 홀로 울며 외로워하고 있는 것은 아닌지, 신앙을 다 까먹어 버린 것은 아닌지, 이렇게 생각하면서 그들을 찾아가 다시 믿음을 굳건히 하고, 타협된 믿음을 다시 순수하게 만드는 것입니다.

성령 받은 사람의 특징은 심방을 많이 하는 것입니다. 성령 받지 않은 사람들은 심방을 잘 하지 않습니다. 이게 사도행전의 한 원칙입니다.

중풍병자를 일으키다

베드로가 심방을 하다가 중풍병자를 만나게 됩니다. 8년 동안이나 스스로 옷을 입을 수도 없고, 먹을 수도 없고, 화장실을 갈 수도 없어 누군가에게 도움을 받아야 하는 사람을 만나게 됩니다.

그때에 베드로가 사방으로 두루 다니다가 룻다에 사는 성도들에게도 내려갔더니 거기서 애니아라 하는 사람을 만나매 그는 중풍병으로 침상 위에 누운 지 여덟 해라(행 9:32-33).

베드로가 중풍병자를 만나러 간 것은 아닙니다. 심방을 하다 보니 이런 일이 생긴 것입니다. 우리 주변에는 도와야 할 사람들, 위로해 주어야 할 사람들이 참 많습니다. 겉보기에는 훌륭하고 문제가 없어 보여도, 그 영혼에 깊은 고독을 가진 사람들이 있습니다. 베드로는 심방을 하다가, 교회들을 돌보다가 8년 된 한 중풍병자의 가정을 방문하게 된 것입니다.

베드로가 이르되 애니아야 예수 그리스도께서 너를 낫게 하시니 일어나 네 자리를 정돈하라 한대 곧 일어나니 룻다와 사론에 사는 사람들이 다 그를 보고 주께로 돌아오니라(행 9:34-35).

우리는 여기서 베드로가 이 중풍병자를 주님의 능력으로 일으키는 것, 곧 기적을 일으키는 것을 보게 됩니다. 그렇습니다. 우리가 연약한 성도들을 돌보다 보면 기적이 일어납니다. 하나님이 그런 능력을 주시는 것입니다.

우리는 이 장면을 관찰할 때 몇 가지 사항에 주의해야 합니다. 첫째, 이 애니아를 낫게 하신 분은 베드로가 아니라 예수님이었다는 점입니다. 베드로는 이렇게 말을 시작합니다. "애니아야 예수 그리스도께서 너를 낫게 하시니"(행 9:34). 이때 베드로는 아마 어떤 환상을 보았거나 하나님의 음성을 들었는지도 모릅니다. 아니면 그 시간에, 예수님이 이 사람을 고쳐 주실 거라는 성령의 깊은 감동을 받았는지도 모릅니다. 하지만 분명한 것은, 베드로가 그 8년 된 중풍병자를 보는 순간 예수님이 그를 고치실 거라는 확신이 들었다는 것입니다. 어떻게 받았는지는 모르겠지만, 이 중풍병자를 고치실 거라는 주님의 분명한 메시지가 있었던 것입니다. 베드로는 이 중풍병자를 보면서 "네가 좀 나았으면 좋겠다" 하지 않았습니다. "예수 그리스도께서 너를 낫게 하시니"라고 선포했습니다. 우리는 이런 음성을 들어야 합니다.

둘째, 베드로는 주님으로부터 이런 확신이 왔을 때, 그 사실을 그대로 믿고 순종했습니다. 그리고 명했습니다. "예수 그리스도께서 너를 낫게 하시니 일어나 네 자리를 정돈하라"(행 9:34). 이것이 믿음입니다. 하나님의 말씀이 없는데 행동하는 것은 믿음이 아닙니다. 내 인간적인 신념이나 철학, 지식대로 행동하는 것은 믿음이 아닙니다. 그건 자기 생각입니다. 자기 경험에 불과한 것입니다.

참믿음은 기록된 성경의 말씀에 근거해서 행동하는 것입니다. 참믿음은 예수님이 주시는 말씀 그대로를 믿고 순종하는 것입니다. 믿음에는 하나님의 말씀이 있습니다. 믿음 안에는 예수 그리스도의 실존이, 현존이 있는 것입니다. 그러나 예수님이 말씀하셨을지라도 우리는 순종하지 않을 수 있습니다. 베드로에게 강력한 성령의 감동이 있어서 "지금 일어나게 해라" 하셨는데도 "에이, 그럴 리가 있나요, 예수님" 하고 말할 수 있다는 것입니다. 이렇게 이성적으로, 상식적으로 생각할 수 있다는 것입니다. 그때는 아무 일도 일어나지 않습니다.

성령님은 종종 우리에게 말씀하십니다. 그러나 어떤 사람에게는 그것을 듣는 귀가 없습니다. 어떤 사람은 자기 생각과 자기 말이 많아 예수님의 말씀을 듣지 못합니다. 하나님은 우리가 성경을 읽거나 기도할 때 분명히 말씀하십니다. 성경을 읽다 보면 깊은 감동에 사로잡힐 때가 있는데, 많은 사람들이 그것을 감상적인 것이라 생각하며 쉽게 포기해 버립니다. '한때 그럴 수 있다' 하고 별로 중요하지 않게 생각합니다. 그러면 아무 일도 일어나지 않습니다. 어떤 사람은 기도 중에 성령의 깊은 감동을 받아 어떤 일을 해야겠다고 느낍니다. 어떤 때는 눈물까지 흘립니다. 그러나 눈물을 흘리고 나면 끝입니다. 기도가 끝나면 모든 게 다 끝납니다. 다 잊어버리고 마는 것입니다.

성령이 말씀하시면 믿고 순종하십시오. 이성에 맞지 않는다 할지라도, 그것이 현실적으로 뚫고 나갈 수 없어 보일지라도, 그 일이 너무나 힘들지라도 순종하십시오. 직장이나 가정이나 환경을 생각하면 할 수 없습니다.

셋째, 애니아는 즉시 일어났습니다. 얼마나 놀랍습니까? 어떻게 일어날 수 있었습니까? 예수님이 하셨기 때문입니다. 주위에 있던 사람들이 이 사실을 목격하고 나서 어떻게 되었습니까? "룻다와 사론에 사는 사람들이 다 그를 보고 주께로"(행 9:35) 돌아왔다고 했습니다. 여기서 베드로에게 돌아가지 않았다는 것이 중요합니다. 지금 기적은 베드로가 일으켰습니다. 그렇다면 사람들은 베드로에게 관심을 가질 수 있었습니다. 그런데 사람들이 예수님에게 돌아갔다는 것입니다. 이것이 참된 기적입니다. 이것이 참된 기적의 열매입니다.

영광은 사람에게 돌리는 것이 아닙니다. 어떤 사람은 거꾸로 예수님이 하신 것마저도 그 영광을 자기가 가로챕니다. 목사에게 영광 돌리지 마십시오. 사람들에게 영광 돌리지 마십시오. 사람에게 영광을 돌리면 머지않아 망하게 됩니다. 반드시 망합니다. 그 신앙까지 잃어버리게 됩니다. 8년 된 중풍병자 애니아의 기적은 하나님의 영광인 것입니다.

도르가의 선행과 구제

그다음에 또 한 가지 사건이 일어납니다. 그것은 룻다로부터 15킬로미터쯤 떨어진 욥바라는 곳에서 한 사람이 죽은 사건입니다.

> 욥바에 다비다라 하는 여 제자가 있으니 그 이름을 번역하면 도르가라 선행과 구제하는 일이 심히 많더니 그때에 병들어 죽으매 시체를 씻어 다락에 누이니라(행 9:36-37).

룻다에 다비다라는 여 제자가 있었습니다. 초대 교회에는 남자 제자만 있었던 것이 아니라 여자 제자도 있었던 것이 분명합니다. 그녀의 번역된 이름은 도르가였습니다. 이 사람은 선행과 구제를 굉장히 많이 했던 것 같습니다. 그런데 이 여자가 죽었습니다. 사람은 누구든 죽는다는 사실을 여기서 또 배우게 됩니다. 그가 아무리 선행과 구제를 많이 했을지라도, 나이 들고 병들면 죽게 되는 것이 하나님이 정하신 세상의 이치입니다. 죽음이란 누구에게든지 공평하게 찾아옵니다.

저는 이 여인이 죽은 이유를 이렇게 생각해 봅니다. 구제하다 지쳐서 죽었다고 말입니다. 실제로 어떤 사람은 구제를 너무 좋아해서 자기 건강을 돌보지 않다가 죽기도 하니 말입니다. 구제와 선행은 돈의 문제가 아닙니다. 마음의 문제입니다. 돈이 없어도 구제할 수 있습니다. 그것은 따뜻한 말 한마디나 어려운 사람들을 향한 따뜻한 애정입니다. 그런데 우리의 마음은 너무나 메말라 있습니다. 내 생활을 지키기 위해, 내 수준을 지키기 위해, 내 편리를 추구하기 위해 그리고 나의 성공을 위해 주변 사람들에게 따뜻한 눈길을 보내지 못하고 있는 것이 현실입니다.

사도행전 10장을 보면 고넬료라는 사람의 온 가족이 구원을 받습니다. 그런데 어떻게 구원받습니까? 천사가 나타나서 이렇게 얘기합니다. "네 기도와 구제가 하나님 앞에 상달되어 기억하신 바가 되었으니"(행 10:4). 그 사람은 이달리야의 백부장으로 이방인이었습니다. 그러나 그는 평생 동안 구제를 많이 했으며, 하나님을 경외하는 마음을 갖고 있었습니다. 하나님이 이것을 보신 것입니다. 구제와 선한 일을 많이 한 사람은 하나님이 절대로 버리지 않으십니다.

오늘날 교회가 세상에서 칭찬받지 못하는 이유는, 이웃을 향한 조건 없는 구제를 하지 않기 때문입니다. 교회도 보면 너무 따지거나 생각하는 게 많습니다. 이것저것 따지거나 의심하면 구제할 수 없습니다. 먹을 것이 없으면 먹이고, 입을 것이 없으면 입히는 것으로 끝나야 합니다. 적이라도, 원수라도 도와줘야 합니다. 이것이 긍휼히 여기는 마음입니다. 우리는 내 편이냐, 네 편이냐를 따져서 구제합니다. 기왕 구제하려면 외국 사람이 아닌 우리나라 사람을 구제하라고 말합니다. 기왕이면 우리 조직에 속한 사람을 구제하라고 말합니다. 이렇게 사람들은 조건을 따지고, 방법을 따지고,

관계를 따져서 구제합니다. 이는 긍휼히 여기는 마음으로 하지 않는다는 것입니다. 마음이 너무나 인색합니다.

> 룻다가 욥바에서 가까운지라 제자들이 베드로가 거기 있음을 듣고 두 사람을 보내어 지체 말고 와 달라고 간청하여 베드로가 일어나 그들과 함께 가서 이르매 그들이 데리고 다락방에 올라가니 모든 과부가 베드로 곁에 서서 울며 도르가가 그들과 함께 있을 때에 지은 속옷과 겉옷을 다 내보이거늘(행 9:38-39).

성경을 보십시오. 이 여인이 죽었을 때 그 주변에 있던 사람들이 정말 슬퍼했다는 것을 알 수 있습니다. 이처럼 한 사람의 일생은 그의 죽음을 통해 드러납니다. 이웃에게 구제와 선행을 많이 한 사람이 죽었을 때는 많은 사람들이 눈물을 흘리는 법입니다. 이 여인이 죽었을 때 사람들이 그의 시체를 곱게 씻어 무덤이 아닌 다락에 뉘었다고 했습니다. 무덤에 넣을 수 없다는 것입니다. 그런 사랑과 애정이 주변 사람들로부터 나온 것입니다.

사람들은 그녀의 시체를 깨끗이 씻어 다락에 올려놓고, 그날에 베드로가 있는 룻다로 뛰어갔습니다. 베드로가 8년 된 중풍병자를 고쳤다는 소문을 듣고 그를 찾아간 것입니다. 저는 여기서 베드로를 데리러 간 사람들의 마음을 읽을 수 있습니다. 존경과 사랑 그리고 죽은 여인을 위해 무언가를 해 주고 싶은 마음이 있었던 것입니다. 베드로를 데려오면 이 여인을 살릴 수 있다고 생각했는지도 모르지만, 그냥 그대로 무덤에 묻을 수는 없다고 판단해서 베드로를 데리러 간 것입니다.

오늘날 교회는 구원을 선포합니다. 그러나 '무엇을 믿을 것인가' 만큼 중요한 것이 '어떻게 살 것인가'입니다. 당신의 삶은 어떻습니까? 당신이 살고 있는 곳이 너무 화려하다고 생각하진 않습니까? 너무 사치스럽다고 생각하진 않습니까? 먹고 마시고 입는 것이 너무 분에 넘친다고 생각하진 않습니까? 물론 당신에게는 그럴 자격이 있을 수 있습니다. 그만한 돈도 있고, 그만한 지위도 있으니 그것을 누릴 만한 충분한 자격이 있다고 볼 수도 있습니다. 그러나 너무하다는 생각이 들지는 않습니까?

베드로가 도착해서 다락방에 올라가자, 과부들이 곁에 서서 울면서 옷가지를 꺼내어 보여 주었습니다. 그것은 도르가가 그들과 함께 지었던 속옷과 겉옷이었습니다. 이 옷은 분명 도르가가 이 과부들을 격려하며, 추울 때 가난한 자들에게 주기 위해 함께 정성스럽게 만든 속옷과 겉옷일 것입니다. 이들이 이 옷을 보여 준 것은 도르가의 선행을 기억해 달라는 의미인지도 모릅니다. 이 여인이 평생 이렇게 살았다고 말하는 것인지도 모릅니다. 우리는 여기서 진정한 교회와 진정한 성도의 모습을 보게 됩니다.

우리는 가난한 자를 도울 때 몇 푼의 돈을 던져 주거나 시장에 가서 옷 몇 벌 사 주는 것으로 끝날 때가 많습니다. 우리가 고생

할 것은 별로 없습니다. 그러나 문제는, 우리가 정말 가난한 자들을 입혀 줄 옷을 꾸미고, 정성껏 지어 주었는가 하는 것입니다. 그것이 사랑이기 때문에 그렇습니다. 물건을 얼마나 많이 주느냐, 그 사람을 얼마만큼 편리하게 해 주느냐에 구제의 뜻이 있지 않습니다. 우리가 그들과 함께 있었다는 것이 중요합니다. 우리의 애정과 기도와 사랑이 거기에 묻어 있다는 것이 중요합니다.

주변을 돌아보면 도와줄 사람은 많습니다. 멀리 갈 것도 없습니다. 당신의 직장에서 제일 낮은 자리에 있는 사람이 바로 당신의 관심과 도움을 필요로 하는 사람일 것입니다. 그들과 만나서 따뜻한 사랑을 나누는 바로 그 마음이 중요합니다. 얼마나 많은 양의 일을 했느냐, 얼마나 많은 돈을 냈느냐가 아니라, 얼마나 많은 마음과 애정을 가졌느냐가 중요한 것입니다. 구제와 선행은 결코 돈의 문제가 아닙니다. 마음의 문제입니다.

당신이 죽었을 때 당신을 기억하고 울 사람이 몇 명이나 될까요? 선행과 구제는 조건이 없어야 하며, 이유가 없어야 합니다. 대상이 누구냐를 따져서는 안 됩니다.

"다비다야 일어나라"

베드로가 사람을 다 내보내고 무릎을 꿇고 기도하고 돌이켜 시체를 향하여 이르되 다비다야 일어나라 하니 그가 눈을 떠 베드로를 보고 일어나 앉는지라(행 9:40).

이 모습은 마가복음 5장에서 예수님이 야이로의 딸을 살렸을 때의 모습과 아주 흡사합니다. 그 속옷과 겉옷을 받아들었을 때, 주위에 있는 여자들이 눈물을 흘리며 슬퍼하는 모습을 보았을 때 그리고 싸늘한 시체가 되어 있는 한 여인의 시신을 보았을 때, 베드로의 마음은 걷잡을 수 없었을 것입니다. 베드로는 사람들을 내보냈습니다. 그러고는 시신 앞에 무릎을 꿇었습니다. 그리고 기도했습니다. 무슨 기도를 했을까요? "하나님, 이 여자를 살려 주십시오." 그것은 보통 기도가 아니었을 것입니다. 그는 간절히 기도했을 것입니다.

그런데 베드로가 아무리 미련하다 해도 그렇지, 죽은 자가 어찌 살아날 수 있겠습니까? 어떻게 시체를 눈앞에 두고 그렇게 기도할 수 있겠습니까? 그는 분명 시체를 보고 있었습니다. 하지만 그는 시체가 아닌, 살아 계신 하나님의 능력을 주시하고 있었습니다. 죽은 다비다의 시신을 보고 있었지만, 그는 결코 죽은 다비다를 보고 있지 않았습니다. 그는 아마 하나님 품안에 살아 천국에서 뛰노는 다비다를 보고 있었을 것입니다. 기도를 마치고 난 후, 베드로는 시체를 향해서 이렇게 말합니다. "다비다야 일어나라." 제정신이라면 이런 말을 할 수 있겠습니까? 그러나 베드로는 그렇게 말했습니다. 그리고 그 순간, 다비다가 눈을 뜨고 베드로를 향해 일어나 앉았습니다.

저는 이 사실을 있는 그대로 믿습니다. 하나도 의심하지 않습니다. 이는 상징이 아닙니다. 사실입니다. 이런 일은 지금도 있을 수 있다고 저는 믿습니다. 정말 우리가 베드로같이 기도한다면, 정말 우리가 다비다같이 선행과 구제를 한다면 이런 일이 있을 수 있습니다.

저는 이런 생각을 해 봤습니다. 오늘의 한국과 서울을 생각하면 죽은 다비다와 같은 절망감을 느낍니다. 누가 교육 문제를 해결할 수 있고, 누가 이 사회의 타락과 경제 위기를 해결할 수 있겠습니까? 과연 누가 통일 문제를 군사적으로, 정치적으로, 경제적으로 해결할 수 있겠습니까? 시체를 향해서 "다비다야 일어나라" 하고 말했던 것처럼, 오늘 우리는 이 세상을 향해서 이렇게 말할 수 있어야 하지 않을까, 이 불가능에 도전할 수 있어야 하지 않을까 생각하는 것입니다.

> 베드로가 손을 내밀어 일으키고 성도들과 과부들을 불러들여 그가 살아난 것을 보이니 온 욥바 사람이 알고 많은 사람이 주를 믿더라 (행 9:41-42).

여기서 우리는 이 기적의 결과를 보게 됩니다. 베드로가 손을 내

밀어 일으켰습니다. 성도들을 불러서 다비다가 살아난 모습을 보여 주었습니다. 온 욥바 사람들이 이 소문을 듣게 되었고, 살아난 다비다를 보게 되었습니다. 그리고 그 많은 사람들이 주를 믿게 되었습니다. 주님에게 돌아온 것입니다.

기억하십시오. 교회가 우상이 되어서는 안 됩니다. 교회가 아무리 좋아도 교회 자체가 우상이 되어서는 안 됩니다. 우리는 교회를 보여 주는 것이 아니라, 주님을 보여 주어야 합니다. 많은 사람들이 사진을 찍거나 재정 보고를 위한 선행과 구제를 합니다. 하지만 그런 구제는 하나님이 기억하지 않으십니다. 정말 하나님이 기억하실 구제를 하십시오. 하나님만이 아시는, 당신의 아내나 남편은 모르는 구제를 하십시오. 하나님 앞에서 영혼을 사랑하는 선행과 구제를 할 때, 기적이 일어납니다.

6

고넬료에게 나타난 환상

사도행전 10:1-8

이방에 복음의 문이 열리다

사도행전 10장의 서두는 예루살렘에 임했던 복음이 최초로 이방 인에게, 열방에게 나가는 아주 중요하고 결정적인 사건을 다루고 있습니다. 바로 고넬료라는 한 이방인이 사도를 대표하는 베드로 와 만나는 사건입니다. 두 사람의 만남은 보통 만남이 아니라, 정 말 세계의 운명을 뒤바꾸는 만남이 됩니다. 저는 당신에게도 그런 만남이 있기를 바랍니다. 당신이 가진 그 만남이 당신 개인의 사건 이 아니라 한국의 역사를 바꾸는, 나아가 세계의 역사를 바꾸는 사 건이 되기를 바랍니다.

어떻게 복음이 열방으로, 이방인에게로 전달되게 된 것인지가 너무나 중요하기에, 사도행전을 기록한 누가는 세 번씩이나 반복 해서 이 사건을 말하고 있습니다. 10장과 11장 그리고 15장에서 또 한 번 반복하는 것을 볼 수 있습니다.

오순절 날, 성령이 예루살렘 다락방에서 기도하고 있던 120명에 게 임했습니다. 하나님은 이때부터 벌써 이 복음을 전 세계로 전하 기 위해 준비하고 계셨습니다. 120명이 모여 기도하고 있을 바로 그 무렵, 하나님은 세계 곳곳에 있는 사람들을 예루살렘으로 집결 시키셨습니다. 성경은 천하 각국에서 모인 사람들을 다 열거하고 있습니다. 그들은 바대인, 메대인, 엘람인, 또 메소보다미아, 유대, 갑바도기아, 본도, 아시아, 브루기아, 밤빌리아, 애굽, 구레네에 가까운 리비야(지금의 아프리카) 지방에 살던 사람들 그리고 로마에서 온 사람들, 그레데인과 아라비아인들이었습니다(행 2:9-11 참조). 지도를 보면 지중해 연안에 그들이 접촉할 수 있는 모든 나라들이 다 연결되어 있는 것을 볼 수 있습니다. 참 놀라운 일입니다.

사도행전 2장 10-11절에 보면 로마로부터 온 나그네가 있었는데, 그들 가운데는 유대인과 또 유대교에 들어온 사람들도 있었다고 이야기합니다. 그러니까 유대인은 아니었지만 유대교에 입교한 이방인들이 있었다는 얘기입니다. 그들도 전부 예루살렘으로 모여들고 있었습니다.

하나님이 하시는 일은 놀랍습니다. 하나님은 시간과 공간을 잘 활용하십니다. 그렇다면 우리도 아무 때나 일해서는 안 됩니다. 일해야 할 때가 있습니다. 은혜 받아야 할 때가 있습니다. 이때를 놓치면 안 됩니다. 그때 하나님은 메뚜기 떼를 보내기도 하시고, 바람을 불게도 하시고, 사람을 모으기도 하시고, 역사를 바꾸기도 하십니다. 하나님은 인간의 모든 학문과 지성과 역사의 방법으로 하지 않고 오직 당신의 방법으로 일하십니다. 오순절 날 성령이 임한 것도 그런 것이고, 그 성령이 임한 오순절 사건이 순식간에 그 지중해 연안에 있는 모든 나라로 확산될 수 있도록 하신 것도 하나님이 역사하시는 방법 가운데 하나였습니다.

오순절 날 예루살렘에 모였던 사람들에게 성령이 임했습니다. 120명이 성령을 체험하자마자 문을 박차고 밖으로 나갑니다. 그러고는 각국 사람들이 알아들을 수 있도록 그 사람들의 방언으로 말하기 시작합니다. 그런데 이 방언은 지금 우리가 하는 방언과는 좀 다른 것이었습니다. 내가 한국말로 말하면 상대방은 자기 나라 말로 알아듣는 것이었습니다. 순식간에 그런 일들이 일어났습니다. 바벨탑으로 인한 언어의 혼잡이 바로 거기에서 언어의 통일로 나타난 것입니다. 아마 우리가 천국에 가면 이런 언어들을 쓸 것입니다. 모두 다른 나라 출신이지만, 서로 말하면 순식간에 이해하게 될 것입니다.

이렇게 산발적으로 역사하던 복음이 사도행전 10장에 오면 한 사람을 통해 본격적으로 문을 열게 됩니다. 유대주의가 세계로, 한 민족주의가 우주적으로 변하는 것입니다. 여기에 사용된 사람이 바로 고넬료입니다. 저는 당신이 역사를 바꾸는 데 사용되기를 바랍니다. 세계를 변화시키는 데 하나님이 쓰시는 한 사람이 되기를 바랍니다.

이방에 복음을 전하기 위해 선택된 고넬료

하나님은 고넬료라는 사람을 쓰셔서 이방인의 세계에 복음의 문을 열게 하셨습니다.

가이사랴에 고넬료라 하는 사람이 있으니 이달리야 부대라 하는 군
대의 백부장이라(행 10:1).

그는 군인이었습니다. 이달리야, 지금으로 말하면 로마의 군인
으로, 100명의 군인들을 관리하는 사람이었습니다. 이달리야의
군대 조직에서는 600명이 한 연대를 이룹니다. 그 연대를 100명
씩 나누어서 각 지휘관에게 맡겼던 것입니다.

사도 바울은 그리스도인을 군인과 같다고 표현한 적이 있습니
다. 소위 군대를 좋아할 사람은 별로 없을 것입니다. 다 얽매여서
살기 때문입니다. 그런데 예수를 잘 믿는다는 것이 바로 그 군인
생활과 같다는 표현을 했습니다.

너는 그리스도 예수의 좋은 병사로 나와 함께 고난을 받으라 병사
로 복무하는 자는 자기 생활에 얽매이는 자가 하나도 없나니 이는
병사로 모집한 자를 기쁘게 하려 함이라(딤후 2:3-4).

군인은 개인 생활이 없습니다. 그리스도인도 사실 그렇습니다.
내 마음대로 살면서 하나님이 조금 필요한 게 아닙니다. 하나님의
뜻대로 사는 자가 그리스도인입니다. 군인에게는 사생활이 없습
니다. 병사로 모집한 자를 기쁘게 하는 게 군인다운 것처럼, 바로
그리스도인들은 예수를 만난 이후에 하나님을 기쁘시게 하는 사

람들인 것입니다.

경건한 사람

그가 경건하여 온 집안과 더불어 하나님을 경외하며 백성을 많이
구제하고 하나님께 항상 기도하더니(행 10:2).

그는 하나님을 경외하는 경건한 사람이었습니다. 신약에는 '경
건'이란 단어가 많이 나오지 않습니다. 그런데 이 경건이란, 신앙
을 전부 내포하는 단어입니다. 참신앙은 무엇입니까? 경건입니다.
경건이 없는 것은 신앙이라고 말하기 어렵습니다. 능력이 아니라,
경건이 신앙인 것입니다. 경건한 생활, 하나님을 경외하는 생활,
이 땅에 살지만 하나님의 백성으로 살아가는 삶 속에 깊은 경건이
있습니다.

고넬료라는 군인은 경건한 사람이었습니다. 그의 가족들도 모
두 하나님을 경외했습니다. 그는 개인적으로 경건한 사람이었을
뿐 아니라, 온 가족이 모두 경건했던 것입니다. 저는 이 말씀을 좀
더 깊이 묵상하고자 합니다. 이 고넬료라는 남자가 아내로부터 존
경을 받지 못했다면 이렇게 되지 못했을 것입니다. 남편을 제일 잘
아는 사람은 그의 아내입니다. 남편의 성격과 사생활을 압니다. 때
문에 아내로부터 존경받을 수 있는 남편은 대단한 남자입니다.

마침 말하던 천사가 떠나매 고넬료가 집안 하인 둘과 부하 가운데

경건한 사람 하나를 불러(행 10:7).

고넬료는 집안 하인 두 명과 부하 가운데 경건한 사람을 불렀습니다. 그와 그의 가족뿐 아니라 그 집에 속한 노예와 종들까지도 하나님을 경외하는 경건한 사람이었다는 것입니다. 자신의 집에서 일하는 사람으로부터 존경받는 주인은 최고입니다. 고넬료는 바로 이런 사람이었습니다.

기도와 구제의 사람

그리고 고넬료는 구제하는 사람이었습니다. 성경은 그가 많은 백성을 구제했다고 말씀합니다. 사업가도 아닌 군인의 월급이 얼마나 되겠습니까? 대개 군인들은 집 한 칸 마련하기도 참 어렵습니다. 그런데 그런 그가 구제를 많이 했다는 것입니다.

고넬료는 또한 기도하는 사람이었습니다. 그는 중언부언하는 사람이 아니었습니다. 그는 응답받는 기도의 사람이었습니다. 그가 기도 중에 한 환상을 보았습니다. 그가 어떻게 하나님의 환상을 볼 수 있었겠습니까? 기도하지 않는데 어떻게 하나님의 환상을 볼 수 있었겠습니까? 어느 날 열심히 일하고 있는데 하나님이, '야, 내가 지금 환상을 보여 줄 테니까 잠깐 기다려라' 하고 보여 주시겠습니까? 그렇지 않습니다. 환상은 기도하는 가운데 하나님이 그

시간을 이용해서 보여 주시는 것입니다.

그는 로마의 군인으로서 아직 세례를 받지 못한 이방인이었습니다. 우리는 일반적으로 사람을 평가할 때 그가 누구인가보다는 어떤 직업에 종사하는가, 어느 지방 출신인가, 어떤 학교 출신인가를 먼저 따지는 경향이 있습니다. 자기와 동향이거나 학교 선후배 사이라면 좀 더 많은 관심을 갖게 됩니다. 그래서 그가 나쁜 사람일지라도 좋게 생각하려는 경향이 있습니다. 우리는 사람을 볼 때 그가 누구인가를 먼저 봐야 합니다. 그가 어느 소속인지, 어느 지방 출신인지, 어떤 성향을 가지고 있는지보다는 그 사람이 누구인지가 더 중요합니다.

이렇게 볼 때 우리는 북한 정권의 지배 아래 있지만 북한의 관료나 군인들 사이에도 고넬료 같은 사람이 있을 수 있다는 가능성을 생각하게 됩니다. 그래서 기도하는 것입니다. 무슬림이나 불교나 힌두 문화권 속에도 이런 사람이 있을 수 있습니다. 교회에서 세례를 주다 보면 불교 문화권 또는 불교 가정에서 태어났다가 예수를 만나서 세례 받는 사람들이 굉장히 많다는 것을 알게 됩니다. 고넬료는 비록 로마의 한 군인이었지만, 하나님을 경외하며 가난한 자를 돌보는 사람이었습니다.

고넬료의 기도와 구제를 받으신 하나님

> 하루는 제 구 시쯤 되어 환상 중에 밝히 보매 하나님의 사자가 들어 와 이르되 고넬료야 하니 고넬료가 주목하여 보고 두려워 이르되 주여 무슨 일이니이까 천사가 이르되 네 기도와 구제가 하나님 앞 에 상달되어 기억하신 바가 되었으니(행 10:3-4).

고넬료가 기도하는 동안에 천사가 나타났습니다. 환상이 보였습니다. 그리고 하나님의 메시지가 그에게 전달되었습니다. 여기서 우리는 하나님이 어떤 분이신지를 깨닫게 됩니다. 그분은 모든 사람을 사랑하십니다. 원수도 사랑하십니다. 죄인도 사랑하십니다. 하나님은 모든 사람에게 관심이 있으십니다. 그러나 특별히 더 관심을 두시는 사람이 있다면, 기도와 구제를 많이 하는 사람입니다.

하나님은 고넬료의 기도를 들으셨습니다. 그리고 그의 구제를 기억하셨습니다. 하나님은 기도한 것을 꼭 기억하십니다. 하나님은 우리가 왼손이 모르게 구제한 것을 반드시 기억하십니다. 우리가 구제하려는 마음을 갖는 순간, 하나님은 영수증부터 쓰십니다. 놀라운 일이 아닐 수 없습니다. 그래서 저는 이런 부탁을 하고 싶습니다. 돈이 있으면 나만을 위해 쓰지 말고, 자신만 챙기지 말고 나누어 주십시오. 필요로 하는 사람들을 도와주십시오. 그렇다고 빚까지 내서 돕지는 마십시오. 도와줄 수 있는 범위 안에서 사랑을 베푸십시오. 하나님은 꼭 기억하십니다. 당신이 어려울 때 하나님이 기억해 주십니다. 당신이 수치를 당할 때 하나님이 당신의 기도와 구제를 기억하고 도와주십니다. 적어도 하나님이 우리를 기억하게 하실 것 하나 정도는 가지고 있어야 할 것입니다.

구체적이고 분명한 계시로 말씀하시는 하나님

우리가 이 말씀을 통해 배우는 하나님의 속성 가운데 하나는, 하나님의 계시는 구체적이고 분명하다는 것입니다. 하나님은 우리에게 애매모호하게 오시지 않습니다. 신비스럽거나 이상하게 오시지도 않습니다. 글자 하나 탁 써 놓고 알아맞혀 보라고 하시지도 않습니다.

하나님은 인간을 구원하기 위해 하나님으로 오시지 않았습니다. 만약 하나님이 하나님으로 오신다면, 인간은 하나님을 만날 수 없습니다. 하나님과 인간은 본질적으로 다른 존재이기 때문에 그렇습니다. 하나님은 인간을 구원하기 위해 어떤 방법으로 오셨습니까? 육신의 몸을 입고 오셨습니다. 사람이 알아듣기 쉽고 해석하기 쉽게, 받아들이기 쉽게, 우리와 성정이 똑같은 예수라는 인간의 몸을 입고 이 땅에 오셨습니다. 말씀이 육신이 되어 우리 가운데 오신 것입니다.

우리도 내려가야 합니다. 밑에 있는 사람들에게 우리 수준으로 올라오라고 해서는 안 됩니다. 어떤 사람은 수준이 맞지 않아서 못 어울리겠다고 말합니다. 그게 왜 문제가 됩니까? 우리가 내려가면 됩니다. 하나님은 우리에게 그렇게 오셨습니다. 수준이 맞지 않는다면, 내려가서 그들과 똑같이 살면 됩니다. 그것이 사랑입니다. 하나님이 인간에게 오실 땐 그리고 성령님이 우리에게 오실 땐 모든 것이 아주 분명하고 구체적이며, 쉬운 것이었습니다.

> 네가 지금 사람들을 욥바에 보내어 베드로라 하는 시몬을 청하라 그는 무두장이 시몬의 집에 유숙하니 그 집은 해변에 있다 하더라 (행 10:5-6).

위의 말씀에서 못 알아들을 말이 있습니까? 하나도 없습니다. 이게 바로 하나님의 말씀입니다. 얼마나 구체적입니까?

우리는 너무 쉬운 것을 어렵게 만들고, 아주 분명한 것을 애매하게 만들어 예수를 믿으려고 합니다. 그래야 신령한 것처럼 말입니다. 그렇지 않습니다. 아주 분명합니다. 하나님은 베드로가 어디에 있는지도 가르쳐 주십니다. 무두장이 시몬이란 사람의 집에 있다는 것입니다. "거기에 가서 그를 초청해라." 또 그 집이 해변에 있다는 것도 분명히 가르쳐 주십니다.

베드로에게도 동일하게 말씀하시는 하나님

우리는 여기서 하나님의 또 다른 속성을 발견하게 됩니다. 하나님은 당신의 계시를 양쪽 모두에게 주신다는 것입니다. 하나님은 고넬료에게 환상을 보여 주셨습니다. 그런데 고넬료에게만 보여 주셨다면 어떻게 되겠습니까? 고넬료가 환상을 받고 와서, "베드로 사도여, 우리 집에 오시옵소서" 했을 때 베드로가, "나는 모르는 일이오"라고 했다면 어떻게 되겠습니까? 하나님은 은혜를 주실 때, 당신의 일을 행하실 때 양면적으로 하십니다.

사울이 다메섹 도상에서 예수님을 만났습니다. 그 과정에서 눈이 멀게 되었습니다. 그때 하나님은 아나니아를 준비하고 계셨습니다. 이미 아나니아를 통해서 눈을 뜨게 하실 계획이셨습니다. 에디오피아의 한 내시가 성경을 읽으면서 고민했습니다. 그때 하나님은 빌립을 준비해서 광야로 가게 하십니다. 광야에서 내시를 만나 예수가 바로 메시아라는 진리를 가르쳐 주게 하십니다.

하나님은 막연하게 일하지 않으십니다. 준비 없이 일하지도 않으십니다. 하나님이 어떤 일을 하려 할 때는 반드시 사람을 준비하시고, 돈을 모으시며, 계획을 세우십니다. 그러므로 하나님의 일을 할 때는 염려하지 마십시오. 근심하지 마십시오. 그것이 하나님의 뜻이냐, 아니냐가 중요합니다. 자신의 뜻을 가지고 하나님의 뜻이라 한다면 망하게 될 것입니다. 어떤 사람은 자신의 뜻이 하나님의 뜻인 것처럼 착각할 수도 있습니다. 그러나 정말 하나님의 뜻이라면, 하나님은 반드시 당신의 인생을 책임져 주실 것입니다. 당신의 인생을 책임져 주실 뿐 아니라, 당신의 생애 전체를 영광스럽게 만들어 주실 것입니다.

> 마침 말하던 천사가 떠나매 고넬료가 집안 하인 둘과 부하 가운데 경건한 사람 하나를 불러(행 10:7).

여기서 우리는 또 하나를 배우게 됩니다. 하나님의 일은 언제나 기도하는 사람에게 맡겨야 한다는 것입니다. 능력 있는 사람이 아니라, 하나님을 경외하는 사람에게 일을 맡겨야 한다는 것입니다. 하나님의 사람이 일을 잘 못할 것 같아도, 그 사람은 그 일을 해낼 수 있습니다. 그러나 똑똑해도 기도하지 않는 사람이라면, 그에게는 일을 맡기지 말아야 합니다. 그 사람이 일을 만들어 낼 수 있을진 몰라도, 결국엔 일이 다 어그러지고 맙니다. 하나님의 일은 기도하는 사람, 경건한 사람을 통해서만 열매 맺을 수 있습니다.

> 이튿날 그들이 길을 가다가 그 성에 가까이 갔을 그때에 베드로가 기도하려고 지붕에 올라가니 그 시각은 제 육 시더라(행 10:9).

베드로도 기도하고 있지 않았다면 하나님의 환상과 음성을 들을 수 없었을 것입니다. 하나님의 음성을 듣기 원합니까? 간단합니다. 시간을 정해 놓고 기도하십시오. 1년이든 2년이든 꾸준히 기도하다 보면, 하나님이 그 채널을 통해서 당신에게 오실 것입니다. 환상을 보기 원합니까? 이 또한 마찬가지입니다. 시간을 정해 놓고 기도하십시오. 새벽 기도 시간이 제일 좋을 것입니다. 일정한 시간에 늘 헌신하십시오. 우리는 사람과 만날 때도 시간을 약속하고 정성을 들입니다. 하물며 하나님과는 왜 시간을 약속하지 않습니까? 왜 정성을 쏟지 않습니까? 예배와 기도 시간에 늦지 마십시오. 약속된 시간에 정확히 와서 기다리십시오. 하나님은 그때 당신의 은혜를 물 붓듯 쏟아 부어 주실 것입니다.

베드로는 생각지도 않게 환상을 보았습니다. 보자기 같은 그릇이 하늘에서 내려오는 것을 보았습니다. 그는 이것을 해석할 수도 없었고, 믿을 수도 없었고, 이해할 수도 없었습니다. 이때 성령님이 다음과 같이 말씀해 주셨습니다.

> 베드로가 그 환상에 대하여 생각할 때에 성령께서 그에게 말씀하시되 두 사람이 너를 찾으니 일어나 내려가 의심하지 말고 함께 가라 내가 그들을 보내었느니라(행 10:19-20).

하나님이 하시는 일이 얼마나 오묘합니까? "두 사람이 너를 찾으니 일어나 내려가 의심하지 말고 함께 가라." 이렇게만 분명히 듣는다면 우리는 예수 믿는 데 갈등이 없을 것입니다. 그런데 이런 하나님의 음성을 듣지 못하니 이게 맞을까, 저게 맞을까 하며 밤새 고민하는 것입니다. 하나님이 구체적으로 말씀하시지 않는다고 불평하지 말고, 당신이 얼마나 무릎 꿇고 기다렸는가를 먼저 생각해 보십시오.

우리는 너무도 뻔뻔합니다. 주는 건 조금 주고, 얻는 건 많이 얻기를 원합니다. 기도나 구제는 적게 하고, 하나님의 보호와 축복은 하늘만큼이나 기다립니다. 투자하십시오. 무릎 꿇고 기도하십시오. 하나님 앞에 겸손하십시오. 가난한 사람들에게 손을 많이 펴십시오. 하나님이 왜 당신을 기억하지 않으시겠습니까? 하나님이 왜 당신의 마음을 읽지 않으시겠습니까? 우리는 너무 하나님에게 드린 것이 없습니다.

하나님이 간섭하고 기뻐하며 준비하신 일이라면, 그것이 아무리 불가능하고 돈이 많이 드는 일이라 할지라도 반드시 이루어집니다. 염려하지 마십시오. 의심하지 마십시오.

하나님은 고넬료라는 한 경건한 사람을 통해서 이방인에게 복음의 문을 여셨습니다. 하나님의 관심은 고넬료에게도 있지만, 고넬료에게만 머물지 않으셨습니다. 하나님은 고넬료와 그 가정이 예수 믿고 세례 받고 구원받는 사건을 통해서 모든 이방인들에게, 모든 열방들에게 예수 그리스도의 복음이 전해지기를 원하셨던 것입니다.

하나님은 당신을 축복해 주실 것입니다. 그러나 그 축복은 당신만을 위한 것이 아닙니다. 하나님은 당신이 받는 그 축복을 통해서 전 세계가 축복받기를 원하십니다.

7

베드로에게 나타난 환상

사도행전 10:9 - 23

이방인과 유대인이 하나 되는 길

탕자를 찾는 아버지의 마음은 누구도 말릴 수 없습니다. 잠을 잘 수도 없고, 문을 걸어 둘 수도 없습니다. 이것이 탕자를 잃어버린, 둘째 아들을 잃어버린 아버지의 마음입니다. 이방인을 찾으시는 하나님의 마음도 똑같습니다. 이방인을 찾으시는 하나님의 마음은 열화와 같습니다. 견딜 수가 없는 것입니다. 하나님은 당신의 백성인 이스라엘을 버릴 수밖에 없을 정도로 이방인을 찾으셨습니다. 사도 바울은 하나님의 이 마음을 이렇게 표현했습니다.

이제는 전에 멀리 있던 너희가 그리스도 예수 안에서 그리스도의 피로 가까워졌느니라 그는 우리의 화평이신지라 둘로 하나를 만드사 원수 된 것 곧 중간에 막힌 담을 자기 육체로 허시고 법조문으로 된 계명의 율법을 폐하셨으니 이는 이 둘로 자기 안에서 한 새 사람을 지어 화평하게 하시고 또 십자가로 이 둘을 한 몸으로 하나님과 화목하게 하려 하심이라 원수 된 것을 십자가로 소멸하시고(엡 2:13-16).

그는 십자가를 이렇게 해석했습니다. 여기서 둘이란 바로 유대인과 이방인을 의미합니다. 예수님은 택한 백성 유대인과 버려진 백성 이방인들 간에 사이를 두시는 것이 아니라, 그들을 하나로, 한 형제로 만들기를 원하셨습니다. 이스라엘 백성과 아랍을 하나로 만들기 원하시는 것입니다. 하나님은 그 안에 평화가 있기를 원하셨던 것입니다.

이러한 역사를 위해, 하나님은 이방인을 대표하는 고넬료와 유대인을 대표하는 사도 베드로를 택하셔서 이들에게 각각 환상과 비전을 보여 주셨습니다. 그리고 두 사람을 만나게 하심으로 이방인과 유대인이 예수 그리스도 안에서 하나 되는 것을 보여 주셨습니다.

요한복음 17장에는 예수님의 기도가 나옵니다. 예수님의 중보 기도는 무엇입니까? "아버지여, 하나님과 내가 하나인 것처럼 내가 저들과 하나 되게 하시고, 저들이 서로 하나 되게 해 주시옵소서." 또한 에베소서에서 바울은 성령 안에서 우리가 하나 되도록 기도했습니다. 성령이 하시는 역할 중에 하나는 우리를 하나 되게 하는 것입니다. 가장 위대한 메시지는 '하나가 되는 것'입니다.

오늘날 교회가 세상을 바꾸고 전도할 수 있는 유일한 비결이 있다면 하나가 되는 것입니다. 하나가 되면 세상이 깜짝 놀랄 것입니다. 만일 교단이 하나 되고, 교회가 하나 되고, 서로 미워하고 만나지 않던 사람들이 얼싸안고 눈물을 흘리며 하나가 된다면, 통일은 금방 이루어질 것입니다. 하지만 우리가 하나 되지 않으면 아무리 노래를 불러도 통일은 안 옵니다. 입으로는 통일을 부르짖으면서 정부와 싸우고, 통일 세력과 반통일 세력이 만나서 자꾸 싸운다면 통일은 오지 않을 것입니다. 가정도 하나 되어야 합니다. 부부가 하나 되고 자녀와 부모가 하나 되어야 합니다. 우리는 이것부터 해야 합니다.

예수님의 기도는 '하나 되게 하소서'였습니다. 이방인과 유대인이 하나 되는 것이 예수님의 마음이요, 하나님의 마음이었습니다. 그래서 하나님은 이스라엘과 예루살렘에 복음을 주셨지만, 그 복음이 이방인에게로 가게 하기 위해 이스라엘을 버리신 것입니다. 그런데 진짜 버리셨느냐 하면 그렇지 않습니다. 이방인의 남은 숫자가 다 채워지면 하나님은 이스라엘을 또다시 구원하실 것입니다. 결국 역사의 완성은, 복음이 유대인을 통해서 이방인에게 갔다가, 다시 이방인을 통해서 유대인에게로 돌아와서 예루살렘을 중심으로 이루어지는 것입니다. 이때 주님이 재림하십니다.

베드로에게 환상을 보이시다

이튿날 그들이 길을 가다가 그 성에 가까이 갔을 그때에 베드로가 기도하려고 지붕에 올라가니 그 시각은 제 육 시더라 그가 시장하여 먹고자 하매 사람들이 준비할 때에 황홀한 중에(행 10:9-11).

하나님은 먼저 고넬료에게 찾아가 환상을 보여 주셨습니다. "네 기도와 구제가 하나님에게 상달되었다. 베드로를 초청하라." 그래서 고넬료는 종을 보내어 베드로를 초청하게 되었습니다. 하지만 하나님은 고넬료에게만 환상을 주신 것이 아닙니다. 베드로에게도 아주 적당한 시기, 아주 정확한 시간에 나타나서 환상을 보여 주셨습니다.

베드로는 제 육 시, 즉 정오에 기도하려고 지붕에 올라갔습니다. 우리나라의 지붕은 삼각형으로 되어 있어 지붕에서 기도한다는 게 잘 이해되지 않습니다. 그러나 이스라엘의 지붕은 성냥갑같이 평평해서 올라가서 기도하기에 알맞습니다. 그 시간이 정오였으니 베드로는 배가 고팠을 것입니다. 그때 다른 사람들은 음식을 준비하고 있었다고 했습니다. 기도하는 베드로에게 음식 냄새가 풍겼을 것입니다. 베드로는 배도 고프고 음식 냄새도 나니 먹을 것 생각이 간절했을 것입니다. 바로 그 순간, 환상 가운데 베드로의 눈앞에 먹을 것이 나타났습니다. 하지만 그것은 굉장히 이상한, 도저히 먹을 수 없는 짐승들이었습니다.

기도하는 사람에게 역사가 일어난다

이 환상을 살펴보기에 앞서, 이 말씀에서 배울 두 가지 교훈이 있습니다. 첫째는, 기도하는 사람에게 역사가 일어난다는 것입니다. 하나님은 당신의 뜻을 우리가 기도하는 시간에 오셔서 계시하십니다. 하나님은 베드로가 기도하는 시간에 나타나셨습니다. 우리는 베드로에 대해 굉장히 활동적이고, 기적과 능력이 있으며, 설교도 잘하고 매우 담대한 사람이라고 생각합니다. 실제로 베드로는 걷지 못하는 사람을 일으켰습니다. 죽은 자를 살렸습니다. 베드로는 정말 용감하고 위대한 사람이었습니다. 그러나 베드로는 능력의 사람 이전에 기도의 사람이었습니다.

사도행전 3장을 보십시오. 제 구 시, 곧 한참 일할 시간인 오후 3시에 그는 성전까지 올라가 기도했습니다. 기도하기 위해 성전에 올라가던 중, 나면서 못 걷게 된 사람을 만나 그를 일으켜 세웠습니다. 오순절 성령이 임했을 때는 베드로의 설교 한 번에 3천 명이 돌아왔고, 곳곳에서 기적이 일어났지만, 사실 그 일이 있기 전 그는 시간을 정해 놓고 기도했다는 것입니다. 본문에서도 그는 정오에, 하나님과 약속한 그 시간에 지붕에 올라가 기도했습니다. 그는 시간을 정해 놓고 기도하는 사람이었습니다.

예수님을 보십시오. 예수님은 여러 가지 기적과 능력과 기사를 행하셨습니다. 수많은 무리가 예수님을 따랐습니다. 나병 환자를 고치셨고, 걷지 못하는 사람을 일으키셨고, 앞 못 보는 사람을 눈 뜨게 하셨고, 귀신을 쫓아 주셨고, 노도 광풍의 바람을 말씀 한마디로 잔잔하게 하셨고, 물 위를 걸으셨고, 죽은 자를 살리셨습니다. 예수님의 생애를 보면 이런 위대한 사역들이 많이 있습니다.

그러나 예수님을 좀 더 주의 깊게 관찰해 보면, 예수님의 그 위대한 사역 뒤에는 하나님과 개인적으로 대면하는 경건의 시간이 있었다는 것을 알 수 있습니다. 예수님이 세례 요한에 의해서 세례를 받고 물에서 올라오실 때, 하늘에서 문이 열리고 성령이 비둘기처럼 임했습니다. 그러고 나서 예수님이 사역을 시작하기 전에 하신 일이 무엇입니까? 광야에 가서 40일 동안 금식하며 기도하는 것이었습니다(마 4:1-2 참조). 이분이 예수님이십니다.

5천 명을 먹이고도 열두 광주리가 남는 기적을 목격한 사람들은 예수를 왕으로 삼으려 했습니다. 혁명의 왕으로 삼으려 했습니다. 그때 예수님은 사람들을 피하셨습니다. 심지어 그는 제자들을 먼저 보낸 후에 기도하기 위해 홀로 산으로 올라갔습니다(마 14:23 참조). 이분이 예수님이십니다.

성경에 보면 예수님은 밤새도록 기도하셨고, 새벽 미명에 기도하셨다고 기록되어 있습니다. 심지어 당신 생애의 가장 큰 위기인 십자가를 앞두고도 겟세마네 동산에 가서, 그것도 제자들과 떨어져 홀로 기도하셨습니다. 일생 중 가장 큰 위기의 순간 앞에서 갈등할 때조차도 '아버지, 이 잔을 꼭 마셔야 합니까?' 하는 그 갈등하는 심정을 하나님 앞에 토로하셨다는 것입니다(마 26:36-39 참조).

사도 바울도 여러 차례 전도 여행을 하면서 많은 사역을 감당했지만, 그 이면에는 많은 기도가 있었음을 알 수 있습니다. 사도행전 16장을 보십시오. 사도 바울이 기도처를 찾으러 가다가 루디아라는 한 여인을 만납니다. 그가 처음부터 빌립보교회를 세우려고 한 것은 아니었습니다. 기도하러 갔다가 루디아를 만나게 되었고, 그 여인에게 복음을 전하고 그 집에서 예배를 드린 것이 빌립보교회의 시초가 된 것입니다.

그는 데살로니가에 가서도 자기의 규례대로 성경을 가르쳤습니다. 그는 그저 회당이 있으면, 성경을 가르칠 만한 공간이 있으면 누구든지 붙들고 하나님의 말씀을 가르쳤습니다. 그가 3주 동안 한곳에 머물면서 성경을 가르치다가 생겨난 것이 데살로니가교회였던 것입니다.

그렇습니다. 이런 관점에서 보면 그들의 내면생활 속에는 언제나 기도가 있었습니다. 기억하십시오. 하나님은 능력 있는 사람, 열심히 믿는 사람, 환상과 꿈을 가진 사람이 아니라, 기도하는 사람과 일하십니다. 이것을 바꿔 말하면, 아무리 능력이 있고 돈이 있어도, 아무리 열심히 믿고 헌신했다 할지라도, 하나님은 기도하지 않는 사람과는 같이 일하지 않으신다는 것입니다.

사도행전의 사람들은 기도하는 사람들이었습니다. 성령의 사람들은 기도하는 사람들이었습니다. 저는 당신이 기도하는 사람인 것을 믿습니다. 얼마나 많은 일을 하느냐보다 더 중요한 것은, 내면적으로 얼마나 많은 기도 생활을 하고 있느냐입니다. 우리의 성공과 실패를 말한다면, 그 기준은 기도에 있을 것입니다. 얼마나 기도하느냐가 우리 신앙의 성공과 실패를 좌우하는 것입니다. 기도하지 않는데 하나님이 어떻게 말씀하시겠습니까? 하나님은 참 재미있는 분이십니다. 하나님은 꼭 기도하는 시간에 쫓아다니며 환상을 보여 주십니다. 우리가 기도하지 않고 있다면 하나님은 말씀하실 기회가 없을 것입니다. 우리가 성경을 읽지 않고 있다면 하나님은 당신의 마음을 계시해 주실 수 없을 것입니다. 기도하십시오. 성경을 읽으십시오. 하나님은 그 시간을 통해 역사하십니다.

하나님은 적절한 때에 역사하신다

이 말씀을 통해 배울 수 있는 두 번째 교훈은, 하나님은 언제나 적절한 때에 역사하신다는 것입니다. 하나님은 시간에 굉장히 예민하십니다. 시간에는 사람의 시간이 있고 하나님의 시간이 있습니다. 땅의 시간이 있고 하늘의 시간이 있습니다. 하나님은 하늘의 시간표에 의해 움직이십니다. 하나님은 당신의 계획에 따라 일하십니다. 그런데 인간은 하나님에게 자기 시간표에 좀 맞춰 달라고 애걸복걸합니다. "하나님, 이때요! 이때 꼭 응답하십시오." 그러고 나서 하나님이 그때 응답하지 않으시면 응답이 없는 것으로 여깁니다. 응답받지 못했다는 것입니다. 그러면서 실망하고 좌절하고 절망에 빠집니다. 그러나 하나님은 아직 때가 아니라고 하십니다.

하나님의 때가 있습니다. 하나님의 시간이 있습니다. 예수님은 이 세상에 아무 때나 오신 것이 아닙니다. 예수님은 '때가 차매' 여인의 몸에서 태어나셨습니다. 하나님은 구약의 모든 예언이 성취

되기까지 시간을 재고 계셨던 것입니다. 우리는 아무 때나 죽지 않습니다. 꼭 죽어야 할 때 죽습니다. 병들었다고 일찍 죽는 것도 아니고, 교통사고 났다고, 부도났다고 우리 생명이 끊어지는 것도 아닙니다. 때가 되면 죽는 것입니다. 그러니 걱정하지 말고 열심히 사십시오. 죽고 싶어도 죽음이 우리를 피해 갑니다. 그렇게 함부로 죽는 것이 아니고, 그렇다고 우리가 생각하는 것처럼 영원히 사는 것도 아닙니다. 우리의 삶과 죽음은 하나님의 시간 안에 있습니다.

믿음을 가진 사람들, 성령을 체험한 사람들은 이 시간을 의식합니다. '지금은 은혜 받을 만한 때구나, 지금은 구원의 날이구나' 하는 것을 아는 것입니다. '오늘' 예수 믿고 구원받으십시오. 지금이 때입니다. 이 시간을 잡으십시오.

고넬료의 종들이 성에 가까이 갔을 그때, 하나님은 절묘하게 베드로의 기도 시간을 이용해서 나타나셨습니다. 이것은 우연히 일어난 것 같지만 결코 우연이 아닙니다. 하나님이 당신에게 보이시는 사건 또한 결코 우연이 아닙니다. 우연처럼 보일 뿐입니다. 하나님은 시간을 계산하고 계셨고, 일을 계획하고 계셨습니다. 이것을 가리켜 하나님의 경륜, 하나님의 섭리라고 합니다.

이렇게 말할 수 있습니다. 성경을 읽다가, 설교를 듣다가, QT를 하거나 성경 공부를 하다가 하나님이 그 말씀을 통해서 나를 변화시키십니다. 하나님의 말씀은 살아 있고 활력이 있어서, 그 말씀이 내 영혼에 들어와 나를 뒤흔들어 놓습니다. 그 말씀이 내 안에 들어올 때

더러운 귀신이 나가기도 하고, 병이 치료되기도 하는 것입니다.

저는 진짜 그런 사람을 보았습니다. 그는 눈이 잘 보이지 않는 사람이었습니다. 그런데도 성경을 보려고 애를 쓰는 사람이었습니다. 어느 날, 그가 말씀을 읽는데 "모세가 죽을 때 … 그의 눈이 흐리지 아니하였고"(신 34:7)라는 구절이 눈에 들어오더랍니다. 글자가 눈에 확 들어와 눈을 탁 떴는데, 그 흐릿하던 초점이 정확하게 돌아오더랍니다. 그는 저에게, 자기도 깜짝 놀랐다고 고백했습니다. 말씀이 능력이 된 것입니다. 말씀이 살아 역사한 것입니다.

하나님이 어떤 때는 친히 성령의 음성을 들려주십니다. 어느 날 한순간에 설명할 수 없는 어떤 독특한 감동을 받습니다. 성령 안에 내가 있는 것입니다. 어떤 때는 환상을 보여 주기도 하시고, 어떤 때는 환경을 이용하기도 하십니다. 잘되던 일이 갑자기 아무 이유 없이 안 되거나 여러 가지 사건 사고가 발생한다 해도 걱정하지 마십시오. 하나님은 절대로 우연히 하시는 법이 없습니다. 하나님은 그런 환경과 역경을 통해서도 우리에게 말씀하십니다. 하나님은 이 모든 것을 사용해서 우리에게 당신의 뜻을 보여 주시는 것입니다.

'더블 체킹'(double-checking)이라는 말이 있습니다. 양쪽에서 동시에 확인하는 것입니다. 우리가 성경을 읽다가 얻어진 하나님의 말씀이 환경을 통해서 확인됩니다. 하나님이 고넬료에게만 환상을 주셨다면 베드로가 얼마나 당황했겠습니까? 반대로 베드로가 아무 예고도 없이 고넬료의 집에 찾아가서, "하나님이 당신에게 세례를 주라고 하셨습니다" 하고 말한다면 고넬료가 얼마나 놀라겠습니까? 하나님은 고넬료에게도 환상을 주시고, 베드로에게도 환상을 주셨습니다. '더블 체킹'을 하신 것입니다. 참 놀라운 일입니다.

우리가 하나님의 뜻을 발견하려 할 때는 앞서 말한 두 가지 원칙을 생각하는 것이 좋습니다. 첫째, 하나님은 기도하는 사람을 통해서 당신의 뜻을 표현하신다는 것입니다. 하나님은 기도하는 사람을 통해서 일하십니다. 둘째, 하나님이 일하실 때는 언제나 양면 작전을 펼치신다는 것입니다. 한쪽에만 계시하지 않고, 그 계시를 반드시 다른 쪽의 응답을 통해 확인시켜 주십니다. 그렇게 함으로써 우리의 불완전한 이성과 느낌을 보완해 주시는 것입니다.

베드로가 본 환상

그가 시장하여 먹고자 하매 사람들이 준비할 때에 황홀한 중에 하늘이 열리며 한 그릇이 내려오는 것을 보니 큰 보자기 같고 네 귀를 매어 땅에 드리웠더라 그 안에는 땅에 있는 각종 네 발 가진 짐승과 기는 것과 공중에 나는 것들이 있더라(행 10:10-12).

베드로가 기도하면서 음식을 몹시 사모할 때에, 그가 갑자기 기절을 했습니다. 황홀한 중이라는 말은 그런 뜻입니다. 갑자기 기절을 했다는 것입니다. 그러고 나서 베드로는 하늘 문이 열리며 네 귀를 맨 큰 보자기 같은 그릇이 내려오는 것을 보았습니다. 그 보자기 안에는 여러 종류의 짐승들이 있었습니다. 참 이상한 일입니다. 그 안에 있던 짐승들은 이상하게도 성경에서 먹지 말라고 하는, 부정하고 속된 짐승들이었습니다. 그런데 더 놀라운 일은, 하늘에서 이해할 수 없는 음성이 들렸다는 것입니다.

또 소리가 있으되 베드로야 일어나 잡아먹어라 하거늘(행 10:13).

보기에도 아주 끔찍한, 만질 수도 없고 먹을 수도 없는 짐승과 새와 기는 것들을 잡아먹으라고 하십니다. 베드로가 얼마나 놀랐겠습니까? 유대인의 율법에 의하면, 이런 것들을 한번 만지기라도 하면 옷도 빨아야 되고, 다시 깨끗해지려면 여러 가지 복잡한 절차를 거쳐야 했습니다. 그런데 그걸 잡아먹으라는 것입니다. 베드로는 분명 자기 귀를 의심했을 것입니다.

우리는 가끔 하나님의 일을 할 때 우리 귀를 의심하게 되는 경우가 있습니다. '이것을 제가 꼭 해야 합니까? 거기에 제가 꼭 가야 합니까?' 하고 질문하지만, 하나님은 자꾸 가라고 하십니다. "너의 고향과 친척과 아버지의 집을 떠나 내가 네게 보여 줄 땅으로

가라"(창 12:1). 다른 사람의 얘기로 들으면 좋습니다. 그런데 내 얘기가 되면 심각해집니다. 신앙은 그런 것입니다. 어떻게 보면 신앙은 자기 존재의 근거와 뿌리를 흔들어 놓습니다. 그리고 하나님과 정면으로, 일대일로 대결하지 않으면 안 되는 심각한 상황에 들어가게 합니다. 그 상황에 들어가지 않으면 신앙이 아닙니다. 신앙은 온실에서 자라지 않습니다. 우리가 살고 있는 삶의 터전과 그라운드를 놓아두고 하나님을 믿는 것은 별게 아닙니다. 그것은 신앙의 입문도 되지 못합니다.

신앙이란 바로 이렇게 고향을 떠나는, 자기 근거를 뿌리째 흔들어 놓는 경험 끝에 오는 것입니다. 내 인생을 다시 근본적으로 시작할 수밖에 없는 이런 절대 위기 앞에 서 있는 것과 마찬가지인 것입니다. 이러한 위기 앞에서 하나님이 과연 하나님이신가, 거기서 하나님이 나를 어떻게 인도하시는가, 하나님은 정말 신실하신 분인가, 변함이 없으신 분인가, 식언하지 않으시는 분인가, 당신이 하신 말씀은 반드시 이루시는 분인가 하는 것들이 체험되는 것입니다.

이방인들을 거룩하게 하시다

베드로는 하나님 말씀에 기가 막혔습니다. 그래서 거절을 합니다. 그러고 보면 베드로는 참 대단한 사람입니다. 다음 말씀을 보십시오.

베드로가 이르되 주여 그럴 수 없나이다 속되고 깨끗하지 아니한 것을 내가 결코 먹지 아니하였나이다 한대(행 10:14).

베드로는 가끔 이런 엉뚱한 발언을 합니다. 굉장한 믿음의 발언을 하는가 하면, 하나님의 마음을 섭섭하게 하는 발언도 종종 합니다. 아무리 하나님의 말씀이라도 율법이 정한 부정한 짐승은 먹을 수 없다는 것입니다. 여기에 갈등이 있습니다. 무슨 갈등입니까? 율법은 하나님의 말씀입니다. 그런데 기록된 율법에 하나님이 먹지 말라고 하신 것을 이제 와서 잡아먹으라고 하시니 갈등이 되는 것입니다.

여기에 나타나는 메시지는 무엇입니까? 크게 두 가지입니다. 첫째, 여기 나오는 부정한 음식들은 바로 이방인들을 의미합니다. 부정한 음식은 구원받을 수 없는 이방인들을, 거룩한 음식은 이스라엘을 의미합니다. 그런데 하나님이 그걸 먹으라고 하시는 것입니다.

또 두 번째 소리가 있으되 하나님께서 깨끗하게 하신 것을 네가 속되다 하지 말라 하더라(행 10:15).

베드로의 거절에 하나님이 다시 명하십니다. 그리고 베드로는 또다시 먹을 수 없다고 거절합니다. 이때 두 번째 음성이 들립니다. "하나님께서 깨끗하게 하신 것을 네가 속되다 하지 말라." 하나님이 더럽고 부정한 짐승들을 깨끗하게 하셨다는 것입니다. 모든 이방인들을 예수 그리스도의 피로 구원받을 하나님의 백성으로 깨끗하게 하셨다는 것입니다. 하나님이 깨끗하게 하셨는데 왜 먹을 수 없다고 하느냐는 것입니다. 이런 일이 세 번이나 반복되었다는 것은 하나님의 확고한 의지를 보여 주는 것입니다.

> 이런 일이 세 번 있은 후 그 그릇이 곧 하늘로 올려져 가니라(행 10:16).

이제 이방인은 이방이나 이스라엘에 더 이상 존재하지 않습니다. 예수 안에서 이 둘이 하나가 되었습니다. 막힌 담을 헐고, 휘장을 찢어 버리고 둘을 하나로 만드셨습니다. 이 환상의 의미는, '너희가 짐승처럼 취급하고 구원이 없다고 생각하는 그 이방인에게도 하나님의 복음이 있다, 구원의 복음이 있다'는 것입니다. 그래서 오늘날 우리가 구원받게 된 것입니다. 그 구원의 복음이 우리에게까지 미치게 된 것입니다. 하나님이 이방인들을 얼마나 구원하셨는지, 요즘은 유대인이 이방인 같고, 이방인인 우리가 꼭 이스라엘처럼 느껴집니다. 하나님은 이방인들을 그 정도로 완벽하게 구원하셨습니다.

전통을 따를 것인가, 성령님의 음성에 순종할 것인가

두 번째 메시지는 무엇입니까? 그것은 전통과 문화라는 것입니다. 전통과 문화 자체는 진리가 아닙니다. 진리로 말미암아 생긴 유산에 불과합니다. 하나의 진리가 그 시대의 문화와 전통으로 나타나는 것입니다. 따라서 전통과 문화는 언제나 참진리이신 하나님의 말씀에 의해서 재해석되고 적용되어야 합니다. 그런데 사람들은 전통 안에 하나님을 가두어 두려고 합니다. 문화를 창조하신 하나님인데, 인간의 문화 안에 하나님을 제한시키려 하는 것입니다. 그것이 불교 전통이니, 무당 전통이니 하는 것들입니다. 우리나라 사람들은 이 모든 전통으로 하나님을 억압하려고 합니다. 이게 바로 우상입니다.

우리는 전통을 존중해야 합니다. 또한 문화적이어야 합니다. 그러나 문화나 전통은 상대적 가치이지, 절대적 가치가 아닙니다. 문화와 전통은 자꾸 재해석되고 변화되어야 합니다. 창조되어야 하고, 진리에 의해서 새로워져야 합니다. 그렇지 않으면 이들은 우리를 억압하는 것에 불과한 것이 되어 버리고 맙니다. 유교 문화를 생각해 보십시오. 우리가 지금까지 지켜 왔던 전통을 생각해 보십시오. 우리나라 전통 문화라는 것은 좋은 것입니다. 하지만 그것이 하나님을 제한할 수는 없습니다.

이 문제를 바리새인과 예수와의 관계 속에서 살펴봅시다. 바리새인은 하나님을 제일 잘 믿는다고 자처한 사람들입니다. 그들은 그 바리새인의 전통, 유대인의 전통으로 예수를 해석하려 했습니다. 그런데 그것으로는 예수가 전혀 잡히지 않았습니다. 그분이 하나님이신데 어찌 바리새인과 유대인의 전통에 의해서 해석될 수 있겠습니까?

안식일 문제를 놓고 논쟁이 시작되었습니다. 예수님이 안식일에 병을 고치신 것입니다. 사람들은 그 병이 치유되는 데는 관심이 없고, 왜 안식일에 고쳤느냐고 비판합니다. 그들은 안식일을 거룩하게 지키는 하나님의 율법을 전부 인위적인 것으로 만들어 놓았습니다. 바느질 두 번은 죄가 안 되지만 세 번은 노동이니 죄가 되고, 몇 킬로미터까지 걸어가는 것은 죄가 안 되지만 그 이상을 넘으면 죄가 되고, 두 글자를 읽으면 죄가 안 되지만 세 글자를 읽으면 죄가 되는 식으로 율법을 하나의 규칙으로 만들어 놓은 것입니다. 그리고 그 만들어 놓은 규칙을 지켜야만 하나님을 잘 섬기는 것으로 해석했던 것입니다.

오늘날도 그런 식으로 예수를 믿는 사람들이 참 많습니다. 기독교를 미신화시켜 버리는 것입니다. 기독교를 물질적인 종교로, 축복만의 종교로 바꿔 버리는 미신이 우리 안에 있습니다. 그러나 우리는 성령의 음성을 따라야 합니다.

> 베드로가 본 바 환상이 무슨 뜻인지 속으로 의아해하더니 마침 고넬료가 보낸 사람들이 시몬의 집을 찾아 문 밖에 서서 불러 묻되 베드로라 하는 시몬이 여기 유숙하느냐 하거늘(행 10:17-18).

베드로는 고민하기 시작했습니다. 세 번이나 환상을 보았기 때문입니다. "하나님께서 깨끗하게 하신 것을 네가 속되다 하지 말라"(행 10:15). 그런데 하나님이 이렇게 말씀하셔도 베드로는 잘 믿어지지가 않았습니다. 전통 때문에 그렇습니다. 수천 년 동안 지켜왔던 전통을 따를 것인가, 아니면 하나님 말씀에 순종할 것인가, 이 둘 사이에서 베드로는 심각한 고민이 있을 수밖에 없었습니다.

그런데 이렇게 고민할 때, 고넬료의 종들이 찾아왔습니다. 얼마나 놀랍고 절묘한 성령의 역사입니까? 바로 그 시간, 아주 정확한 시간에 찾아와 문을 두드렸습니다. 그리고 바로 이때, 성령님의 음성이 베드로를 강타합니다.

베드로가 그 환상에 대하여 생각할 때에 성령께서 그에게 말씀하시되 두 사람이 너를 찾으니(행 10:19).

신앙생활이란 이런 것입니다. 다 잘될 것 같은데 어떤 때는 잘 안 됩니다. 또 어떤 때는 전혀 안 될 것 같은데 오히려 잘됩니다. 신앙이란 이런 모험이고 흥분입니다. 주님 곁으로 갈 때까지 이런 일이 계속 일어나는 것입니다. 얼마나 놀랍습니까? 고민을 하고, 문을 두드립니다. 성령이 말씀하십니다. 이것이 살아 있는 신앙입니다. 죽어 있는 신앙은 어제나 오늘이나 영원토록 동일합니다. 전혀 감동도 없고, 변화도 없고, 아무런 흥분할 것도 없습니다.

당신 생애의 가장 중요한 순간에 성령님이 말씀하시기를 바랍니다. 그 신앙이 살아 있는 신앙입니다. 관념적인 신앙을 거부하십시오. 지성적인 신앙이 좋은 것 같지만 그렇지 않습니다. 신앙이란 실제적이어야 합니다. 삶이어야 합니다. 우리는 어떤 이론이나 철학을 믿고 있는 것이 아닙니다. 우리가 믿는 그분은 살아 역사하시는 분입니다. 이렇게 살아 역사하시는 하나님이 당신의 생애를 이끌어 가셔야 합니다. 당신 생애의 결정적이고 중요한 순간에 하나님과 의논하십시오. 그리고 하나님으로부터 확인받으십시오.

일어나 내려가 의심하지 말고 함께 가라 내가 그들을 보내었느니라 하시니 베드로가 내려가 그 사람들을 보고 이르되 내가 곧 너희가 찾는 사람인데 너희가 무슨 일로 왔느냐 그들이 대답하되 백부장 고넬료는 의인이요 하나님을 경외하는 사람이라 유대 온 족속이 칭찬하더니 그가 거룩한 천사의 지시를 받아 당신을 그 집으로 청하여 말을 들으려 하느니라 한대(행 10:20-22).

어떤 사람은 하나님의 음성을 구체적으로 듣습니다. 그런데 어떤 사람은 듣고 싶어도 못 듣습니다. 무슨 차이일까요? 엎드리지 않았기 때문입니다. 하나님은 얼마나 간절하게 시간을 정해 놓고 기도했는지를 보십니다. 엎드리십시오. 기도하십시오. 우리는 엎드려서 그분의 음성을 들어야 합니다.

아브라함의 생애를 보십시오. 창세기 12장부터 시작되는 25년의 세월 동안 하나님이 아브라함에게 계시하신 것은 열 몇 번밖에 되지 않습니다. 그가 매일 하나님을 만난 것은 아니라는 말입니다. 어떤 때는 10년을 기다렸습니다. 신실하게, 의심하지 않고 믿음으로 계속 바라보는 것입니다. 5년 후가 될지, 10년 후가 될지는 아무도 모릅니다. 그러나 정말 하나님을 위해 일하고 싶어 한다면, 하나님이 결정적이고 중요한 순간에 오셔서 방향을 인도하며 갈 길을 보여 주십니다.

그렇습니다. 우리가 엎드려 기도하지 않았다는 데 문제가 있는 것이고, 신뢰하지 않았다는 데 문제가 있는 것이고, 기다리지 않았다는 데 문제가 있는 것입니다. 성경을 몇 번이나 보았습니까? 기도를 얼마나 많이 했습니까? 그런 것은 하지도 않고 어떻게 하나님의 음성 듣기를 기대할 수 있습니까?

베드로는 성령의 음성 앞에 모든 전통과 문화와 선입관을 포기하고 하나님에게 순종했습니다. 이것이 성령의 역사입니다. 그가 환상을 볼 때는 포기하지 못했지만, 성령의 음성을 들을 때 포기했습니다.

살다 보면 어려운 문제에 부딪히게 될 것입니다. 그건 누구나 마찬가지입니다. 불가능한 일들은 항상 우리 안에 있습니다. 고난은 항상 우리 앞에 있기 마련입니다. 졸병에게 없는 고민이 장군에게 있고, 장군에게 없는 고민이 졸병에게 있습니다. 부자에게 없는 고민이 가난한 자에게 있고, 가난한 자에게 없는 고민이 부자에게 있습니다.

고민은 나한테만 있는 게 아닙니다. 인간으로 태어났다면 누구든지 불가능 앞에, 죽음 앞에 그리고 한계 앞에 서 있는 것입니다.

지극히 인간적이고 이성적이고 상식적이고 합리적인 사람들은 죽음 앞에 섰을 때, 불가능 앞에 섰을 때 방황하고 몸부림칩니다. 하지만 하나님의 뜻 안에 있다면 두려워하지 마십시오. 염려하지 마십시오. 안 되는 것 같으나 결정적인 순간에 됩니다. 여리고 성도 무너지지 않을 것 같았지만 일곱 번 돌았을 때 무너졌습니다. 그러나 하나님의 뜻이 아니면, 다 되는 것 같아도 마지막 순간엔 안 됩니다. 이것이 하나님의 방법입니다.

될 수도 있고 안 될 수도 있습니다. 그러나 그보다 더 중요한 것은 하나님의 뜻입니다. 우리가 하나님 안에서 그분의 뜻에 순종하고 있다면, 살아도 주를 위하여, 죽어도 주를 위하여, 성공해도 주를 위하여, 실패해도 주를 위하여 하는 것입니다. 성공과 실패를 초월하는 것입니다. 건강과 아픔을 초월하는 것입니다. 삶과 죽음을 초월하는 것입니다.

주인을 공경하는 종의 자세를 가지라

마지막으로 또 한 가지 은혜 받고자 하는 부분이 있습니다. 그것은 종들의 태도입니다. 종들이 베드로를 찾아가서 자기 주인 고넬료에 대해 하는 말을 들어 보십시오.

백부장 고넬료는 의인이요 하나님을 경외하는 사람이라 유대 온 족
속이 칭찬하더니 그가 거룩한 천사의 지시를 받아 당신을 그 집으
로 청하여 말을 들으려 하느니라(행 10:22).

이 사람들은 종입니다. 노예 신분입니다. 그런데 이들에게는 좋
은 주인을 모시고 있다는 자부심이 있었습니다. 이 종들이 베드로
한테 자기 주인을 이렇게 소개합니다. "우리 주인은 의인이요, 하
나님을 경외하는 사람입니다. 구제를 많이 하는 사람입니다. 저희
가 이런 분을 모시고 있습니다." 이렇게 말하는 것을 보면, 이들에
게는 자유와 기쁨이 있었습니다. 자신들의 일에 보람을 가지고 있
었습니다.

저는 당신이 이런 상관이 되기를 바랍니다. 또한 이런 상관을 모
시게 되길 바랍니다. 이런 남편이 되십시오. 이런 아내가 되십시
오. 그럴 때 우리가 살고 있는 공간이 행복한 곳이 됩니다. 고생은
사실 중요하지 않습니다. 의미가 있다면 죽기도 합니다. 기꺼이 포
기하고 손해도 봅니다.

우리는 이 종과 같은 마음으로 주님을 전하며 살아야 합니다. 그
리고 베드로가 성령의 음성에 순종했던 것처럼, 하나님 말씀 앞에
순종하는 복을 누릴 수 있어야 합니다. 그러한 축복이 당신 안에
가득하기를 바랍니다.

8

베드로와 고넬료의 만남

사도행전 10:24-43

베드로와 고넬료의 순종

> 이튿날 가이사랴에 들어가니 고넬료가 그의 친척과 가까운 친구들
> 을 모아 기다리더니(행 10:24).

우리는 여기서 순종하는 두 사람을 봅니다. 베드로와 고넬료가
그들입니다. 먼저, 우리는 앞 장에서 기도하는 중에 본 환상으로
인해 인간적인 전통과 이해할 수 없는 하나님의 말씀 사이에서 갈
등하는 베드로를 보았습니다. 그러나 성령님의 음성을 듣는 순간,
그는 자기의 전통과 율법적인 생각들을 접어 두고 하나님의 명령
에 순종합니다. 그리고 찾아온 사람들을 집으로 불러들여 하룻밤
을 재운 후, 그다음 날 그들과 함께 가이사랴에 있는 고넬료의 집
으로 찾아갑니다.

베드로는 고넬료를 찾아오기까지 자신이 갈등하며 겪은 일들을
다음과 같이 설명합니다.

> 이르되 유대인으로서 이방인과 교제하며 가까이하는 것이 위법인
> 줄은 너희도 알거니와 하나님께서 내게 지시하사 아무도 속되다 하

거나 깨끗하지 않다 하지 말라 하시기로 부름을 사양하지 아니하고 왔노라 묻노니 무슨 일로 나를 불렀느냐(행 10:28-29).

이 말씀을 보면, 베드로 자신도 이방인을 만나는 것이 위법이라는 사실을 압니다. 이방인들과 만나서 교제하거나 밥을 먹는 등 무언가 관계를 맺는 것은 율법에 어긋나는 일이었습니다. 너도 알고 나도 아는 일이었습니다. 그러나 베드로는 전통이 아니라 성령의 음성을 택했던 것입니다.

여기서 한 가지 더 생각할 것은 베드로의 순종의 근거입니다. 베드로가 순종하게 된 동기는 사람의 부탁이나 체면, 율법이나 전통이 아니었습니다. 그는 성령의 음성에 순종했습니다.

그다음으로는 고넬료의 순종이 나타납니다. 서두의 말씀에서 고넬료가 누구를 초청했습니까? 친척과 가까운 친구들을 초청했습니다. 고넬료는 하나님의 사자의 음성을 듣는 순간 고민하지 않았습니다. 그는 즉시 자기의 종을 베드로에게로 보냅니다. 그러나 베드로에게서는 아직 기별이 없습니다. 베드로가 올지 안 올지 아직 모르는 상황입니다. 그런데 고넬료가 어떻게 했습니까? 종을 보내고 난 다음에 일가친척을 다 불렀습니다. 또 사랑하는 친구들을 전부 초청했습니다. 고넬료는 자기 집에 그들을 다 모아 놓고 베드로가 오기를 기다리고 있었던 것입니다.

우리는 여기서 고넬료의 영적 태도를 발견합니다. 신앙이란 영적인 태도입니다. 겸손한 태도입니다. 순종하는 태도입니다. 순종은 그 내용이 중요하지 않습니다. 누가 말했는지가 중요합니다. 내용에 따라 순종할 만하면 하고, 그렇지 않으면 안 하는 것은 순종이 아닙니다. 순종이란 명령하는 사람이 어떤 것을 요구하든 일단 따르기로 결정하는 것입니다. 그러한 영적인 태도가 바로 순종입니다.

고넬료는 일가친척과 친구들을 초청하기 전에 아마 방을 깨끗이 치워 놓았을 것입니다. 어쩌면 꽃 한 송이를 꽂아 두었을지도 모릅니다. 그리고 정말 가난한 마음으로, '하나님이 베드로 사도를 통해 무슨 일을 하시려는 걸까?' 하는 아름다운 영적인 태도를 가졌을 것입니다.

이런 자들에게는 하나님의 축복이 있습니다. 이렇게 생각하고 결정하고 행동하는 사람은 그 내용이 무엇이든지, 그가 어디에 있든지 축복을 받습니다. 저는 당신이 이렇게 아름다운 영적인 태도를 갖게 되기를 바랍니다. 하나님의 명령이면 그 내용이 무엇이든 순종하겠다는 각오와 생각을 늘 갖고 있는 것, 이것이 바로 믿음의 태도입니다.

베드로와 고넬료의 만남

마침 베드로가 들어올 때에 고넬료가 맞아 발 앞에 엎드리어 절하니(행 10:25).

여기서 우리는 새로운 모습을 한 가지 더 발견하게 됩니다. 고넬료는 베드로가 들어오자마자 어떻게 했습니까? 베드로의 발 앞에 엎드려 절했습니다. '엎드려 절하다'라는 것은 원래 '경배하다, 예배하다'라는 뜻입니다. 지금 고넬료는 베드로를 하나님처럼 생각하는 것입니다. 베드로를 그렇게 존경과 기다림과 경외의 마음으로 대하고 있는 것입니다. 사실 베드로가 그럴 만한 인격자는 아닙니다. 우리 모두가 다 그렇습니다. 그런데 그 사람이 누구든 그런 태도를 갖는 것입니다. 우리는 고넬료로부터 경건함과 하나님을 늘 생각하는 삶의 모습을 느낄 수 있습니다.

베드로가 일으켜 이르되 일어서라 나도 사람이라 하고 더불어 말하며 들어가 여러 사람이 모인 것을 보고 이르되 유대인으로서 이방인과 교제하며 가까이하는 것이 위법인 줄은 너희도 알거니와 하나님께서 내게 지시하사 아무도 속되다 하거나 깨끗하지 않다 하지 말라 하시기로 부름을 사양하지 아니하고 왔노라 묻노니 무슨 일로 나를 불렀느냐(행 10:26-29).

우리는 위의 말씀에서 세 가지 사실을 배울 수 있습니다. 첫째는, 베드로의 또 다른 위대한 점입니다. 베드로는 자기에게 모든 영광과 존귀와 관심이 쏠렸을 때 이를 단호히 거절했습니다. 여기에 베드로의 겸손이 있습니다. 그가 거절한 말은 무엇입니까? "나도 사람이라." 참 좋은 말입니다. '나도 사람이다, 나를 신처럼 생각하지 마라, 특수한 사람인 것처럼, 특별한 은혜를 받은 사람인 것처럼 취급하지 마라, 나도 너희와 똑같은 사람이다'라는 것입니다.

대부분의 사람들은 높은 자리에 올라가거나 돈이나 권력이 생기면, 처음에는 '나도 사람이다'라고 말합니다. 그런데 몇 년이 지나면, '나는 신이다' 하는 태도를 가지게 됩니다. 자기가 진짜 신이라고까지는 말하지 않지만, 자신은 특별한 대우를 받아야 한다고 스스로 생각하는 것입니다. 저는 당신이 그런 사람이 아니기를 바랍니다. 돈이 있어도, 권력을 누릴 수 있어도, 인기가 있어도, 어떤 권리를 행사할 수 있어도 항상 '나는 사람이다', '나는 구원받은 죄인이다'라는 생각을 가져야 합니다. 영광과 존귀는 절대 사람이 받아서는 안 됩니다. 하나님만이 받으셔야 합니다. 교회가 크다고 영광을 받아서는 안 됩니다. 유명해졌다고 영광을 받아서도 안 됩니다. 그럴 때마다 '나는 사람이다' 하고 거부해야 합니다. 영광과 존귀는 하나님만이 받으셔야 합니다.

둘째는, 전통과 율법보다 하나님의 살아 있는 말씀이 우선한다는 사실입니다. 전통과 율법이 나쁜 것은 아닙니다. 그들은 구약에서 하나님이 하신 말씀을 잘 지켰습니다. 그런데 그 말씀만 붙잡다 보면 살아 있는 하나님의 말씀에 들어가지 못하고 형식과 전통에 얽매여 오히려 그 말씀이 자기를 더 억누르게 됩니다.

수많은 사람들이 교회에 옵니다. 그러나 살아 있는 그리스도인들을 만나기는 참 어렵습니다. 교회를 그렇게 자주 들락날락하고, 그렇게 열심히 찬송하고, 기도하고, 금식하고, 예배를 드리지만, 저 사람이 살아 있다, 생동감 있다, 능력 있다고는 잘 느껴지지 않습니다. 오히려 반복적이고 습관적인 종교적 일상에 익숙한 것처럼 보입니다. 설교 듣는 것도 익숙합니다. 봉사하는 것도 익숙합니다. 그러나 그 모습에서는 '하나님이 살아 계시구나' 하는 생각이 잘 들지 않습니다.

예수님은 이런 사람들을 바리새인과 서기관들의 무리라고 말씀하셨습니다. 그들이 얼마나 열심히 하나님의 말씀을 연구했습니까? 하나님의 말씀을 선포하는 게 그들의 직업이 아니었습니까? 그러나 그들 속에서는 살아 계신 하나님의 말씀이 발견되지 않았다는 것입니다.

부부를 예로 들어 봅시다. 그들은 어제도, 그제도 같이 밥을 먹고, 잠을 자고, 함께 대화를 나누었을 것입니다. 그렇다고 그걸로 다 되지는 않습니다. 매일 아침 그들은 또 새로운 관계를 갖는 것입니다. 신앙생활도 마찬가지입니다. 성경을 읽은 것으로 끝나지 않습니다. 우리는 매 순간 하나님과 새로운 관계를 가져야 합니다. 역동적인 관계를 가져야 합니다. 그분은 지금 우리에게 말씀하십니다. 또 우리는 거기에 반응해야 합니다. 여기에는 이미 완성된

게 없습니다. 매일 만들어 가는 것입니다. 바로 이것이 살아 있는 신앙, 역동적인 신앙입니다.

신앙이란 어떻게 보면 흥분된 긴장과 같은 것입니다. 특별히 사랑하는 사람들을 보면, 얼마나 눈이 반짝거리고 전기가 번쩍번쩍 일어나는지 모릅니다. 왜 그렇습니까? 무슨 사건이 벌어질지 몰라서 그렇습니다. 그 일을 기대하는 것입니다. 하나님과의 관계가 바로 이런 것입니다. 만약 이런 관계를 잃어버렸거나 '어제가 오늘이고 오늘이 내일이다'라는 식으로 생각하고 있다면, 깊이 반성해야 합니다. 뜯어고쳐야 합니다. 이는 무언가 잘못되어 있는 것입니다.

"귀를 지으신 이가 듣지 아니하시랴 눈을 만드신 이가 보지 아니하시랴"(시 94:9). 우리의 귀와 눈을 만드신 분은 하나님입니다. 귀를 지으셨다는 것은 그분이 들을 수 있다는 것이고, 눈을 만드셨다는 것은 그분이 볼 수 있다는 것입니다. 그분이 듣지 못하거나 보지 못하신다면 그 개념을 만들 수 없습니다. 입도 마찬가지입니다. 입을 지으셨다는 것은 그분이 말할 수 있다는 것입니다. 하나님은 지금도 들으십니다. 하나님은 지금도 말씀하십니다. 하나님은 절대로 침묵하는 분이 아니십니다. 내 가슴을 지으신 하나님은 느끼는 분이십니다. 그것을 순간순간 느끼며 살아가는 것이 성령 충만한 삶입니다. 다시 말하면, 성령 충만한 삶이란 성령님의 음성을 듣는 것입니다.

셋째는, 하나님이 이방인들을 당신의 백성으로 삼으셨다는 것입니다. 이제는 그들의 죄를 깨끗이 씻어 주셨다는 것입니다. "내가 그들을 용서하고 내 자녀로 받아들였는데, 네가 안 받아들일 이유가 어디 있느냐?" 그렇습니다. 예수 그리스도의 십자가는 이스라엘 사람들만을 위한 것이 아니라, 모든 이방인들을 위한 것입니다. 모든 열방과 족속들을 위해서 예수님이 십자가에 피 흘려 돌아가셨다는 말씀입니다.

순종의 진정한 의미

그런데 이 말씀에서 또 하나 재미있는 사실은, 베드로와 고넬료 모두 하나님의 음성을 듣고 순종했지만, 정작 그 이유는 몰랐다는 것입니다. 베드로가 고넬료에게 물었습니다. "무슨 일로 나를 불렀느냐"(행 10:29). 베드로는 하나님이 가라고 하시니 순종해서 갔지만, 사실 왜 불렀는지는 모르고 있었던 것입니다. 그런데 고넬료의 대답이 더 걸작입니다.

> 고넬료가 이르되 내가 나흘 전 이맘때까지 내 집에서 제 구 시 기도를 하는데 갑자기 한 사람이 빛난 옷을 입고 내 앞에 서서 말하되 고넬료야 하나님이 네 기도를 들으시고 네 구제를 기억하셨으니 사람을 욥바에 보내어 베드로라 하는 시몬을 청하라 그가 바닷가 무두장이 시몬의 집에 유숙하느니라 하시기로 내가 곧 당신에게 사람을 보

내었는데 오셨으니 잘하였나이다 이제 우리는 주께서 당신에게 명하신 모든 것을 듣고자 하여 다 하나님 앞에 있나이다(행 10:30-33).

고넬료는 하나님이 보여 주신 환상에 대해 말하고 나서 베드로에게 잘 왔다고 이야기합니다. 그리고 이렇게 말합니다. "이제 우리는 주께서 당신에게 명하신 모든 것을 듣고자 합니다." 고넬료는 하나님의 뜻을 모릅니다. 그저 순종했을 뿐입니다. 베드로 역시도 모릅니다. 그 또한 순종했을 뿐입니다. 그러니까 이 둘은 자신들이 지금 왜 만났는지를 모르는 것입니다. 하나님의 일은 이런 것입니다. 여기에 놀라운 비밀이 있습니다. 하나님의 일은 뭔가 다 알고 하는 것 같지만 절대 그렇지 않습니다. 순종의 내용보다는 누구에게 순종하느냐가 중요한 것입니다.

하나님은 아브라함에게 떠날 것을 명하며 이렇게 말씀하셨습니다. "어디로 가는지 너는 알 필요 없다. 내가 지시할 곳으로 가라." 그러나 보이지 않습니다. 우리는 자꾸만 무언가를 따지고 생각한 후에 결정하려고 합니다. 우리의 가장 치명적인 실수가 여기 있습니다. 세상은 다 그렇게 합니다. 하지만 성경은 그렇게 말씀하지 않습니다.

요셉은 감옥을 들락거렸습니다. 그리고 이상한 일들이 자꾸 연달아 발생했습니다. 그때마다 하나님이 "이게 다 네가 총리대신이 될 각본이다"라고 말씀해 주셨다면 간단했을 것입니다. 그런데 하나님은 그렇게 하지 않으셨습니다.

아브라함을 보십시오. 하나님이 주신 아들 이삭을 나중에 그렇게 달라고 하실 줄 누가 알았겠습니까? 모릅니다. 끝이 안 보입니다. 오직 하나님만 보십니다. 그래서 순종하는 것입니다. 그분은 신실하십니다. 그분은 사랑이십니다. 그분은 우리의 목적이요, 영광이십니다. 그분이 시키는 대로 하면 망할 것 같고 죽을 것 같아도 "다음 단계는 어떻게 됩니까?" 하고 묻지 마십시오. 그냥 순종하는 것입니다.

베드로는 그냥 순종했습니다. 그래서 고넬료에게 간 것입니다. 둘이 만났지만 왜 만났는지 모르고 있는 것, 이것이 하나님의 일입니다.

사람들은 너무 똑똑합니다. 그러다 보니 하나님처럼 되려 합니다. 자꾸 무언가를 디자인하고 계획을 세웁니다. 그러나 그런 사람들은 무슨 계획을 세워도 잘되지 않습니다. 하나님에게 순종하는 태도를 가지십시오. 그 내용이 무엇인지는 중요하지 않습니다. 하나님이 결정하셨다면 무조건 옳은 것입니다. 계획대로 되지 않는다 해도 염려하지 마십시오. 우리 자신이나 가족 중 누군가가 이유 없이 죽는다 할지라도 걱정하지 마십시오. 우리가 세운 계획대로 안 된 이유가 있습니다. 하나님이 일찍 데려가신 이유가 있습니다. 그런 것을 여기서 따지고 계산하려 하지 마십시오. 천국에 가면 반드시 해답이 있습니다. 하나님은 당신의 계획 안에서 놀랍게 역사하는 분이십니다.

예수님이 예루살렘에 들어가시기 위해 나귀 새끼 한 마리가 필요했습니다. 이에 예수님은 제자들에게 동네에 가서 나귀 새끼 한 마리를 끌고 오라고 하셨습니다. 제자들은 생각했을 것입니다. 어쩌면 실제로 질문했을 수도 있습니다. '만일 주인이 뭐라고 하면 어쩌지? 그냥 가져오면 도둑질 아닌가?' 그러자 예수님은, "만일 누가 무슨 말을 하거든 주가 쓰시겠다 하라"고 말씀하셨습니다 (마 21:2-3 참조).

사실 염려는 하나님의 일을 우리가 너무 인간적으로 생각할 때 생기는 것입니다. 하나님은 우리에게 염려를 주시는 법이 없습니다. 고민을 주시는 일도 없습니다. 그것은 전부 내가 만든 불안이요, 내가 만든 염려입니다.

히브리서 11장 13절을 보십시오. 앞에서 믿음의 사람들을 열거하고 난 후, "이 사람들은 다 믿음을 따라 죽었으며 약속을 받지 못하였으되 그것들을 멀리서 보고 환영하며"라고 말합니다. 이것이 믿음입니다. 정말 그렇습니다. 아브라함이 받은 게 무엇입니까? 그가 실제로 하늘의 별처럼, 바다의 모래처럼 생육했습니까? 결국 그에게는 자기가 묻혀야 할 한 평의 무덤밖에 없었습니다. 이게 인생입니다.

아브라함의 생애가 참 감동적인 것은, 사실은 그가 믿음이 없는 사람이기 때문입니다. 그는 부인을 빼앗길 뻔했습니다. 얼마나 믿음이 없었으면 그랬겠습니까? 그는 그렇게 보통 사람이었습니다.

믿음은 아브라함이 위대해서 생긴 것이 아닙니다. 하나님이 당신의 위대함으로 아브라함을 믿음의 사람으로 만들어 주신 것뿐입니다. 그렇기 때문에 우리도 아브라함처럼 될 수 있습니다.

창세기 13장에 보면, 아브라함이 그렇게 실수하고 나서 조카 롯과 싸움이 붙었을 때 이렇게 말합니다. "우리는 한 친족이라 나나 너나 내 목자나 네 목자나 서로 다투게 하지 말자"(창 13:8). 아브라함이 롯에게 화해를 청한 것입니다. 그러고는 "나를 떠나가라 네가 좌하면 나는 우하고 네가 우하면 나는 좌하리라"(창 13:9)고 이야기합니다. 이것은 사실 쉬운 일이 아닙니다. 물질을 포기하겠다는 것입니다. 하나님이 가까이 계시지 않으면, 우리 안에 깊이 들어와 계시지 않으면 물질은 절대 포기하지 못합니다. 그런데 바로 그 순간, 하나님이 아브라함에게 가까이 오신 것입니다. 그러하기에 아브라함이 물질을 놓을 수 있었던 것입니다. 아브라함의 이 말에 롯은 물이 넉넉하고 여호와의 동산 같은 소돔과 고모라를 덥석 물었습니다.

재미있는 것은, 롯이 떠나는 순간 하나님이 나타나셨습니다. 롯이 떠나지 않았다면 하나님은 안 오셨을 것입니다. 떠날 때까지 기다리셨을 것입니다. 하나님이 우리에게 오시지 않는 이유가 있습니다. 무언가가 떠나기를 기다리고 계신 것입니다. 어떤 문제가 해결되면 말씀하기 위해 준비하고 계시는 것입니다. 롯이 떠나자 하나님이 나타나셨습니다. 그리고 이렇게 말씀하셨습니다. "동서남

북이 다 네 것이다." 이것이 믿음의 세계입니다.

히브리서 11장에는 "이 사람들은 다 믿음으로 말미암아 증거를 받았으나 약속된 것을 받지 못하였으니"(히 11:39)라는 말씀이 있습니다. 어쩌면 우리는 세상적인 것으로는 보상받지 못할지도 모릅니다. 그러나 사람들은 축복이라 할 때 세상적인 것으로 보상받는 것을 기대합니다. 하나님은 그런 기대를, 그런 소망을, 그런 야망을 자꾸 포기시키십니다. "내가 네게 주고자 하는 것은 세상이 주는 그런 것이 아니다. 내가 너에게 정말 주고자 하는 것은 새 하늘과 새 땅이다"라고 말씀하시는 것입니다.

베드로의 세 가지 깨달음

베드로가 입을 열어 말하되 내가 참으로 하나님은 사람의 외모를 보지 아니하시고(행 10:34).

고넬료의 간증을 듣는 순간, 베드로에게 깨달음이 오기 시작했습니다. 해석이 되기 시작한 것입니다. 믿음은 사건을 해석하는 힘이 있습니다. 예수 그리스도가 우리 안에 들어오시면 희미했던 과거가 살아나기 시작합니다. 생생해집니다. 의미를 갖기 시작합니다. 그리고 과거가 열리면 보이지 않았던 미래도 열립니다. 과거에 하나님을 몰랐을 때도 하나님이 그렇게 지켜 주셨다면, 하나님은 분명 우리의 미래에 대해서도 놀라운 계획을 가지고 계실 거라고 생각하는 것입니다. 이런 생각이 가슴에 확신으로 옵니다. '나의 미래는 찬란하다, 하나님은 내 미래를 너무나도 아름답게 디자인해 주셨다.' 이렇게 느껴지는 것입니다. 사도 바울은 이것을 느끼다가, 하나님이 창세전에 자기를 택하셨다고 고백합니다(엡 1:4 참조). 생각이 거기까지 미친 것입니다. 그렇습니다. 그렇게 확신이 오는 것입니다.

하나님에 대한 생각이 변하다

베드로는 이 일을 통해 하나님의 숨겨진 뜻을 깨닫게 됩니다. 첫째는, 그의 신관(神觀)이 변합니다. 하나님은 사람을 외모로 보시는 분이 아니라는 사실이 느껴지기 시작한 것입니다. 베드로는 예수님과 3년을 살았습니다. 그는 십자가와 부활과 승천을 목격했습니다. 뿐만 아니라 성령의 역사를 체험했고, 3천 명을 회개시켜 예수를 믿게 했으며, 나면서부터 못 걷게 된 자를 일으켜 세웠을 뿐 아니라 죽은 자까지도 살렸습니다. 이 정도면 하나님을 잘 아는 사람이 아닙니까? 그렇지만 그는 고넬료를 만나면서 '하나님은 내가 생각했던 그런 분이 아니시구나' 하고 깨닫게 됩니다.

저는 당신에게도 이런 깨달음이 있기를 바랍니다. 하나님은 당신이 지금 생각하는 정도의 하나님이 아니십니다. 당신의 생각보다 훨씬 큰 분이십니다. 당신이 생각하는 하나님이 바로 당신의 신앙입니다. 우리의 신앙생활이 이렇게 맥이 없는 이유는, 우리가 죽은 하나님을 믿고 있기 때문입니다. 말로는 '살아 계신 하나님'이라고 하지만, 실제로는 그분의 능력을 과거에만 묶어 두고 제한하고 있는 것입니다. 이는 "마지막 날 부활 때에는 (나사로가) 다시 살아날 줄을 내가 아나이다"(요 11:24)라고 말한 마르다의 고백과 같습니다. '그저 때가 되면 다 살 것이다'라는 식으로 생각하는 것입니다. 우리에게는, 하나님은 어제나 오늘이나 영원토록 변함이 없으시며, 바로 지금도 믿는 사람들에게 살아서 역사하시는 분이라는 믿음이 필요합니다.

특별히 배 속에서부터 예수를 믿었던 사람들은 신관이 변해야 합니다. 하나님에 대한 생각이 변하지 않으면 당신의 신앙은 잠잠하게 그대로 있습니다. 교회에 들락날락하면서 봉사도 열심히 하고 이것저것 다 해도 뭔가가 터지지 않습니다. 날개가 있는데 날지를 못하는 것입니다. 항상 기어 다니는 것입니다. 나십시오. 비상(飛上)하십시오. 우리 하나님은 그런 하나님이십니다.

차별하지 않으시는 하나님을 깨닫다

각 나라 중 하나님을 경외하며 의를 행하는 사람은 다 받으시는 줄 깨달았도다(행 10:35).

베드로의 두 번째 깨달음은, 하나님이 이스라엘인이나 이방인을 구별하지 않으신다는 사실입니다. 이방인 가운데서도 하나님을 경외하며 의를 행하는 사람은 하나님이 인정하고 받으신다는 사실을 고넬료를 만나면서 깨닫게 됩니다.

> 만유의 주 되신 예수 그리스도로 말미암아 화평의 복음을 전하사 이스라엘 자손들에게 보내신 말씀 곧 요한이 그 세례를 반포한 후에 갈릴리에서 시작하여 온 유대에 두루 전파된 그것을 너희도 알거니와 하나님이 나사렛 예수에게 성령과 능력을 기름 붓듯 하셨으매 그가 두루 다니시며 선한 일을 행하시고 마귀에게 눌린 모든 사람을 고치셨으니 이는 하나님이 함께하셨음이라(행 10:36-38).

예수 그리스도를 새롭게 인식하다

베드로가 세 번째로 깨달은 게 있습니다. 바로 예수 그리스도입니다. 베드로가 예수님을 몰랐습니까? 베드로만큼 예수님을 잘 아는 사람이 어디 있습니까? 그런데 바로 이 순간, 베드로는 예수님을 새롭게 인식하게 된 것입니다.

예수님은 날마다 새롭게 깨달아지는 분이십니다. 예수님을 다 아는 사람은 없습니다. 오늘도 새로운 예수님이십니다. 베드로는 만유의 주 되신 예수 그리스도를 그 시간에 새롭게 느꼈습니다. 예수님은 화평의 복음이었습니다. 예수님에게는 성령과 능력이 충만했습니다. 예수님은 착한 일을 행하셨습니다. 예수님은 마귀에게 눌린 자를 자유롭게 하신 분입니다.

예수님이 발견되면 그다음으로는 누가 발견됩니까? 내가 발견됩니다. 나를 먼저 발견하면 예수님을 발견할 수 없습니다. 나에게 집중하면 예수님이 안 보입니다. 하나님이 안 보입니다. 그러나 하나님을 먼저 발견하면 내가 발견됩니다. 예수님을 발견하고 나면 자기가 발견되는 것입니다. 여기서 베드로는 어떤 '자기'를 발견합니까?

> 우리는 유대인의 땅과 예루살렘에서 그가 행하신 모든 일에 증인이라 그를 그들이 나무에 달아 죽였으나 하나님이 사흘 만에 다시 살리사 나타내시되 모든 백성에게 하신 것이 아니요 오직 미리 택하신 증인 곧 죽은 자 가운데서 부활하신 후 그를 모시고 음식을 먹은 우리에게 하신 것이라(행 10:39-41).

베드로는 자기가 증인이라는 사실을 발견했습니다. 그는 지금 굉장히 중요한 사실을 고넬료와의 대화를 통해 깨닫게 된 것입니다. 예수님이 십자가에 못 박히신 광경을 모든 사람이 목격했습니다. 그러나 부활하신 예수님은 아무에게나 나타나지 않으셨습니다. 열두 제자에게, 그다음에는 5백여 형제들에게 나타나셨습니다. 예수의 부활을 목격한 그들이 '택한 사람들'입니다. 그리고 하나님은 그 택한 사람들을 통해 역사하십니다.

내가 복음을 얘기하지 않으면 거기서 끝입니다. 복음은 받은 자만이 전할 수 있습니다. 성령도 마찬가지입니다. 생명이 있는 자만이 생명을 전할 수 있습니다. 교회에 나온다고 다 하는 게 아닙니다. 성령을 받지 못한 사람은 전도하지 못합니다. 하고 싶어도 전도가 되지 않습니다. 성령이 없기 때문입니다. 생명은 생명을 통해서 전달되는 것입니다.

전 세계의 수십억 인구가 한꺼번에 펑! 하고 생겼습니까? 아닙니다. 한 남자와 한 여자가 결혼해서 아기를 낳습니다. 그것도 보통 2년에 한 명, 많아야 서너 명을 낳습니다. 그렇게 해서 만들어진 수가 수십억입니다. 이것이 하나님의 방법입니다. 설교 도중에 예수님이 펑! 하고 나타나시면 모든 사람이 다 믿게 되지 않겠습니까? 그러나 하나님은 그런 방법을 쓰지 않으십니다. 하나님은 전도라는 미련한 방법으로 당신의 복음이 전달되도록 하셨습니다(고전 1:21 참조).

하나님은 그래서 베드로와 고넬료를 만나게 하셨습니다. 고넬료에게 계시를 주고 따로 알아서 믿게 하시는 것이 아니라, 베드로가 와서 설교한 후 성령의 세례를 주도록 하셨습니다. 그렇게 해서 고넬료의 가정이 구원을 받고, 고넬료의 가정을 통해 이 복음이 이방인에게 계속해서 전달되도록 하신 것입니다. 하나님은 생명이 생명으로, 복음이 복음으로, 말씀이 말씀으로 전달되도록, 생명 있는 자를 통해서 생명이 번식되도록 하십니다. 따라서 성령 받은 사람이 전도하지 않으면, 예수의 생명을 가진 사람이 그리스도의 증인 노릇을 하지 않으면 그것으로 끝나는 것입니다. 그러나 우리가 계속해서 증인의 삶을 살면, 복음은 강물처럼 불어나게 됩니다. 베드로는 지금 이것을 깨달은 것입니다.

유일한 구원자, 예수 그리스도

우리에게 명하사 백성에게 전도하되 하나님이 살아 있는 자와 죽은
자의 재판장으로 정하신 자가 곧 이 사람인 것을 증언하게 하셨고
그에 대하여 모든 선지자도 증언하되 그를 믿는 사람들이 다 그의
이름을 힘입어 죄 사함을 받는다 하였느니라(행 10:42-43).

이 '택한 증인'을 통해서 하나님은 예수님을 증거하게 하셨는데, 예수님이 어떻게 표현되어 있습니까? '하나님이 살아 있는 자와 죽은 자의 재판장으로 정하신 자', 또 '그를 믿는 사람들이 다 그 이름을 힘입어 죄 사함을 받는다'고 했습니다. 이것이 중요합니다. 예수 그리스도의 이름으로만 죄 사함을 받는 것입니다.

많은 사람들이 '왜 예수 이름으로만 구원을 받아야 되느냐'고 반문합니다. '포스트모더니즘과 다원주의가 만연한 세상에서 서

로의 입장이 다르고 문화권이 다른데 어떻게 기독교에만 구원이 있다고 말하느냐', '불교에도 혹시 구원이 있을지 모르겠다', '그럴 가능성이 있다' 자꾸 이렇게 얘기하는 것입니다. 이런 말을 듣다 보면 우리도 가끔 할 말을 잊어버릴 때가 있습니다. 어떻게 보면 정말 그런 것 같기도 합니다. 그러나 성경은 구원을 얻을 만한 다른 이름을 이 세상에 주신 일이 없다고 말씀합니다(행 4:12 참조). 예수 외에는 구원을 얻을 만한 이름을 주신 일이 없다는 것입니다.

여기에 기독교의 독특성과 유일성이 있습니다. 예수 외에는 구원이 없습니다. 예수 그리스도의 이름으로만 죄 사함을 받습니다. 만약 다른 이름으로도 죄 사함을 받을 수 있다면, 베드로나 저와 당신이 굳이 예수 그리스도의 증인이 될 필요가 없습니다. 우리가 생명을 바치면서까지 예수 그리스도를 증거해야 할 뚜렷한 이유가 없습니다. 이렇게 되면 기독교는 윤리와 인본주의로 빠져 버리게 됩니다. 인도주의로 가는 것입니다. 도덕으로 가는 것입니다. 하나의 정신적인 영향력밖에는 안 되는 것입니다.

그러나 그렇지 않습니다. 여기에 복음의 절대성이 있습니다. 그리스도 외에 죄 사함이 없다는 것은 다른 무엇과도 대치할 수 없다는 것입니다. 타협할 수 없다는 것입니다. 이것이 곧 복음의 유일성입니다. 생각해 보십시오. 예수 외에 구원이 없다면 이제부터 상황은 심각해집니다. 당신의 부모가 그대로 죽어도 괜찮겠습니까? 제가 전도할 때 어떤 사람이 이렇게 말했습니다. "제 어머니가 평생 불교를 믿었는데 지금에 와서 바꿀 수 없으니, 어머니가 돌아가시면 교회에 나가겠습니다." 이것은 어머니를 지옥까지 잘 모셔다 드리고 자기만 천국에 가겠다는 이야기입니다. 정말 영적 진리를 안다면 그렇게 할 수 있겠습니까? 당신이 복음을 깨달았다면, 예수를 정말 알게 되었다면 이렇게 말할 수 있겠습니까? 그리스도 외에 구원이 없다면, 북한 식구들은 어떻게 할 것입니까?

허드슨 테일러가 선교사로 훈련 받고 있을 때, 고열이 나면서 그의 귀에 수백만 명이 지옥으로 가는 소리가 들렸습니다. 그 소리를 들은 허드슨 테일러는 이 영혼들을 어떻게 할 것인지, 지금도 예수 없이 죽어 가는 수많은 영혼들을 어떻게 할 것인지 고민했습니다. 결국 그는 전도하지 않고는 견딜 수가 없어 중국으로 뛰어 들어갔습니다.

그렇습니다. 예수 그리스도만이 유일한 구원자십니다. 하나님은 당신을 구원하시고 예수 그리스도의 증인으로 택하셨습니다. 당신이 전도하지 않으면 예수 그리스도의 생명줄은 당신에게서 끝나고 맙니다. 이것을 믿는다면, 성령을 받았다면, 우리는 지옥으로 가고 있는 영혼들을 그대로 내버려둘 수 없습니다. 당신 안에 성령이 함께하셔서 전도하지 않으면 견딜 수 없게 되기를 바랍니다.

9

세례 받는 고넬료의 가정

사도행전 10:44-48

성령 받은 자를 통해 역사하시는 성령님

하나님을 신뢰하는 사람들은 하나님에 대해서 날마다 눈을 뜹니다. 그런데 참 이상합니다. 어떤 사람은 오랫동안 예수님을 믿었어도 눈을 감고 교회에 나옵니다. 어떤 사람은 성경을 눈감고 읽습니다. 글은 읽는데 내용이 머리에 잘 들어오지 않는 것입니다. 그러나 성령이 임하면 눈이 떠지기 시작합니다.

베드로는 하나님에 대해서 다시 눈을 뜨기 시작했습니다. 하나님은 사람을 외모로 취하지 않으신다는 이 엄청난 사실을 알게 된 것입니다. 베드로는 참 솔직한 사람입니다. 자기가 모르는 것을 깨달았을 때 '이제 내가 깨달았다'고 고백합니다. 대부분의 사람들은 이런 말을 잘 안 합니다. 그냥 아는 척하고 넘어갑니다.

베드로를 생각해 보십시오. 그는 3년 동안 예수님과 함께 지낸 사람입니다. 우리는 그렇게 직접 예수님을 만나 본 경험이 없습니다. 베드로는 예수님과 같이 살았습니다. 함께 식사를 하고, 그분에게 직접 말씀을 들었습니다. 예수님이 십자가를 지시던 현장에도 있었습니다. 그뿐 아니라, 제자 중에서 제일 처음으로 예수님의 부활을 목격했습니다. 요즘 말로 하면, 그는 누구보다도 교회를 잘 아는 사람입니다. 어렸을 때부터 성경도 잘 알고, 설교도 수없이 들은 사람입니다. 기독교에 너무나 익숙한 사람입니다. 하지만 그는 아무것도 할 수 없었습니다. 이는 다른 제자들도 마찬가지였습니다. 베드로는 그렇게 예수님을 사랑하고 좋아했지만, 부활하신 예수님을 만난 이후에 자기의 옛 직업으로 돌아갈 수밖에 없는 사람이었습니다.

성령 체험 이전의 베드로는 어떤 사람입니까? 예수님을 사랑했지만 인간적으로 사랑했던 사람입니다. 십자가 앞에서 좌절하며 두려워했고, 무서워했던 사람입니다. 법정에서 예수님이 재판을 받을 때 계집종 앞에서 세 번이나 예수님을 부인했던 사람입니다. 이런 부류의 사람은 예수님을 잘 믿다가도 어느 한순간 돌아설 수 있는 사람입니다. 찬송가를 힘차게 부르다가도 분위기가 나빠지면 안 부를 수 있는 사람입니다. 교회에서는 '할렐루야' 하면서도 직장에서는 안 믿는 척할 수 있는, 그런 두 얼굴을 가진 사람입니다.

그러나 성령 체험 이후의 베드로는 어떻습니까? 그의 설교 한 번에 3천 명이 가슴을 치고 울며 회개했습니다. 그리고 세례를 받았습니다. 저도 가끔 이런 경험을 하며 놀랄 때가 있습니다. 저의 설교에 사람들이 회개하며 뒤집어지면, 놀라는 것은 저 자신입니다. '어, 이게 웬일일까! 내가 무슨 말을 했기에 이런 일이 일어났을까?' 하지만 제가 한 것이 아닙니다. 성령이 하신 것입니다. 베드로에게 이런 일이 일어난 것입니다.

베드로가 기도하러 성전에 올라갔다가 날 때부터 못 걷게 된 사람을 보았습니다. 불쌍한 마음이 들어 그에게 "일어나 걸으라" 하고 명하자 그가 그대로 벌떡 일어났습니다. 어떻게 이런 일이 있을 수 있습니까? 상식적으로 이해할 수 있는 일입니까? 또 죽은 자가 살아났습니다. 걷지 못하는 사람이 일어난 것은 그렇다 하더라도, 어떻게 죽은 자가 살아날 수 있습니까?

또 이상한 일이 있습니다. 베드로가 성령 받은 이후에 초청받아서 간 데마다 안수를 하면 성령이 임합니다. 그리고 사람들이 방언을 합니다. 베드로가 정말 달라졌습니다. 위기 앞에 섰을 때, 감옥에 들어가 있을 때에도 너무나 담담했습니다. 옛날에는 그렇지 않았습니다.

사람들은 잘 살다가도 무슨 일이 생겨서 법정에 끌려가 재판을 받게 되면 얼굴이 변합니다. 초췌해집니다. 한 달 정도 교도소에 들어갔다 나온 사람은 생각이 변하고 태도가 달라집니다. 그게 인간입니다. 제아무리 대통령이고 권력을 많이 가진 자라 할지라도, 일단 신세가 변하면 달라집니다. 그런데 베드로를 보십시오. 그렇게 초연할 수가 없습니다. 마음이 흔들리지 않습니다.

그는 시시때때로 기도하면서 성령의 음성을 듣습니다. 옛날에는 전혀 듣지 못했습니다. 그리고 이상하게 예수님 당시에는 없던 영적 권위와 지도력이 생기면서 사람들이 그를 따르기 시작합니다. 이게 웬일입니까! 무언가 변한 것입니다. 무언가 새로워진 것입니다.

우리에게도 이러한 변화가 있어야 합니다. 이전과 똑같아 보이지만 무언가가 변해야 합니다. 그것은 어떤 분이 우리 마음 안에 들어오셨다는 증거입니다. 어떤 분이 우리 안에서 우리를 대신해 행동하며 움직이고 계시다는 것입니다. 성령 받기 전에는 베드로가 무슨 말을 해도 사람들이 영향을 받지 않았습니다. 그러나 성령 받은 이후에는 베드로가 말할 때마다 사람들이 영향을 받습니다. 그렇습니다. 성령님은 성령 받은 자를 통해서 역사하십니다.

표적을 보여 주시다

> 베드로와 함께 온 할례 받은 신자들이 이방인들에게도 성령 부어 주심으로 말미암아 놀라니 이는 방언을 말하며 하나님 높임을 들음이러라(행 10:45-46).

베드로와 함께 온 할례 받은 신자들이 있었습니다. 할례 받은 것을 보면 그들은 분명 선택받은 유대인들입니다. 유대인들이 예수를 믿었습니다. 우리는 이런 유대인들을 가리켜 '메시아닉 쥬'(Messianic Jews)라는 표현을 씁니다. 그들은 베드로가 설교하는 순간, 말씀을 듣고 있던 이방인들에게 성령님이 강력하게 임하는 것을 보고 굉장히 놀랐습니다.

여기서 우리는 성령님에 대한 두 번째 사실을 배우게 됩니다. 성령이 임하실 때는 독특한 표적들이 나타난다는 사실입니다. 물론 예수 믿는 것도 성령의 역사입니다. 우리가 교회에 나오는 것은 우리가 스스로 나오는 게 아닙니다. 성령의 역사로 나오는 것입니다. '나 혼자 깨달아서 나왔다'고 말하는 사람도 있겠지만, 그렇게 나오게 하신 것도 성령님이 역사하신 것입니다.

가끔은 기도하다가 조용히 구제하고 싶은 마음이 생깁니다. 선교사를 위해서 남몰래 헌금하고 싶은 마음이 생깁니다. 남몰래 봉사하고 싶은 마음이 생깁니다. 이런 것이 다 성령의 역사입니다. 어떻게 우리가 그런 좋은 마음을 가질 수 있겠습니까? 사람은 그렇게 착하지 않습니다. 그렇게 훌륭하지도 않습니다. 그런데 어느 날, 나도 모르는 사이에 용서하고 싶어지고, 좋은 일을 하고 싶어집니다. 하나님이 그런 좋은 마음을 주신 것입니다. 하나님이 그 마음을 계속 주시지 않는다면 억지가 되고, 아주 고통스러운 것이 됩니다.

오순절 날 성령이 임했을 때 표적들이 나타났습니다. 홀연히 급하고 강한 바람 같은 소리가 임해서 온 집에 가득했다고 했습니다 (행 2:2 참조). 이것은 매우 독특한 경험입니다. 이것은 마치 추운 겨울날 누군가 찾아와서 문을 열었을 때 눈보라치는 밖의 싸늘한 공기가 따뜻한 방 안으로 들어오는 것과 같습니다. 어떤 느낌이 오는 것입니다. 어떤 분이 우리 마음에 가득 차 있는 것입니다. 어떤 분이 우리 교회에 충만하게 차 있는 것입니다. 그래서 교회에 와서 앉기만 해도 기도가 술술 나오고, 눈물이 나는 것입니다. 찬송을 부르면 신이 나는 것입니다. 이것이 성령으로 충만한 교회의 모습입니다. 저는 우리 교회가, 저와 당신의 가정이 그렇게 되기를 바랍니다.

오순절에 임한 두 번째 표적은 무엇입니까? 불의 혀처럼 갈라지는 것들이 각 사람 위에 임한 것을 사람들이 보았다고 했습니다(행 2:3 참조). 놀라운 일입니다. 사람들마다 성령 충만함을 받는 체험을 하게 된 것입니다. 그리고 또 하나, 성령 충만함을 받는 순간 그들은 그대로 앉아 있을 수 없었습니다. 그들은 밖으로 뛰쳐나가 자신들도 모르는 말을 하기 시작했습니다. 다른 방언으로 말하기 시작한 것입니다. 이것은, 내가 내 나라 언어로 말하면 상대방은 자기 나라 언어로 이해하는 것입니다. 또 내가 다른 나라 언어로 직접 말하는 것입니다. 이러한 일들이 순식간에 일어났습니다.

대개 성령 체험이 없이 예수님을 믿는 사람들은, '예수는 조용하게 믿어야 한다. 왜 이렇게 시끄럽게 믿는지 모르겠다'는 말들을 자주 합니다. 예수는 내면적으로 믿는 거지, 그렇게 광적으로 믿는 게 아니라는 것입니다. 그것은 성령을 체험하지 않았기 때문입니다. 이런 사람들은 너무나 조용한 나머지 성령님이 계신지 안 계신지도 잘 알 수도 없고, 꼭 졸면서 믿는 것 같습니다. 우리는 그렇게 되지 말아야 합니다.

물론 내용도 없으면서 비인격적이고, 감정적이고, 시끄럽게 떠들고, 가장하고, 소리 지르는 것은 잘못된 것입니다. 간혹 성령의 이름으로 자신의 열등의식을 표현하거나 은사 받은 것을 자랑하는 사람들이 있는데, 그런 사람들을 가만히 살펴보면 진짜 은사 받

은 것이 아닙니다. 열등감 때문에 성령의 능력과 은사들을 받았다
면서 과시해 보는 것입니다. 그런 사람들 때문에 성령의 역사들이
방해를 받습니다.

성령 세례 받은 자들의 두 가지 표적

이는 방언을 말하며 하나님 높임을 들음이러라(행 10:46).

위의 말씀에는 성령의 역사가 두 가지 모습으로 나타납니다. 첫
째는 방언이요, 둘째는 하나님을 높이는 일이었습니다.

방언을 말하다

성령이 임하면, 특히 사도행전에서는 방언으로 말하는 일들이 자
주 나타납니다. 방언은 대개 세 가지로 나타나는데, 첫째는, 다른
언어입니다. 다른 나라 언어로 말하는 것입니다. 둘째는, 사탄이
주는 방언입니다. 성경은 이것에 대해 이야기하지 않지만, 가끔 보
면 귀신으로부터 방언을 받고 성령의 방언을 받았다고 말하는 자
들이 있습니다. 셋째는, 영으로 말하는 방언입니다. 이것은 우리가
일상적으로 말하는 것과 약간 다릅니다. 성경에서 말하는 방언이
대개 여기에 속합니다. 이것은 표적입니다.

저는 성령의 역사에 대해 기록한 이 말씀을 그대로 믿습니다. 저는 당신이 기도하다가 방언을 체험하게 되기를 바랍니다. 이러한 새로운 언어들, 신비한 언어들을 경험하게 되기를 바랍니다. 성령이 역사하시면 방언으로 기도하고, 방언으로 말하고, 방언으로 찬양하기도 합니다. 이것은 놀랍고 신비한 경험입니다.

우리는 방언에 대해 일반적으로 조금 부정적인 인상을 가지고 있습니다. 그도 그럴 것이, 어떤 방언을 들어 보면 실제로 시끄럽고 이상한 소리를 냅니다. 모양새도 요란해서 보기에 좀 이상한 것도 있습니다. 하지만 기억하십시오. 성경은 이런 방언에 대해 이야기한 적이 한 번도 없습니다. 방언은 아름답고 매우 감격스러운 언어입니다.

하나님을 높이다

이들이 성령을 받으면서 갑자기 이상한 말을 하기 시작했습니다. 그런데 들어 보니 하나님을 높이는 말이었습니다. 하나님을 찬양하는 말이었습니다. 이것이 성령 세례 받은 또 하나의 표적입니다.

미국의 한 목사님은 전화를 할 때 '할렐루야'부터 먼저 합니다. 처음에는 그런 행동이 이해되지 않아 받아들이기 어려웠는데, 제가 성령을 사모하며 사랑하고 보니 이제는 무슨 표현을 해도 다 좋게 보입니다. 그러면서 저도 자꾸 '할렐루야'를 하고 싶어집니다. 무슨 일에든지 '주님을 찬양합니다!', '아멘!'을 외치는 것입니다.

성령이 임하면 자꾸만 주님을 높이게 됩니다. 전도를 해도, 구제를 해도 '이건 제가 아니라 주님이 하시는 겁니다'라는 말이 나옵니다. 저는 당신에게 이러한 일들이 일어나길 바랍니다. 방언을 할 때마다 '아멘, 할렐루야, 감사합니다, 찬양합니다' 하는 말들이 호흡처럼, 당신의 마음속에서 샘처럼 흘러넘치기를 바랍니다.

우리는 성령으로 충만해서 하나님에게 언제나 사랑을 표현하고, 방언으로 주님을 찬양하고 높이는 사람이 되어야 할 것입니다.

성령 세례, 능력을 받는 세례

> 이에 베드로가 이르되 이 사람들이 우리와 같이 성령을 받았으니 누가 능히 물로 세례 베풂을 금하리요 하고 명하여 예수 그리스도의 이름으로 세례를 베풀라 하니라 그들이 베드로에게 며칠 더 머물기를 청하니라(행 10:47-48).

이러한 성령님의 역사에 대해 베드로는 어떤 반응을 보였습니까? "이들에게 성령이 임하셨으니 누가 물로 세례 주는 것을 금하겠는가" 하면서 물로 세례를 주게 됩니다.

여기서 우리는 두 가지를 보게 됩니다. 곧 물세례와 성령 세례입니다. 고넬료에게 물세례가 먼저 왔습니까, 성령 세례가 먼저 왔습니까? 성령 세례가 먼저 왔습니다. 성령이 임했습니다. 그러고 나서 물세례를 받았습니다. 에디오피아의 내시가 빌립에게 복음을 전해 들었을 때도 "보라 물이 있으니 내가 세례를 받음에 무슨 거리낌이 있느냐"(행 8:36) 하면서 냇가에서 세례를 받았습니다.

물세례란 무엇입니까? 그것은 요한의 세례를 말합니다. 이 요한의 세례는 회개와 구원을 표현해 주는 것입니다. 또 물세례는 초대교회의 공동체가 한식구임을 말해 주는 것입니다. 예수님은 죄인이 아니셨지만, 그래서 그분은 세례를 받을 필요가 없는 유일한 분이셨지만, 모든 인류를 위한 죄를 대속하셔야 했기에 우리를 대신해서 세례를 받으셨습니다. 모든 그리스도인들은 물세례를 받아야 합니다. 이것은 우리가 하나님의 자녀가 되었다는 하나의 증거입니다. 우리가 그리스도의 몸 된 교회의 한 일원인 것을 표시해 주는 것입니다.

그러나 성령의 세례는 다릅니다. 성령의 세례는 오순절 날 나타난 것인데, 물로 주는 세례가 아니라 성령께서 인치시는 세례입니다. 이것은 구원받은 자가 하나님의 능력을 받는 세례입니다. 보통 성령 세례는 물세례와 구별해서 '불세례'라는 표현을 쓰기도 합니다.

베드로와 예수님의 다른 제자들은 예수님과 3년을 함께 살았습니다. 그러나 그들 모두가 구원을 받은 것은 아닙니다. 그중에 가룟 유다는 구원을 받지 못했습니다. 그러면 나머지 제자들은 다 구원받았을까요? 일반적으로는 그렇다고 말할 수 있습니다. 그들은 모두 물세례를 받은 것입니다.

사도행전 18장에 보면 알렉산드리아의 아볼로는 요한의 세례, 즉 물세례를 받은 사람입니다. 그는 일찍이 주의 도를 배워 예수에 관해서 열심히 가르쳤지만, 성령 세례에 대해서는 아직 모르고 있었습니다(행 18:25 참조). 에베소교회의 성도들 역시 마찬가지였습니다. 그들은 모두 요한의 세례를 받았습니다. 하지만 바울이 그들에게 성령을 받았느냐 물었더니, 자기들은 요한의 세례는 받았지만 성령이라는 말을 들어 보지도 못했다고 말했습니다(행 19:2 참조).

예수님은 승천할 때 제자들에게 "예루살렘을 떠나지 말고 내게서 들은 바 아버지께서 약속하신 것을 기다리라"(행 1:4)고 말씀하셨습니다. 왜 그러셨을까요? 구원을 위해서 그러셨을까요? 아닙니다. 베드로는 구원받았습니다. 구원은 받았지만, 그는 아무것도 할 수 없었습니다. 구원받았다고 능력이 생기는 것은 아니기 때문입니다. 구원은 우리를 하나님의 자녀가 되게 할 뿐, 능력을 주지는 못합니다. 능력은 오직 성령의 세례를 통해서만 받을 수 있습니다. 성령의 세례를 받기 전에는 예수의 모든 제자들이 구원을 받았지만, 아무것도 할 수 없었습니다. 전도도 할 수 없었습니다. 그들은 위기에 부딪혔을 때 두려움에 사로잡혔습니다. 그들은 정말 아무것도 할 수 없었습니다. 그러나 놀랍게도 성령을 받은 후부터는 그들이 변하기 시작했습니다. 이것이 바로 물세례와 성령 세례의 차이입니다.

우리 모두는 물세례를 받아야 합니다. 그것은 우리의 구원을 인치는 표이기 때문입니다. 그러나 물세례를 받는 것으로 만족해서는 안 됩니다. 성령 세례를 받아야 합니다. 그래야만 사랑할 수 있습니다. 그래야만 용서할 수 있습니다. 그래야만 죄를 짓지 않을 수 있습니다. 그래야만 전도할 마음이 생기고, 포기할 마음이 생기는 것입니다. 이것이 성령 세례입니다.

재미있는 것은, 사도행전 1장 8절을 보면 "오직 성령이 너희에게 임하시면 너희가 '구원'을 받고"가 아니라 "'권능'을 받고"라고 되어 있습니다. 물세례는 구원을 위한 세례이고, 성령 세례는 능력을 위한 세례입니다.

대부분의 한국 교회 교인들은 구원도 받고 물세례도 받았는데, 성령의 인치심에 대해서는 잘 모릅니다. 성령 세례에 대해서는 설교도 잘 안 할뿐더러 관심도 없습니다. 그래서 그냥 구원받은 것에서 끝이 납니다. 저는 우리 교회 안에 물세례뿐 아니라 불세례가 임하기를 바랍니다. 능력이 임해서 모든 성도들이 나가서 전도할 수 있게 되기를 바랍니다. 성령이 임하면 능력을 받습니다.

성령이란 우리가 무엇을 한다고 임하는 것이 아닙니다. 예수님은 성령에 대해 어떤 조건을 붙여서 말씀하신 적이 없습니다. 성령도 구원처럼 은혜로 받는 것입니다. 성령을 은혜로 받으면 우리에게 능력이 생긴다는 말입니다. '성령이 임하면 구제할 것이다, 성령이 임하면 제자가 될 것이다, 성령이 임하면 귀신을 쫓아내게 될 것이다'라는 논리가 맞습니다.

그러면 물세례와 성령 세례 중 무엇이 먼저 오고 무엇이 나중에 오는가 하는 문제가 있습니다. 첫 번째는, 물세례와 성령 세례가 동시에 오는 경우입니다. 물세례를 받을 때 성령을 체험해서 능력을 함께 받는 것입니다. 동시에 받은 경우에는 물세례와 성령 세례의 구분이 잘 되지 않습니다. 두 번째는, 고넬료와 같이 성령 세례를 먼저 받은 다음 물세례를 받는 경우입니다. 그리고 세 번째는, 물세례를 받은 다음 성령 세례를 받는 경우입니다. 이는 아볼로와 에베소교회 성도들처럼 예수님은 아는데 성령은 잘 모르는 경우입니다. 사마리아 성도들의 경우도 세 번째에 해당합니다. 그들은 예수를 믿었습니다. 기적도 있었습니다. 그런데 성령의 능력을 체험하지는 못했습니다. 베드로가 가서 안수했을 때에야 비로소 성령의 능력이 임했습니다(행 8:16-17 참조).

어떤 사람들은 이렇게 말합니다. "성경을 알아야 세례를 받지요? 나는 정말 아무것도 모르는데 어떻게 세례를 받나요? 나에겐 아직도 문제가 많은데, 어떻게 세례를 받을 수 있나요?"착각하지 마십시오. 세례는 완전해서 받는 게 아닙니다. 예수를 믿기만 하면 받을 수 있습니다. 우리가 하나님의 자녀처럼 사는 것은 평생이 걸리지만, 하나님의 자녀가 되는 것은 순간적으로 이루어집니다.

예수를 믿기로 결심했다면 하루빨리 세례를 받으십시오. 생활이 정리되지 않았다 할지라도 세례 먼저 받기를 바랍니다. 그러면 당신은 세례 받은 자의 삶을 살아가게 될 것입니다. 아직 성령 세례를 체험하지 않은 사람은 성령 세례가 임하도록 기도하십시오. 사모하십시오. 당신에게 놀라운 일들이 벌어지게 될 것입니다.

성령 세례를 받았다면 성령의 기름 부으심과 인치심이 계속되도록 해야 합니다. 성령 세례는 한 번 받은 것으로 끝나는 것이 아니기 때문입니다. 이는 기름을 채워야 하는 것과 같습니다. 우리는 계속해서 성령의 부으심이 넘치게 해, 능력 있는 삶을 살아야 합니다.

예수 그리스도의 이름으로

명하여 예수 그리스도의 이름으로 세례를 베풀라 하니라(행 10:48).

세례에 대해 한 가지 더 생각하고 싶은 말씀이 있습니다. 세례는 누구의 이름으로 받느냐 하는 것입니다. 물세례는 누구의 이름으로 받습니까? 예수 그리스도의 이름으로 받습니다. 그렇다면 성령 세례는 누구의 이름으로 받습니까? 그것도 예수 그리스도의 이름으로 받습니다.

세례란 예수 그리스도로부터 오는 것입니다. 물세례이건 불세례이건, 그렇게 받는 것입니다. 위의 말씀에서는 예수 그리스도의 이름으로 물세례를 주었습니다. 그리고 사도행전 19장 5-6절에서는 "그들이 듣고 주 예수의 이름으로 세례를 받으니 바울이 그들에게 안수하매 성령이 그들에게 임하시므로 방언도 하고 예언도 하니"라고 기록하며 예수 그리스도의 이름으로 성령 세례 주는 것을 묘사하고 있습니다.

그런데 특별히 사도행전에 보면 성령 세례를 줄 때 안수하는 것을 보게 됩니다. 그렇다면 안수해야만 성령 세례가 임합니까? 아닙니다. 주로 안수할 때 성령의 세례가 임한다는 것입니다. 그러면 방언을 해야만 구원받는 것입니까? 아닙니다. 이것은 한참 논쟁이 많았던 문제인데, 이것은 그저 비판하기 위해 하는 말입니다. 성경대로, 성령 세례가 임하면 방언을 한다고 말해야 맞습니다.

거기 모인 모든 사람들이 다 방언을 했다고는 말할 수 없습니다. 그러나 일반적으로 성령이 임하면 방언을 받고, 또 안수를 할 때 성령의 세례가 더 자주 임하는 것을 볼 수 있습니다.

> 그가 우리에게 말하기를 천사가 내 집에 서서 말하되 네가 사람을 욥바에 보내어 베드로라 하는 시몬을 청하라 그가 너와 네 온 집이 구원받을 말씀을 네게 이르리라 함을 보았다 하거늘 내가 말을 시작할 때에 성령이 그들에게 임하시기를 처음 우리에게 하신 것과 같이 하는지라(행 11:13-15).

사도행전 11장에서 베드로가 재미있는 말을 합니다. 지금 고넬료에게 임한 이 성령의 역사는 베드로가 처음 체험했던 성령의 역사와 같다는 것입니다. 결국 오순절 성령의 역사는 계속해서 나타나는 것을 볼 수 있습니다. 어떤 사람들은 오순절 성령의 역사는 일회적이었다. 그것으로 끝났다고 말합니다. 그렇지 않습니다. 이렇게 동일한 역사들이 계속 일어나는 것을 우리가 보는 것입니다.

예수님은 제자들에게 마지막으로 이런 말씀을 하셨습니다.

> 요한은 물로 세례를 베풀었으나 너희는 몇 날이 못 되어 성령으로 세례를 받으리라(행 1:5).

여기서 예수님이 '너희'라고 한 사람은 누구입니까? 예수님의 제자들입니다. 이들은 물론 다 구원받은 사람들입니다. 그러나 그들은 아직 성령의 세례를 받지 않았습니다. 몇 날이 못 되어서 성령의 세례를 받게 될 것이었습니다. 그리고 그 말씀대로, 그들은 오순절 날 성령의 세례를 받은 것입니다.

성령님을 사모하십시오. 성령을 체험했다면 그분을 찬양하십시오. 그러나 아직 사도행전에 나타난 일들을 경험하지 못했다면, 성령 받기를 사모하십시오. 사모하는 사람에게 성령님은 반드시 나타나십니다. 그리고 당신이 알지 못하는 그 놀랍고 신비스러운 일들을 경험하게 될 것입니다. 바로 이때 하나님은 당신을 통해 그리고 교회를 통해, 우리가 생각하지 못했던 아름답고 놀라운 일들을 이루어 주실 것입니다.

10

초대 교회의 논쟁:
이방인도 구원받을 수 있는가

사도행전 11:1-18

'이방인들도 구원받을 수 있는가?' 이것은 초대 교회의 교인들, 특별히 할례 받은 유대인으로서 그리스도인이 된 그들에게는 굉장히 중요한 문제였습니다. 유대인들은 예수 그리스도를 메시아로 영접은 했지만 아직 구약의 전통과 율법 속에 살고 있었기 때문에, 이방인들에게도 구원과 성령이 임했다는 사실을 도대체 믿을 수가 없었던 것입니다. 이것은 아주 큰 충격이었습니다.

이 유대인들은 베드로가 고넬료의 집에 들어가서 이방인들과 식사하고 교제하며 그들에게 세례를 주었다는 소식을 듣고 분개할 수밖에 없었습니다. 아무리 베드로지만 어떻게 구약의 전통과 하나님의 율법을 그렇게 무시할 수 있느냐는 것입니다. 그들은 베드로를 공격하고 질책하기 위해 준비하고 있었습니다.

> 유대에 있는 사도들과 형제들이 이방인들도 하나님의 말씀을 받았다 함을 들었더니 베드로가 예루살렘에 올라갔을 때에 할례자들이 비난하여 이르되 네가 무할례자의 집에 들어가 함께 먹었다 하니(행 11:1-3).

이 사람들의 비판은 이방인의 집에 들어간 것과 거기에서 설교한 것에 관한 것도 있겠지만, 그 요지는 율법의 계명을 무시하고 이방인의 집에 들어가서 함께 식사를 했다는 것입니다. 사실 이러한 비판과 그들의 갈등은 베드로 자신이 얼마 전까지 가지고 있던 문제였습니다.

하나님의 생각 vs. 사람의 생각

이와 같은 과정을 통해서 우리는 두 가지 사실을 배우게 됩니다. 첫째, 하나님의 생각은 사람의 생각과 다를 수도 있다는 것입니다. 이사야 선지자는, "여호와의 말씀이니라 이는 하늘이 땅보다 높음 같이 내 길은 너희의 길보다 높으며 내 생각은 너희의 생각보다 높음이니라"(사 55:8-9)라고 이야기합니다.

일반적으로 사람들은 자기가 경험한 것이 다 옳아 보이고, 자기가 생각한 것이 다 일리가 있고 전통적이며 가장 성경적이라고 생각합니다. 특별히 예수를 오래 믿은 사람들, 교회에 대해서 관심이 많은 사람들, 성경 공부를 많이 했다는 사람들이 더 그렇습니다. 그들은 성경 공부를 하면서도, 교회를 나오면서도 자기만의 신조를 만듭니다. 그리고 그것이 하나님이요, 예수님이라고 생각합니다.

그러나 막상 하나님 앞에 서면 다르다는 사실을 깨닫게 됩니다. 실제로 예수님을 만나게 되면 우리는 충격을 받습니다. 실제로 하나님을 경험하게 되면 내가 믿고 있던 하나님이 뭔가 잘못되어 있었다는 것을 깨닫습니다. 그래서 우리는 하나님 앞에 나아갈수록 겸손과 온유가 필요합니다. 성경을 읽을수록 과거에 가졌던 생각으로부터 탈피해야 할 필요가 있습니다. 특별히 목사인 저에게는 그런 일들이 참 많습니다. 설교를 하고 성경을 가르치는 일이 제 전문임에도 불구하고, 날마다 성경을 읽으면서 그리고 하나님을 경험하면서 '아, 내가 얼마나 생각이 짧았나, 내 생각이 얼마나 피상적이었나' 하는 고백을 매일 합니다. 성경은 보면 볼수록 참으로 놀라운 책입니다. 자신이 틀렸다고 판단되었을 때 우리는 서슴지 않고 수정해야 합니다. 그리고 바꿔야 합니다.

이스라엘을 선택하신 하나님의 뜻은 이스라엘만을 구원하기 위함이 아니었습니다. 그러나 구약의 이스라엘 사람들은 자신들이 선택되었다는 그 기쁨과 자만심 때문에 하나님을 자신들만을 위한 분이라고 생각했습니다. 이러한 일은 교회 안에서도 얼마든지 볼 수 있습니다. 교회에 처음 나올 때는 다 겸손하고 온유합니다. 그러나 봉사를 오래하거나 직분을 맡는 등 교회에서 잔뼈가 굵어지면 그 생각이 없어집니다. 나를 위해서 교회가 있는 것처럼 생각합니다. 내가 중요합니다. 그래서 나를 중심으로 모든 일들이 일어나기를 바라는 것입니다. 내가 모르면 안 됩니다. 내가 관여해야만 합니다. 내가 주장하는 일이 통과되지 않으면 시험에 듭니다. 어느 사이에 하나님이 주인이 아니라, 내가 주인이 되어 버리는 것입니다. 모든 논리를 그렇게 바꾸어 갑니다. 그게 인간입니다. 바로 그 것이 이스라엘이었습니다.

이스라엘의 구원은 이스라엘을 위한 것이 아니었습니다. 이방 인들을 구원하기 위해 이스라엘을 택하셨던 것입니다. 그러나 놀 랍게도 이스라엘은 이방인이 예수 믿는다는 사실, 구원받는다는 사실, 성령 받는다는 사실 앞에서 마음의 문을 열 수 없었습니다.

생각해 보십시오. 이스라엘이 하나님의 선택을 받기 전에는 어 떤 족속이었습니까? 그들도 이방인이었습니다. 아브라함을 보십 시오. 그는 메소포타미아 갈대아 우르에 사는 한 이방인이었습니 다. 하나님과 아무 상관이 없는 사람이었는데, 하나님이 그를 불러 때를 닦고 허물을 벗기고 믿음을 주어 믿음의 조상으로 만들어 주 신 것입니다. 하나님은 이스라엘을 당신의 백성으로 삼고 시련을 겪게 하셔서 온전한 선민으로 키워 주셨습니다. 그들이 태어날 때 부터 선민은 아니었습니다.

우리가 언제부터 예수를 믿었습니까? 우리가 예수를 믿게 된 것 이 은혜 아닙니까? 구원받게 된 것이 은혜 아닙니까? 그런데 우리 는 말이 너무 많고, 따지는 게 너무 많고, 자기 권리를 너무 많이 주 장하고 있지는 않습니까? 그게 바로 이스라엘이었습니다.

우리가 언제부터 부자였습니까? 우리가 언제부터 권력을 가졌 습니까? 우리가 언제부터 그렇게 지식이 많았습니까? 조금 잘 먹 게 되었다고, 조금 능력 있게 되었다고, 말할 자리에 앉게 되었다고 인생에 대해서 너무 건방지지 않습니까? 바로 그것입니다. 그것이 바로 이스라엘이었습니다. 이스라엘은 자기 분수를 몰랐습니다. 하나님이 그들을 선민으로 뽑아 주시고 아브라함을 믿음의 조상으로 만들어 주신 그 은혜를 모르고, 나만이 이스라엘 백성이요, 나만이 하나님의 선택된 백성이라는 오만과 자만심을 갖게 되었다는 것입니다. 우리는 여기서 '하나님의 생각과 우리의 생각이 참 다르구나, 하나님이 원하시는 믿음과 내가 주장하는 믿음이 참 다르구나' 하는 것을 읽을 수 있습니다.

둘째, 하나님의 생각과 우리 생각이 다를 때는 어떻게 해야 하는지를 보게 됩니다. 베드로는 어떻게 했습니까? 즉시 태도를 바꿨습니다. 저는 당신에게도 이런 축복이 있기를 바랍니다. 자신이 잘못됐다고 판단되었을 때 비겁하게 따지거나 물고 늘어지지 말고, 솔직히 인정하고 하나님 앞으로 돌아오십시오. 후에 베드로는 열심히 설교한 후 마지막으로 이런 말을 합니다. "내가 누구이기에 하나님을 능히 막겠느냐"(행 11:17).

얼마나 더 좋은 설교가 필요합니까? 얼마나 더 훌륭한 설교자가 와야 감동을 받겠습니까? 얼마나 더 좋은 성경 공부가 있어야 예수를 믿겠습니까? 얼마나 더 기다려 줘야 되겠습니까? 지금 믿으십시오. 순종하십시오. 하나님과 싸우지 마십시오. "내가 누구라고 하나님에게 대항하겠느냐, 내가 누구라고 하나님이 하시는 일을 막겠느냐" 하는 베드로의 고백을 기억하십시오.

놀라운 사실은, 하나님은 이방인이라 할지라도 유대인들과 똑같은 선물을 주셨다는 것입니다. 그 선물에는 두 가지가 있는데, 첫째는 구원의 선물이요, 둘째는 성령의 선물입니다. 이방인에게 구원이 왔습니다. 구원만 온 게 아니라 또 무엇이 왔습니까? 성령의 역사들이 나타났습니다. 구원의 선물과 성령의 선물이 그들에게도 나타난 것입니다. 분명히 하나님은 이방인을 선택하신 것입니다. 그렇다면 이스라엘은 자기 자존심을 꺾어야 합니다. 자기의 전통과 기존의 생각을 바꿔야 합니다. 그것이 정도(正道)입니다.

하나님의 생각을 아는 방법

그렇다면 하나님의 생각과 나의 생각이 다르다는 것을 어떻게 알 수 있을까요? 첫째, 성경을 읽어야 합니다. 신학 서적을 읽고 성경 공부를 많이 하는 것도 중요하지만, 무엇보다도 성경을 읽어야 합니다. 이것이 제일 좋은 길입니다. 성경을 창세기에서부터 요한계시록까지 그냥 죽 읽으십시오. 그러면 하나님이 놀라운 말씀들을 가르쳐 주십니다. 성경은 하나님의 말씀을 기록한 책입니다. 따라서 성경에는 하나님의 뜻이 가득 차 있습니다. 하나님의 생각이 가득 차 있습니다. 그래서 그 성경을 그냥 읽는 것입니다. 그러면 내가 가지고 있는 생각이 맞는지 틀린지가 다 드러납니다.

성경을 읽지 않으면 자기 생각이 제일 옳다고 주장합니다. 자기 생각이 옳다고 계속 주장하는 사람에게 성경을 읽고 있는지 한번 물어보십시오. 백발백중 틀림없이 성경을 읽지 않고 있을 것입니다. 말 많고, 성경 교리를 가지고 이러쿵저러쿵 따지는 사람들이 있습니다. 그들은 분명 성경을 읽지 않는 사람들일 것입니다. 성경을 읽으면서 예수 안 믿는 사람을 본 일이 없습니다. 모두들 헛된 지식, 조각난 지식, 눈동냥 귀동냥한 지식, 잡다한 지식 등을 가지고 마치 성경을 많이 아는 것처럼 이야기합니다. 그러니 헷갈리는 것입니다. 성경을 정독하십시오. 성경을 몇 십 번이라도 읽으십시오.

둘째, 하나님의 뜻을 명백하게 알게 되는 또 하나의 아주 단순하고 기본적인 방법은, 성령을 사모하면서 기도하는 것입니다. 교만한 기도는 하지 마십시오. 어떤 사람은, 하나님에게 밤낮 달라고만 하는 기도는 치사해서 안 한다고 합니다. 그러면 무슨 기도를 하겠습니까? 우리가 얼마나 고상한 기도를 할 수 있겠습니까? 우리는 그렇게 위대한 존재가 아닙니다. 하나님과 그렇게 멋진 대화를 할 만한 존재가 아닙니다. 우리의 기도에는 "하나님, 잘못했습니다. 용서해 주세요" 이런 말밖에 없는 것입니다.

"저는 부족합니다. 채워 주십시오. 병들었습니다. 고쳐 주십시오. 지금 제 마음이 사망의 음침한 골짜기를 헤매고 있습니다. 저를 불쌍히 여겨 주십시오. 저는 고개를 들 수 없는 자입니다. 성전도 바라볼 수 없는 자입니다. 성전에 와서도 멀리 서서 고개 숙일 수밖에 없는 자입니다. 주여, 저를 불쌍히 여겨 주십시오. 저를 도와주십시오. 세상에서는 화려하게 보일지라도 내면적으로는 불쌍한 자입니다. 저는 문제가 많은 사람입니다. 고민이 많습니다. 하나님, 저는 이런 사람입니다."

이렇게 말하는 게 정직하지 않습니까? 우리는 그렇게 훌륭하지 않습니다. 그렇게 대단하지 않습니다. 우리는 하나님 앞에 불쌍한 자들입니다. 하나님 앞에 정직하십시오. 그래야 하나님의 뜻을 알 수 있습니다. 그래야 겸손하게 됩니다.

인내와 친절과 온유로 복음을 깨닫게 하라

> 베드로가 그들에게 이 일을 차례로 설명하여 (행 11:4).

베드로는 자신을 비판하는 다른 사도들과 형제들에게 어떻게 반응했습니까? 베드로가 신경질을 부렸습니까? 감정적인 표현을 했습니까? 아닙니다. 그들에게 차근차근, 아주 자세하게 성령께서 역사하셨던 일들을 설명했습니다.

이런 경우에는 인내가 필요합니다. 또 친절하고 온유한 태도가 필요합니다. 이것이 바로 복음을 깨닫지 못한 자들에게 가져야 할 우리의 영적 태도입니다. 그들은 아직도 눈을 뜨지 않았기 때문에, 어둠 속에 있기 때문에, 하나님의 마음을 깨닫고 있지 못하기 때문에 정신적으로, 영적으로 혼돈에 빠져 있습니다. 그런 자들에게 베드로는 차근차근 설명합니다. 이것이 전도입니다. 이것이 일대일 사역입니다. 이것이 성경 공부입니다. 이것이 간증입니다. 그들이 이해할 수 있을 때까지 친절을 베풀어 줘야 합니다. 모욕을 참아 줘야 합니다. 기다려 줘야 합니다.

베드로는 화를 내거나 조급해하지 않고 자기가 겪었던 사실들을 크게 두 가지로 설명합니다. 첫째는, 그가 본 환상에 관한 이야기입니다(행 11:5-10 참조). 베드로가 정오에 기도하고 있을 때 갑자기 환상이 나타났습니다. 황홀한 중에 보자기 같은 그릇이 자기 앞에 내려왔는데 그 안에는 불결한 짐승들이 있었습니다. 그러고는 성령님의 음성이 들렸는데, 그것을 잡아먹으라는 것이었습니다. 베드로는 "주님 그럴 수 없나이다 속되거나 깨끗하지 아니한 것은 결코 내 입에 들어간 일이 없나이다"(행 11:8)라고 그들과 똑같은 생각을 고백했습니다. 동료 사도들이나 제자들이 가지고 있는 정신적, 신앙적 혼돈을 자기도 가졌다는 것입니다. 그래서 베드로는 세 번씩이나 하나님에게 반항했다는 이야기를 하고 있습니다. 그런데 하늘로부터 또 하나의 음성이 들렸다고 했습니다. "하나님이 깨끗하게 하신 것을 네가 속되다고 하지 말라"(행 11:9). 그는 이런 말이 세 번 있었다고 설명했습니다. 이것이 첫 번째 설명입니다.

둘째는, 고넬료가 보낸 종을 만난 일과 그때 성령이 어떻게 지시하셨는지 그리고 그 후에 고넬료의 집에 가서 일어났던 일들을 요약해서 보고를 합니다(행 11:11-16 참조). 특별히 고넬료의 종들이 찾아왔을 때 그가 결정하지 못하고 주저하고 있었는데, 성령님의 음성을 들었다고 간증하고 있습니다.

> 성령이 내게 명하사 아무 의심 말고 함께 가라 하시매 이 여섯 형제 도 나와 함께 가서 그 사람의 집에 들어가니(행 11:12).

지금 이 이야기는 10장에도 똑같이 기록되어 있습니다. 고넬료 의 집에 가 봤더니 이미 성령이 역사하고 계셨습니다. 그가 설교를 시작하자 오순절 날 베드로가 경험했던 똑같은 성령의 역사가 이 방인의 집인 고넬료의 집에도 임하더라는 것입니다.

> 내가 말을 시작할 때에 성령이 그들에게 임하시기를 처음 우리에게 하신 것과 같이 하는지라(행 11:15).

오순절 날 베드로와 120명에게 임했던 그 성령의 역사가, 예수 를 믿을 수 없고 구원받을 수 없다고 생각했던, 불결한 짐승처럼 느껴 왔던 그 이방인의 가정에도 똑같이 일어나고 있었던 것입니 다. 그때 베드로는 그 사건을 목격하면서 순간적으로 예수님이 승 천하기 전에 하신 말씀이 생각났습니다.

내가 주의 말씀에 요한은 물로 세례를 베풀었으나 너희는 성령으로 세례를 받으리라 하신 것이 생각났노라(행 11:16).

'생각이 났다'고 했습니다. 그 성령의 사건을 보고 예수님이 하신 말씀, 즉 성령으로 세례를 받을 것이라고 하신 말씀이 생각났다는 것입니다.

저는 여러 성도들이 방언도 하고 성령 안에서 뜨거운 삶을 살고 있는 것을 볼 때마다 교회가 일어나고 있는 것을 느낍니다. 그러면서 자꾸 오순절 사건이 생각납니다. '그때 이것과 비슷한 일들이 일어났겠구나.' 그런데 어떤 사람들은 그렇게 되지 않으려고 애를 씁니다. 성령이 역사해도 빨려들지 않으려고 끝까지 버티는 것입니다. 그러지 마십시오. 그냥 따라가십시오. 그게 정상입니다. 그것이 사도행전입니다. 우리가 하나님에게 빨려들지 않으면 술에 빨려들고, 도박에 빨려들고, 세상의 나쁜 육욕과 정욕에 빨려들고, 권력에 빨려들어 결국은 짐승같이 살게 됩니다. 그러면서도 자기가 정상인 줄 압니다.

그렇지 않습니다. 이제 모든 것이 분명해졌다는 것입니다. 이것이 베드로의 간증입니다. "내가 누구이기에 하나님을 능히 막겠느냐"(행 11:17)는 것입니다. '내가 누구이기에 하나님의 하시는 일을 막고 거역하겠느냐, 세상 사람들이 나한테 뭐라고 얘기해도 나는 이 길을 가겠다, 너희들이 나를 비판해도 나는 하나님을 반대하고 싶지 않다, 네가 뭐라 해도 나는 하나님과 원수가 되고 싶지 않다, 내가 누구이기에 하나님을 막겠느냐'는 것입니다.

이방 나라인 우리나라에 역사하신 하나님

하나님은 유대인들에게 주셨던 선물인 성령 세례를 이방인에게도 주셨습니다. 이 대목에서 저는 사도행전 1장 8절의 말씀이 생각납니다.

> 오직 성령이 너희에게 임하시면 너희가 권능을 받고 예루살렘과 온 유대와 사마리아와 땅 끝까지 이르러 내 증인이 되리라 하시니라(행 1:8).

예수님이 말씀하신 이 성령의 역사가 온 열방과 모든 이방인들에게까지 미치게 된 것입니다. 이러한 역사가 이스라엘에서 시작되어 2천 년이 지난 지금, 한국 땅에까지 오게 된 것입니다. 예수하고 한국이 무슨 상관이 있습니까? 그런데 온 세상이 예수로 시끄럽습니다. 이게 사람이 하고 싶다고 되는 일이겠습니까?

우리나라 역사를 보십시오. 우리 문화는 단군의 문화입니다. 쉽게 말하면 무당 문화, 무속 문화입니다. 그리고 삼국 시대부터는 불교 문화가 들어와 판을 쳤습니다. 조선 시대에는 유교 문화, 그

다음에는 일본 문화가 들어왔습니다. 그리고 해방 후에는 잠깐이지만 공산주의 문화가 있었습니다. 우리나라는 이렇게 많은 문화를 거쳤습니다. 요즘은 물질주의 문화가 주를 이루고 있습니다. 그런데도 이런 모든 시련을 '정신사의 강'이라고 해서 높이 평가하고 있습니다.

놀라운 것은, 우리나라가 이런 과정을 거치면서도 이렇게 복음의 꽃을 피웠다는 것입니다. 무당을 이기고, 불교를 이기고, 유교를 이기고, 공산주의를 이기고, 교회가 꽃을 피우게 되었습니다. 남산에 올라가 보십시오. 서울 곳곳에 십자가가 수도 없이 서 있습니다. 어떻게 이런 일이 있을 수 있겠습니까? 기적입니다. 맑은 눈으로 보십시오. 정직한 눈으로 보십시오. 이게 성령의 역사가 아니면 무엇이겠습니까?

비판의 목소리가 찬양으로 바뀌어

그들이 이 말을 듣고 잠잠하여 하나님께 영광을 돌려 이르되 그러면 하나님께서 이방인에게도 생명 얻는 회개를 주셨도다 하니라 (행 11:18).

하나님이 이방인에게도 성령을 선물로 주셨다는 말을 듣고 그들이 어떻게 했습니까? 할 말을 잃어버렸습니다. 잠잠했습니다. 당신도 하나님 앞에 잠잠하십시오. 헛소리하지 마십시오. 쓸데없는 편견과 잘못된 비판, 냉소주의에서 비롯된 부정적 시각을 지성이라고 착각하는 오만에 빠지지 않게 되기를 바랍니다.

그리고 그들은 하나님에게 영광을 돌렸습니다. 시간을 낭비하지 마십시오. 하나님은 당신에게 황금 같은 시간을, 젊음을, 건강을 그리고 능력을 주셨습니다. 우리가 열등감에 빠져 있을 시간이 어디 있습니까? 자학하고 열등감에 빠지는 것도 일종의 사치입니다. 우리는 하나님의 부름 받은 백성입니다. 군사입니다. 우리는 영광스럽게 우리 시간을 써야 하며, 주어진 능력과 기회를 활용해야 하며, 하나님에게 영광을 돌려야 합니다. 사랑하는 사람에게는 미워할 시간이 따로 없습니다. 사랑하는 시간들로도 부족합니다. 복음을 가진 자들은 복음을 전하기 위해 시간을 쓰는 것입니다. 다른 데 낭비할 시간이 없습니다.

마지막에 그들의 간증은 이것이었습니다. 하나님이 이방인들에게 생명 얻는 회개를 주셨다는 것입니다. 그렇습니다. 하나님이 이방인들을 구원하셨습니다.

이방인과 유대인 전도를 위한 거룩한 부담을 가지라

이스라엘 예루살렘 집회에서 키이스 인트레이터(Keith Intrater) 목사님이 이런 말을 했습니다. 예수님이 이 땅에 복음을 주신 후 2천 년이 지난 지금, 우리는 사도행전의 정반대 상황에 직면해 있다는 것입니다. 지금의 이방인들이 그 당시의 그리스도인 유대인들처럼 되었다는 것입니다. 예수를 믿을 거라고는 전혀 상상할 수 없었던 이방인들, 곧 전 세계 인구의 절반이 예수님에 대한 소식을 들었습니다. 이방인들에게 복음을 전해야 하나, 전하지 말아야 하나 심각하게 논쟁했던 초대 교회 입장에서 보면 이것은 상상할 수도 없는 일이었습니다. 그런데 거꾸로, 오늘날의 유대인이 그 당시의 이방인처럼 느껴지고, 오히려 우리가 이스라엘 같다는 것입니다. 왜 유대인들이 예수를 믿지 않는지 신기합니다. 그들이 이방인 같습니다.

초대 교회의 그리스도인들은 모두 유대인으로서 메시아를 믿는 사람들이었는데, 그 당시 그들은 이방인들을 전도하기 위해 생명을 바쳤습니다. 바울은 이방인들을 전도하기 위해 세 차례에 걸쳐 전도 여행을 하면서 강의 위험과 강도의 위험에 처하고, 사십에서 하나 감한 매를 다섯 번이나 맞고, 살 소망이 끊어지고, 마음의 사형 선고를 받고, 정말 말할 수 없는 고난의 연속인 세월을 보냈습니다. 그 당시 그리스도인 유대인들이 이방인들을 전도하기 위해 순교했던 것처럼, 지금 예수 믿는 이방인들이 예수 믿지 않는 유대인들을 위해 순교해 줘야 되지 않느냐는 것입니다. 키이스 인트레이터 목사님은 마지막으로 이런 도전을 했습니다. "우리가 이렇게 예수를 안 믿고 완고한데, 그때 우리가 당신들을 도와줬던 것처럼 지금 당신들이 우리를 도와줘야 하지 않겠습니까? 기도해 줘야 되지 않겠습니까?"

우리에게는 두 가지 사명이 있습니다. 하나는, 계속해서 이방인들을 전도하는 사명입니다. 다른 하나는, 이스라엘을 구원하는 사명입니다. 그 당시 유대인들에게 이방인을 향한 부담이 있었던 것처럼, 이제는 우리가 그들을 향해 부담을 가져야 합니다.

11

안디옥교회와
그리스도인

사도행전 11:19-30

고난으로 인해 흩어진 사람들

복음은 순탄한 환경이나 고난이 없는 가운데 성장하거나 전파되는 것이 아닙니다. 고난이 없거나 환경이 순탄하면 모든 것이 다 잘될 것 같은데, 오히려 나태하고 게으르고 교만해지기가 쉽습니다. 고통과 역경 속에서 복음이 확산되고 승리하는 것은 마치 활활 타오르는 불덩어리를 끄기 위해 덮쳤을 때 그 불이 꺼지는 것이 아니라, 오히려 불길이 사방으로 더 흩어지는 것과 같습니다.

> 그때에 스데반의 일로 일어난 환난으로 말미암아 흩어진 자들이 베니게와 구브로와 안디옥까지 이르러 유대인에게만 말씀을 전하는데(행 11:19).

스데반이 순교한 사건으로 말미암아 기독교가 확산되려고 하자, 그 일로 인해 동시에 환난이 찾아왔습니다. 하지만 이것은 저주가 아니라 축복이었습니다. 환난을 당한 사람들이 사방으로 흩어지기 시작한 것입니다. 그들은 생각지도 못하게 베니게와 구브로와 안디옥까지 가게 되었고, 거기서 그들은 전도하게 되었습니다.

한국전쟁은 우리 민족의 고통 중에 하나지만, 어떻게 보면 축복이었습니다. 한국의 예루살렘이라 말하던 평양의 많은 그리스도인들이 그 환난과 박해로 말미암아 남쪽으로 내려오게 되었기 때문입니다. 그들은 정말 빈 몸으로, 아무것도 가져오지 못했습니다. 그런데 그들이 남한에 와서 한 일이 무엇입니까? 피난살이를 하면서 무릎 꿇고 기도했습니다. 그리고 교회를 세웠습니다. 그리고 전도했습니다. 그래서 남한에 교회가 많이 생기게 된 것입니다. 어떤 의미에서 박해와 환난은 저주가 아니라 축복입니다.

환난으로 인해 베니게와 구브로와 안디옥으로 흩어진 사람들은 그곳에서 복음을 전하기 시작했습니다. 그런데 그들은 하나님의 뜻을 깊이 깨닫지 못하고 유대인들에게만 복음을 전했습니다. 그런 그들에게 베드로와 고넬료가 만난 사건을 통해서, 하나님은 유대인만의 하나님이 아니라 온 이방인의 하나님이고, 이스라엘만의 하나님이 아니라 온 열방의 하나님이라는 사실을 가르쳐 주신 것입니다. 이 사건이 계기가 되어서인지, 다음 구절을 보면 어떤 사람들은 이방인인 헬라인들에게도 복음을 전하는 것을 볼 수 있습니다.

> 그중에 구브로와 구레네 몇 사람이 안디옥에 이르러 헬라인에게도 말하여 주 예수를 전파하니(행 11:20).

어떤 교회는, 우리나라에서도 할 일이 많은데 왜 굳이 해외까지

가서 복음을 전하느냐, 이 나라의 농촌, 어촌 구석에 사는 사람들에게 먼저 복음을 전하자고 말합니다. 그러나 또 어떤 교회는 우리나라 사람들을 대상으로도 전도하지만, 여러 가지 힘들고 어려운 상황에서도 해외 선교에 힘을 씁니다. 그것은 사치스럽기 때문이 아니라, 정말 주님의 명령이기 때문에 나가는 것입니다.

안디옥에서 이방인들에게까지 복음을 전한 유대인들은 소수였지만 얼마나 큰 변화를 일으켰습니까? 결국 그러한 소수의 변화된 교회가 세계 교회를 끌고 가는 것입니다. 하나님이 친히 이들에게 역사해 주셨습니다. 소수지만 꿈을 가지고 하나님의 뜻대로 살고 싶어 하는 사람들에게는 하나님이 당신의 복을 내려 주십니다.

> 주의 손이 그들과 함께하시매 수많은 사람들이 믿고 주께 돌아오더라(행 11:21).

이방인 사역에 하나님이 복을 주셨습니다. 주님의 손이 그들과 함께하신 것입니다. 저는 당신에게 주님의 손이 함께하시기를 바랍니다. 당신의 집에도, 당신의 자녀들에게도 주님의 손이 함께하시기를 바랍니다. 내가 한 것은 아무리 커도 시시한 것입니다. 그러나 하나님이 하신 것은 아무리 작아도 귀한 것입니다. 하나님의 손이 함께한 것은 처음은 미약할지 모르나 끝은 창대한 반면, 내가 손댄 것은 처음은 그럴 듯하나 끝은 별 볼일 없습니다.

인생도 마찬가지입니다. 우리 인생의 중요한 결산은 젊었을 때 화려했던 것보다 끝이 좋아야 합니다. 죽을 때 좋아야 하는 것입니다. 주님이 그들과 함께하셨습니다. 그리고 수많은 사람들이 주님에게로 돌아왔습니다. 주님이 함께하시고 수많은 사람들이 주님에게로 돌아오는 이 성령의 사건을 그들은 더 이상 막을 수 없었습니다. 거부할 수 없는 성령의 역사가 당신의 가정에도 임하기를 바랍니다. 이것은 다수가 하는 것이 아닙니다. 소수의 몇 사람이 하지만, 그 영적인 힘을 다수가 견디지 못하는 것입니다.

최초의 평신도 선교사, 바나바

예루살렘교회가 이 사람들의 소문을 듣고 바나바를 안디옥까지 보내니 그가 이르러 하나님의 은혜를 보고 기뻐하여 모든 사람에게 굳건한 마음으로 주와 함께 머물러 있으라 권하니(행 11:22-23).

이방인들 사이에 일어난 성령의 역사 앞에 예루살렘교회는 더 이상 모른 척할 수 없게 되었습니다. 그래서 그들은 즉시 예루살렘교회에서 가장 덕망 있는 평신도 지도자 중 한 사람을 택해, 그를 성령의 역사가 강력하게 일어나고 있는 안디옥에 파송하기로 결정합니다.

사도행전 8장 14절에 보면, 사마리아도 하나님의 말씀을 받았다는 소식을 듣고 사도들이 의논해서 베드로와 요한을 파송했던 사실이 기록되어 있습니다. 이들은 이방인들에게 복음의 역사가 일어났을 때 최초로 파송된 목회자들이었습니다. 그들은 사도, 즉 목회자의 자격으로 그들을 도우며 말씀을 가르치는 단기 선교사로 갔던 것입니다.

그런데 얼마 지나지 않아 역사적으로 굉장히 중요한 사건이 나타납니다. 최초의 평신도 선교사가 생긴 것입니다. 예루살렘교회는 하나님이 이방인들에게도 복음을 주셨다는 소식을 듣고, 그 교회에서 가장 인격이 훌륭하고 믿음이 좋은 '바나바'라는 사람을 안디옥으로 보냈습니다. 이것으로 보건대, 교회에서 제일 훌륭한 인격과 믿음을 가진 평신도를 선교사로 보내는 것이 초대 교회의 방법이었습니다.

바나바는 안디옥에 도착해서 하나님의 은혜가 헬라인들에게 나타난 것을 직접 목격하고 기뻐했습니다. 그리고 그는 다소에 가서 사울을 만나 안디옥교회로 데려온 후 그와 함께 말씀을 가르쳤습니다. 그렇습니다. 이것이 선교 역사입니다.

여기서 우리가 정말 관심 있게 생각해 보아야 할 것이 있습니다. 이 최초의 평신도 선교사였던 바나바는 도대체 어떤 인물이었느냐 하는 것입니다.

바나바는 착한 사람이요 성령과 믿음이 충만한 사람이라 이에 큰
무리가 주께 더하여지더라(행 11:24).

착한 사람

첫째, 바나바는 착한 사람이었습니다. 그는 인격적으로 훌륭한 사
람이었습니다. 기본이 잘되어 있는 사람이었습니다.

교회의 지도자에게 필요한 리더십은 크게 세 가지입니다. 첫째
는, 영적인 리더십입니다. 신앙적인 리더십이 없으면 교회의 지도
자로서의 자격이 없습니다. 둘째는, 인격적인 리더십입니다. 성경
만 많이 안다고 되지 않습니다. 인격이 잘 갖추어져 있어야 합니
다. 성품이 잘 닦여 있어야 한다는 것입니다. 셋째는, 기능적 리더
십입니다. 어떤 일을 능력 있게 잘 해낼 수 있는 기능적 리더십이
있어야 합니다. 이 세 가지가 합해져야 교회의 진정한 일꾼으로서
리더십을 발휘할 수 있습니다.

바나바는 그의 성품이, 인격이, 됨됨이가 초대 교회를 대표할 만
한 사람이었습니다. 그는 성경에 나오는 인물 가운데 아주 탁월한
인격을 가진 사람이었습니다. 뒤에서 다시 언급하겠지만, 사도 바
울보다 훨씬 높은 인격을 소유한 사람이 바나바입니다. 사도 바울
은 영적인 리더십이 강한 사람입니다. 그러나 인격적인 리더십은
바나바가 훨씬 뛰어납니다. 사도행전 4장 37절을 보십시오. 성령
이 임했을 때, 바나바는 자기 밭을 팔아서 사도들의 발 앞에 둔 사

람입니다. 그는 가난하고 약한 자들을 돌보는 사람이었습니다. 바나바라는 이름은 '위로자', '권위자'라는 뜻인데, 그래서인지 그는 언제나 일보다는 사람을, 특별히 보이는 사람보다는 보이지 않는 사람을 중요하게 생각했습니다. 또 상처받은 사람들을 언제나 중요하게 생각하면서 치유했던, 내면적으로 깊은 인격을 가지고 있었습니다. 그런 사람이 나가서 전도했기 때문에 열매가 있었던 것입니다.

영적인 리더십으로 예수 그리스도를 알려 줄 수는 있습니다. 그러나 그 삶을 모방하게 만드는 것은 그 사람의 인격입니다. 인격이 없으면 예수를 알려 주는 동시에 상처도 주게 됩니다.

성령과 믿음이 충만한 사람

둘째, 바나바는 성령과 믿음이 충만한 사람이었습니다. 다시 말하면, 영적인 리더십이 있었다는 것입니다. 대체로 합리적인 사람들은 영적인 부분에는 굉장히 둔합니다. 이성적인 사람들은 성령에 대해서 무지합니다. 그러나 온전한 그리스도인이라면 이성적이고 합리적이면서도 동시에 영적으로 예민하고 성령 충만해야 합니다. 양면성이 다 있어야 하는 것입니다. 바나바는 훌륭한 인격을 가졌을 뿐만 아니라 영적인 면에서도 탁월한 경험을 가진 사람이었습니다.

남을 섬기며 일하는 사람

셋째, 바나바는 혼자 일하기보다 함께 일하기를 좋아한 사람이었습니다.

> 바나바가 사울을 찾으러 다소에 가서 만나매 안디옥에 데리고 와서 둘이 교회에 일 년간 모여 있어 큰 무리를 가르쳤고(행 11:25).

바나바는 예루살렘교회에서 가장 훌륭한 인격을 갖춘 성령 충만한 지도자였다고 했습니다. 그는 평신도였습니다. 그는 파송을 받았습니다. 안디옥에 가서 하나님의 은혜가 임한 사실을 알고 기뻐했습니다. 감사했습니다. 그리고 그들을 위로하고 격려했습니다.

그다음에 그는 어떻게 했습니까? 그 목회 현장을 보고 나서 생각나는 한 사람이 있었습니다. 바로 사울이었습니다. 바나바는 그 즉시 다소로 사울을 찾아갑니다. 그리고 거기에서 쉬고 있는 사울을 격려합니다. 또 자기와 같이 일하자고 권면합니다. 결국 나중에 바나바는 사울을 섬기는 자가 됩니다. 참으로 대단한 인격이 아닐 수 없습니다. 인격 중에 가장 큰 인격은 남을 섬기는 인격입니다. 일은 누구나 할 수 있습니다. 그러나 남을 섬기는 인격은 아무나 갖출 수 없습니다. 자기보다 훌륭한 사람을 섬기는 것은 좋습니다. 그러나 자기보다 신분도 낮고 어린 사람을 섬기는 것은 쉬운 일이 아닙니다. 바나바는 선임자이고, 사울은 뒤늦게 온 사람입니

다. 그런데도 그는 사울을 섬겼습니다. 이것이 그리스도인의 인격입니다

바나바는 혼자 일하기를 원하지 않았습니다. 혼자서는 잘하는데, 같이 일하라고 하면 안 하는 사람이 있습니다. 그리스도인의 참된 인격은 함께 일하는 것입니다. 독점하는 것이 아니라, 나누면서 일합니다. 자기를 낮추면서 일합니다. 섬기면서 일하는 것이 기독교의 지도력입니다. 바나바에게는 이런 인격이 있었습니다.

교회 안에서 어떤 자리를 줘야만 일하겠다는 사람들이 있습니다. 이런 사람의 경우에는 일을 안 하는 게 차라리 나을 것입니다. 그렇게 일을 하면 반드시 어딘가에 부딪히게 됩니다. 자기 영역이 있고 자기주장이 많기 때문에 남에게 상처를 주게 됩니다. 교회 일을 할 때 어떤 자리를 고집해서는 안 됩니다. 무슨 일이든지 다 할 수 있어야 합니다. 어떤 일을 맡겨도 다 할 수 있어야 진정한 기독교 공동체를 만들어 낼 수 있습니다.

처음 그리스도인이라 일컬음을 받다

바나바와 사울은 1년 동안 하나님의 은혜를 입은 안디옥 성도들을 양육했습니다. 그렇게 해서 드디어 안디옥교회가 탄생하게 된 것입니다. 안디옥교회에서 바나바와 사울을 중심으로 1년 동안 열심히 모여 떡을 떼고, 기도하고, 전도하고, 성경 공부하며 교제하는 모습을 본 주변 사람들이, "저 사람들 참 이상해. 그리스도를 따르

는 사람이라고 하던데" 하면서 별명을 하나 붙여 주었는데, 그것이 바로 '그리스도인'이라는 이름입니다.

> 제자들이 안디옥에서 비로소 그리스도인이라 일컬음을 받게 되었더라(행 11:26)

저는 당신에게도 이러한 별명이 붙게 되기를 바랍니다. '저 사람은 예수 믿는대. 예수쟁이래.' 그런데 어떤 사람은 예수를 믿는지, 안 믿는지 분간이 되지 않습니다. 교회에서는 '할렐루야' 하면서 세상에서는 꽁꽁 숨어 있습니다. 회사에서는 예수 믿는 티를 전혀 내지 않으며 안 믿는 사람인 것처럼 살다가 주일이면 교회에 오는 것입니다. 이런 사람은 식사할 때 기도도 하지 않습니다. 저는 당신이 이런 사람이 아니기를 바랍니다. 저는 당신에게 '예수쟁이'라는 낙인이 찍히길 바랍니다.

여기서 우리는 초대 교회의 본질을 보게 됩니다. 그것은 교회가 자신의 모습에 만족하지 않고 나누어 주는 모습입니다. 예루살렘 교회가 어떻게 바나바를 안디옥에 보낼 수 있었겠습니까? 얼마나 중요한 사람인데 내줄 수 있었겠습니까? 또 안디옥교회가 어떻게 1년 뒤에 사울이라는 위대한 설교자를 내줄 수 있었겠습니까? 그러나 안디옥교회는 "목사님, 가십시오" 하며 보냈습니다. 이것이 교회입니다.

안디옥교회는 예루살렘교회와 더불어 우리가 본받을 만한 다음과 같은 몇 가지 모습을 가지고 있습니다. 먼저, 예루살렘교회는 평신도 선교사를 인정했습니다. 저는 우리 교회가 평신도 선교사를 인정하는 교회가 된 것에 대해 하나님에게 감사를 드립니다. 예루살렘교회는 제일 인격적이고 영적이고 훌륭한 사람을 선교사로 내보내 주었습니다. 또 안디옥교회를 보면, 그들은 교회를 세우기 전에 1년 동안 모여서 성경 공부를 했습니다. 그리고 그 지도자들은 혼자 일하지 않았고 동역했습니다.

우리 교회의 이상도 이와 비슷합니다. 저는 우리 교회가 확장하기를 원합니다. 교회가 커지는 것도 감사할 일이지만, 저는 우리 교회가 여러 곳으로 갈라져 나가기를 기도합니다. 또한 평신도 선교사가 좀 더 적극적으로 나가기를 원합니다. 그리고 성경을 가르치는 교회가 되기를 원합니다. 이것이 예루살렘교회와 안디옥교회에서 볼 수 있는 모델입니다.

초대 교회 최초의 행동, 구제

그때에 선지자들이 예루살렘에서 안디옥에 이르니 그중에 아가보라 하는 한 사람이 일어나 성령으로 말하되 천하에 큰 흉년이 들리라 하더니 글라우디오 때에 그렇게 되니라(행 11:27-28).

안디옥교회에서 재미있게 목회를 하고 있는데, 예루살렘에서 예언자들이 찾아옵니다. 교회가 정말 신령하면 예언자들이 나타납니다. 이제 우리 교회는 예언들이 나타날 것입니다. 거룩하고 신령한 사람들을 통해서 앞으로 될 일들이 개인적으로도 나타나겠지만, 교회적으로도 나타나게 될 것입니다. 그 예언자들 중에 아가보라는 사람이 흉년이 올 거라고 예언했는데, 실제로 흉년이 들기 시작했습니다. 이때 안디옥교회의 성도들이 함께 모여 무엇을 했습니까?

> 제자들이 각각 그 힘대로 유대에 사는 형제들에게 부조를 보내기로 작정하고 이를 실행하여 바나바와 사울의 손으로 장로들에게 보내니라(행 11:29-30).

안디옥교회가 대외적으로 한 최초의 일은 선교가 아니었습니다. 구제였습니다. 선교는 예수 믿는 사람만 압니다. 그러나 구제를 하면 불교를 믿든, 유교를 믿든, 무당을 믿든, 구제하는 사람 앞에 모두 머리를 숙이게 되어 있습니다. 이것이 구제입니다.

예루살렘에 초대 교회가 세워지고 나서 가장 먼저 한 일이 무엇이었습니까? 각자의 재산과 소유를 팔아서 필요에 따라 가난한 사람들에게 나누어 준 일이었습니다. 이때 주변 사람들은 너무 놀라 박수를 치며 칭찬했습니다. 이처럼 예루살렘교회의 최초의 사역이 구제였는데, 안디옥교회 또한 처음으로 구제를 했습니다. 안디옥교회는 사실 선교를 위한 교회입니다. 선교 사령탑과 같은 교회임에도 불구하고 그들은 선교에 앞서 구제를 했다는 것입니다. 예수 믿고, 은혜 받고, 성경 공부하고 나서 그들은 천하에 흉년이 들었을 때 정성스럽게 헌금해서 바나바와 사울을 통해 유대에 있는 장로들에게 이 헌금을 전달해 주었다는 것입니다.

오늘날 성령을 받은 교회들, 성령을 말하는 교회들이 세상에서 왜 칭찬과 사랑을 받지 못할까요? 왜 의심을 받을까요? 자기들끼리만 잘하니까, 매일 병 낫고, 부자 되고, 성공하고, 은사 받고, 병 고치고, 축복받는다는 메시지만 전하니까 그런 것입니다. 누구를 위해서 그렇게 합니까? 다 자기를 위해서 하는 것입니다. 그러니까 사람들이 싫어하는 것입니다. '너만 예수 믿고 너만 잘산다고 하면 그게 뭐냐'는 것입니다. 사도행전을 보면 그렇지 않습니다. 성령 받은 사람들이 제일 먼저 한 일은 가난하고 병들고 어려운 사람들, 그것도 멀리 있는 사람이 아니라 주변에 있는 사람들, 교회 안에 있는 사람들을 돕는 것이었습니다. 이것이 성령 받은 사람들의 특징입니다.

성령 받은 사람들의 첫 번째 특징은 전도하는 것이고, 두 번째는 구제하는 것이고, 세 번째는 선교하는 것입니다. 은사는 그다음 얘기입니다.

초대 교회의 헌금

그러면 그들은 헌금을 어떻게 했습니까? '제자들이 각각 그 힘대로' 했다고 했습니다. 이것은 참 중요합니다. 요즘 사람들은 각각 하는 헌금에 부담을 느낍니다. 저 사람은 많이 하고 나는 적게 하면 좀 그러니까, 그렇게 하지 말고 다 합해서 얼마씩 내자고 합니다. 이것은 하나님의 뜻이 아닙니다. 헌금은 자신들의 필요에 따라, 형편에 따라 하는 것입니다.

헌금은 힘 있는 대로, 할 수 있으면 최선을 다하되 익명으로 하는 것이 좋습니다. 자기 이름을 밝히는 것은 좋지 않습니다. 헌금하는 것은 하나님과 나와의 관계이기 때문입니다. 교회에서 좋은 일을 할 때도 교회가 했다는 말을 들을 필요는 없습니다. 예수님이 하신 일이라 그렇습니다. 교회 이름이 드러나지 않을수록 좋은 교회가 됩니다. 대신 예수님 소문이 나기 때문입니다. 우리는 앞으로 선교도 하고 구제도 할 것입니다. 그러나 교회 이름은 가능하면 내지 않게 되기를 바랍니다. 봉사를 할 때도 자신의 이름은 내지 않기를 바랍니다. 누가 나타나야 됩니까? 예수님입니다. 예수님이 나를 통해서 하셨기 때문입니다.

헌금은 그 힘대로, 자기가 할 수 있는 대로 하면 됩니다. 적게 하면 어떻고 많이 하면 어떻습니까? 안 내면 또 어떻습니까? 형편이 안 되면 못 내는 것입니다. 헌금을 절대 빚내서 하지 마십시오. 돈이 들어올 것을 예상하고 해도 안 됩니다. 돈이 들어온 후에 해도 늦지 않습니다. 헌금은 힘닿는 대로, 있는 대로, 형편대로 하는 것입니다. 이번에 생기면 이번에 하고, 다음에 생기면 다음에 하고, 이번에도 다음에도 안 생기면 못 하는 것입니다. 절대 헌금 때문에 시험에 들지 마십시오. 헌금은 우리에게 축복이 되어야 합니다.

저희 아버지도 장로였는데, 아버지가 제일 고민하신 문제가 헌금이었습니다. 수석 장로이기 때문에 헌금을 해도 늘 제일 많이 해야 된다는 부담이 있으셨습니다. 그런데 말년에는 돈이 별로 없으셨습니다. 그것도 한 해, 두 해가 아니라 계속 없으니까, 왠지 헌금 못 한 것 때문에 교회에서 뒤쳐지는 것 같았습니다. 그러다 헌금하면 어깨가 좀 펴지는 것 같았습니다. 이는 다 잘못된 것입니다. 각각 할 수 있는 대로 그 형편에서 최선을 다하는 것, 그것이 초대 교회의 헌금이었습니다.

안디옥교회 사람들은 이 헌금을 누구에게 보냈습니까? 유대에 사는 형제들에게 보냈습니다. 안디옥교회는 갓 태어난 교회입니다. 1년밖에 안 된 교회입니다. 헌금 액수가 모인들 얼마나 모였겠습니까? 그러나 그들은 이렇게 아름다운 일을 했습니다. 저는 당신에게도, 우리 교회에도 이런 축복이 넘치기를 바랍니다.

복음은 받은 자만이 전할 수 있습니다. 성령도 마찬가지입니다. 생명이 있는 자만이 생명을 전할 수 있습니다. 교회에 나온다고 다 하는 게 아닙니다. 성령을 받지 못한 사람은 전도하지 못합니다. 하고 싶어도 전도가 되지 않습니다. 성령이 없기 때문입니다. 생명은 생명을 통해서 전달되는 것입니다.

2부

변화 받은 사람들과 선교

사도행전 12:1 - 15:41

복음은 만날 수 없는 사람을 만나게 합니다.
갈 수 없는 곳을 가게 합니다.
그리고 할 수 없는 일을 하게 합니다.
그런 능력이 복음에 있습니다.
성령의 역사가 바로 그런 것입니다.

12

중보 기도의 능력

사도행전 12:1-10

의인에게도 고난이 있는가

고난과 박해, 즉 삶의 위기는 이 세상을 살아가는 누구에게나 생깁니다. 의인이라고 이런 위기를 피할 수 있을까요? 그렇지 않습니다. 물론 악인에게도 여러 가지 삶의 위기는 있습니다. 이 고난과 박해는 마치 비바람이나 폭풍우 같은 것입니다. 햇빛이 나는 화창한 날씨가 좋긴 하지만, 계속 햇빛만 쏟아지면 사막이 됩니다. 적당히 비가 와야 합니다. 또 때에 따라 폭풍우나 비바람도 필요합니다. 햇빛만 비친다고 좋은 것이 아닙니다. 고난과 박해가 어떤 경우에는 재앙이 될 수도 있지만, 때로는 우리에게 놀라운 축복과 유익이 될 수도 있습니다. 기적과 축복을 계속 받아 오던 초대 교회가 이제 고난과 박해를 겪게 됩니다.

> 그때에 헤롯 왕이 손을 들어 교회 중에서 몇 사람을 해하려 하여 요한의 형제 야고보를 칼로 죽이니(행 12:1-2).

여기에 나타난 헤롯 왕은 예수님 당시의 헤롯 왕이 아니라 그 왕가의 손자로서, 세례 요한을 죽이고 예수님을 심문했던 헤롯 안티파스의 조카인 헤롯입니다. 이 사람이 지금 교회를 박해하고 있습니다. 심지어 예수님이 사랑하시던 제자 중의 하나인 야고보를 칼로 죽였습니다.

예수님의 제자들 중에서 요한계시록을 기록한 사도 요한을 제외하고는 거의 대부분이 순교했습니다. 안드레는 엑스자형 십자가에서 죽었고, 야고보는 칼에 맞아 죽었으며, 어떤 제자는 성전에서 밀어뜨려져 죽었고, 어떤 제자는 돌에 맞아 죽기도 했습니다. 그리고 베드로는 십자가에 거꾸로 못 박혀 죽었다는 이야기가 있습니다. 많은 예수님의 제자들이 이렇게 수난을 당했습니다.

우리는 가끔 이런 질문을 합니다. '왜 하나님의 교회가 박해를 받는가? 왜 의인들이 순교를 당하는가?' 이러한 일반적인 질문 속에는 '의인들은, 하나님의 교회는 고난을 받지 않아야 되는 게 아니냐'라는 생각이 포함되어 있습니다. 박해는 하나님을 믿지 않는 악인들이 받아야 하지 않을까 하는 생각도 듭니다. 그러나 이 세상에서는 그 원칙이 꼭 적용되지 않습니다.

의인들에게도, 경건하게 사는 사람들에게도 고난과 박해가 있습니다. 예수님은 이 문제에 대해 다음과 같이 말씀하셨습니다. "하나님이 그 해를 악인과 선인에게 비추시며 비를 의로운 자와 불의한 자에게 내려 주심이라"(마 5:45). 하나님은 의인에게나 악인에게나 태양과 비를 공평하게 주십니다. 물론 고난과 박해도 예외 없이 누구에게나 올 수 있습니다. 이는 죽음 또한 마찬가지입니다.

우리가 이 세상에서 고난과 박해를 받을 때는 그것이 왜 내게 왔느냐, 왜 내게 임했느냐가 문제가 아니라, 그것을 내가 어떻게 맞이하느냐가 문제입니다. 특히 죽음은 예수를 믿지 않는 사람들에게는 두려운 문제지만, 예수 그리스도를 믿는 사람에게는 두려워할 필요가 없는 것입니다. 고난과 박해가 물론 좋은 것은 아니지만, 그리스도인들에게는 그것이 유익이 될 수도 있다는 것입니다. 이것이 다릅니다.

하나님이 아닌 사람을 의식한 헤롯

유대인들이 이 일을 기뻐하는 것을 보고 베드로도 잡으려 할새 때는 무교절 기간이라(행 12:3).

헤롯은 야고보의 죽음으로 유대인들이 너무도 기뻐하는 것을 보았습니다. 그래서 그는, 베드로까지 죽인다면 자신이 굉장한 인기를 얻을 것이라고 생각합니다. 우리는 여기서 헤롯의 정치적 제스처를 봅니다. 헤롯의 관심은 그것이 진리냐, 진리가 아니냐가 아니었습니다. 그의 관심은 백성이 그 일을 좋아하느냐, 좋아하지 않느냐였습니다.

우리는 진리를 따라야 합니까, 인기를 따라야 합니까? 이런 의미에서 여론 정치는 망하게 되어 있습니다. 물론 정치라는 것이 사람을 의식하게 되어 있지만, 사람을 두려워하기보다는 하나님을 두려워해야 하는 것입니다. 사람들이 박수를 치느냐, 치지 않느냐를 기준으로 삼는다면 위기에 부딪히게 될 것입니다. 하나님의 음성보다 사람들의 음성에 귀를 기울이면 결국은 망하고 말 것입니다.

사실 그렇습니다. 국민을 위한다는 사람치고 진정으로 국민을 위하는 사람은 거의 없습니다. 국민의 뜻을 따른다고 하지만 그들은 국민의 뜻을 볼모로 잡고 있을 뿐입니다. 이런 사람들은 우리가 과거의 모든 정권에서 보았듯이 여론을 조작합니다. 민심을 조작합니다. 그들이 국민의 뜻이라고 말하는 것은 사실 자신의 뜻입니다. 자신의 권력과 명예와 위치를 지키려는 수단에 불과한 것입니다. 정말 하나님을 두려워하는 사람은 국민을 두려워하게 됩니다. 진리와 정의를 사랑하면 국민을 사랑하게 됩니다.

헤롯은 사람들의 인기를 좋아했습니다. 헤롯의 생각에, 베드로마저 잡으면 인기를 한 몸에 얻을 수 있을 것 같았습니다. 우리는 하나님이 더 중요해야 합니다. 사람의 반응에 지혜롭게 대응해야 하지만, 너무 예민하지 않기를 바랍니다. 그것은 우리를 파멸시키는 함정일 수 있습니다.

잡으매 옥에 가두어 군인 넷씩인 네 패에게 맡겨 지키고 유월절 후에 백성 앞에 끌어내고자 하더라(행 12:4).

결국 헤롯은 베드로를 체포했습니다. 그러나 체포는 했지만 유월절 때문에 우선은 그냥 감옥에 두었습니다. 그리고 군인 네 명씩네 패나 되는 사람들이 그를 지키게 했습니다. 베드로 하나를 지키기 위해 이렇게 많은 사람을 동원시킨 것입니다. 우리는 여기서 헤롯이 종교적인 문제를 야기하지 않으려는 정치적 센스가 있는 사람임을 보게 됩니다. 헤롯은 앞으로 연구해 볼 만한 인물로서, 세상의 야망과 권력을 가진 대표적인 인간상입니다.

교회는 하나님께 기도하더라

결국 베드로는 감옥에 들어가고 초대 교회 사람들은 그들의 지도자를 빼앗기게 되었습니다. 사도행전에 나타난 이 초대 교회는 지금까지 성령의 강력한 역사하심으로 만들어진 공동체였지만, 아직 세상에 든든한 뿌리를 내리지는 못한 허술한 조직이었습니다. 힘은 있었지만, 지도자가 없으면 오합지졸이 되기 쉬운 조직이었습니다. 그들은 갑자기 지도자를 잃어버렸습니다. 그러나 지도자를 잃은 그들은 어떤 행동을 했습니까? 이것은 굉장히 중요합니다. 이것이 이 장을 통해 전달하고 싶은 메시지입니다.

이에 베드로는 옥에 갇혔고 교회는 그를 위하여 간절히 하나님께 기도하더라(행 12:5).

자, 베드로는 어디에 갇혔습니까? 옥에 갇혔습니다. 교회는 무엇을 했습니까? 그를 위하여 간절히 하나님에게 기도했습니다. 아주 단순한 말씀이지만 굉장히 큰 메시지를 담고 있습니다. 당신은 위기에 부딪히면 어떻게 하겠습니까? 당신의 남편이나 아내가 갑자기 잡혀가서 고문을 당한다거나 하루아침에 실종이 된다면 어떻게 하겠습니까? 대부분의 사람들이 하는 일은 간단합니다. 백(back)을 찾습니다. 지금 당하고 있는 위기에서 구원해 줄 수 있는 어떤 권력자를 찾게 됩니다. 그것으로 안 되면 그다음에는 돈으로 해결하려 합니다. 그리고 권력도 없고 돈도 없으면 데모나 투쟁 같은 육탄전으로 나갑니다.

그런데 성경을 보십시오. 그들은 데모하지 않았습니다. 여론을 만들지도 않았습니다. 모여서 의논이나 회의를 한 것도 아니었습니다. 그들은 권력층을 찾아가지도 않았고, 문제를 해결해 줄 수 있는 방법을 찾지도 않았습니다. 쉽게 말하면, 세상적인 방법을 선택하지 않았다는 것입니다. 사람들은 급하면 쉽게 세상적인 방법을 찾습니다. 그러나 이 사람들은 무엇을 했습니까? 그들은 간절히 기도했습니다. 중보 기도를 한 것입니다.

저는 이 말씀에 비추어 이런 도전을 하고 싶습니다. 누구를 막론하고 우리에게는 고난과 위기가 있을 것입니다. 인간의 힘으로는 감당하기 어려운 일들이 있을 것입니다. 억울하게 당하는 일들이 있을 것입니다. 그때 사람을 찾아가지 마십시오. 당신의 지혜와 능력과 방법을 의존하지 마십시오. 이런 위기와 고난과 죽음과 박해가 올 때마다 먼저 하나님을 찾으십시오. 공중에 매가 나타나면 암탉은 자기의 새끼 병아리를 날개 안에 감춥니다. 위기가 오면 우리는 하나님의 품안에 들어가야 합니다. 피난처 되시는 하나님에게로 피신해야 합니다. 그것이 최선의 방법입니다.

그렇습니다. 우리 하나님은 피난처이십니다. 모든 이들에게 진정한 피난처가 되어 주십니다. 당신이 어려움을 겪고 있다면, 박해를 당하고 있다면, 누명을 쓰고 있다면, 하나님에게로 피신하십시오. 하나님 품안으로 피할 때 안심할 수 있습니다.

하나님에게 피한 다음에는 무엇을 해야 됩니까? 그분에게 매달려야 합니다. 매달리는 것이 기도입니다. 베드로를 빼앗긴 초대 교회 성도들이 오순절 날 다락방에 모여 합심으로 기도했던 것처럼, 이번에도 힘을 다해 합심으로 기도했습니다.

기적은 언제 일어납니까? 교회가 연합해서 기도할 때 일어납니다. 저는 아직도 휴전선이 무너지지 않는 것은 한국 교회의 기도가 부족하기 때문이라고 생각합니다. 그리스도인들이 모여서 통일 문제에 관한 이야기만 하지, 기도는 하지 않는 것 같습니다. 교회를 오래 다녔지만 통일을 바라보고 진정으로 그것을 위해 기도하는 사람은 많지 않은 것 같습니다.

우리는 흩어지는 것을 좋아합니다. 기도도 각자 하는 것을 좋아하지, 합심해서 기도하지 않습니다. 그러나 초대 교회는 함께 모여

기도했습니다. 개인적으로 흩어져서 기도한 것이 아니라, 한곳에 모여서 합심으로 기도했습니다.

성경 공부도 중요하고 사역도 중요하고 성령의 역사도 중요하지만, 오늘날 교회에서 가장 중요한 것은 기도입니다. 기도하지 않는데 성령의 역사가 어떻게 일어납니까? 기도하지 않는데 전도가 어떻게 일어날 수 있겠습니까? 아무리 아름답고 좋은 사역들이 많아도, 기도하지 않는데 무슨 일이 일어날 수 있겠습니까?

한국 교회의 축복은 무엇입니까? 새벽 기도입니다. 함께 모여서 기도했던 전통들입니다. 기도가 일어나면 성령이 일어납니다. 기도가 임하면 불이 임합니다. 기도를 하면 영이 새로워집니다. 기도를 하면 귀신들이 떨어져 나갑니다. 기도를 하면 모든 위기들이 사라지게 되는 것입니다. 저는 당신이 다시 한 번 기도의 믿음을 갖게 되기를 도전합니다. 잠자는 영혼을 깨워서 기도하기를 원합니다.

우리 교회에는 수많은 위원회와 프로그램들이 있습니다. 새로운 사역이 늘어날 때마다 저는 불안해집니다. 제 힘으로는 불가능함을 느낍니다. 그러나 '하나님이 하실 수밖에 없다, 성령님이 하실 수밖에 없다, 우리가 할 수 있는 것은 기도뿐이다'라고 생각하고 기도하면 마음이 편해집니다. 불안이 사라집니다. 그렇습니다. 기도만이 해결책입니다.

참된 기도를 드리라

기도는 그 신앙을 결정합니다. 어떤 기도를 드리느냐가 어떤 신앙을 갖느냐를 결정합니다. 무신론자들에게는 기도가 없습니다. 그들에게는 기도할 대상이 없기 때문입니다. 무신론자의 최고의 고민은 죽을 때 그 영혼을 의탁할 데가 없다는 사실입니다. 교회를 나오고 하나님을 믿는 사람들 중에도 기도하지 않는 사람들이 있습니다. 교회에 와서 설교는 듣지만, 예배는 드리지만, 기도는 하지 않습니다. 이는 어떤 사람입니까? 하나님을 진정으로 믿는 것이 아니라, 형식적으로 믿는 사람들입니다.

하나님을 정말로 믿는 사람이라면 어찌 하나님을 생각하지 않겠습니까? 하나님을 믿는 것이 하나의 관념이요, 습관이요, 이상에 불과해서는 안 됩니다. 부부가 같이 사는데 어찌 남편이 자기 아내를 매일 생각하지 않겠습니까? 낮에 직장에서는 아내가 있다는 사실을 잊고 있다가 퇴근하고 집에 가서야 '아! 나에게 아내가 있었구나'라고 생각하는 사람이 있다면 큰일입니다.

하나님을 믿는다는 것은 우리 머릿속에 항상 하나님이 계시다는 말입니다. 그분과 항상 대화를 하고 있다는 것입니다. 그런데 기도하지 않고 어떻게 하나님을 믿을 수 있다는 말입니까? 그건 거짓말입니다. 어떻게 하나님과 주고받는 대화 없이 그분을 믿을 수 있습니까? 그것은 신앙이 아닙니다. 그것은 관념이요, 하나의 철학, 하나의 지식에 불과합니다.

거짓 종교는 거짓 기도를 하고, 참된 종교는 참된 기도를 합니다. 저는 당신이 진정한 기도를 할 수 있게 되기를 바랍니다. 예배 시간에만 기도가 있는 것이 아니라, 삶 속에 그런 대화가 있기를 바랍니다.

기도의 종류

감사와 찬양의 기도

기도에는 여러 가지 모습이 있습니다. 말로 하는 기도도 있고, 그냥 생각을 주고받는 기도도 있습니다. "하나님, 오늘 저에게 주신 말씀이 큰 위로가 됩니다. 하나님, 감사합니다. 그리고 제 생각은 이렇습니다." 이렇게 하나님에게 이야기를 하는 것입니다. 그렇게 하나님과 깊이 기도하다 보면 하나님에 대한 기도가 찬양으로 변합니다.

며칠 전 오미자차를 앞에 두었는데 그 빛깔이 너무도 고와, 차는 안 마시고 그 색에 반해 '어떻게 이런 빛깔을 만들 수 있을까' 하며 감탄을 했었습니다. 아름다운 꽃 한 송이, 지는 해의 노을빛, 돋는 해의 찬란한 빛 등을 보다 보면 "하나님, 자연을 어쩌면 이렇게도 아름답게 만드셨나요?"라는 고백이 절로 나옵니다. 또 그렇게 감탄하는 제 자신을 보고 놀랍니다. '나 같은 사람이 어떻게 이런 생각을 할 수 있을까? 어떻게 내가 이런 좋은 마음을 가질 수 있을까?' 하고 좋은 생각을 하는 자신을 보고 제일 크게 놀라는 사람은 자기 자신입니다.

간구의 기도

기도에는 필요한 것을 구하는 기도도 있습니다. 주님은 우리에게 일용할 양식을 구하라고 말씀하셨습니다. "오늘 우리에게 일용할 양식을 주시옵고"(마 6:11). 물론 일용할 양식이 자기의 욕심을 채우는 것이 되어서는 안 됩니다. 그러나 자식이 배고플 때 밥을 달라고 하는 것, 자식이 병들었을 때 고쳐 달라고 하는 것은 욕심이 아닙니다. 그것은 사랑입니다. 그것은 하나님과 나와의 관계에서 누릴 수 있는 축복입니다.

우리는 일용할 양식을 빙자해서 탐욕을 구할 때가 많습니다. 명예와 탐욕, 잘못된 축복을 구할 때가 많습니다. 우리의 기도가 요구하는 기도가 되는 것은 자연스러운 것입니다. 그래도 기도하다 보면 잘못을 알게 되어 회개하는 기도를 하게 됩니다. "하나님, 그런 것이 잘못인지 미처 생각하지 못했는데, 지금 생각해 보니 참 잘못했습니다. 용서해 주세요.""주님, 제가 알면서도 이 일을 했습니다. 그리고 사람들 앞에서는 모르는 척했습니다. 사실은 의도적으로 한 것입니다. 용서해 주세요."이렇게 기도할 수도 있습니다.

응급 기도

이런 여러 종류의 기도 중에 또 하나의 기도는 응급 기도입니다. 교통사고를 당한 사람이 어찌 찬양하고 감사할 수 있겠습니까? 그때는 "하나님, 나 죽겠어요"라고 기도하면 됩니다. 그때 회개가 없다고 걱정하지 마십시오. 감사가 없어도 괜찮습니다. 이렇게 사고가 나거나 위기에 놓인 사람들이 하는 응급 기도는 하나님이 빨리 들어주십니다. 왜 그렇습니까? 급하기 때문입니다.

다른 사람이 당한 위급한 상황을 두고 기도할 때도 그 응답이 빠릅니다. 베드로를 위한 교회의 기도가 바로 그런 것이었습니다. 하나님은 어떤 기도를 축복하실까요? 남을 위해 드리는 기도를 축복하십니다. 내가 남을 위해 기도하면, 하나님은 나를 위해 기도하십니다. 내가 다른 사람의 문제를 걱정하면, 하나님은 내 문제를 걱정해 주십니다. 그러나 대부분의 인간은 항상 자기 문제에 빠져 있습니다. 자기를 벗어나지 못하는 것입니다.

당신은 민족을 위해 기도하고 있습니까? 통일이 되도록 정말 기도하고 있습니까? 전 세계의 죽어 가는 영혼들을 위해 뜨거운 마음으로 기도하고 있습니까? 전 세계가 모두 하나님의 백성입니다. 우리가 진정 하나님의 사람이라면, 하나님의 마음을 가져야 합니다. 마음을 넓혀야 합니다. 모든 사람을 위한 중보자가 되십시오.

기적은 고난 뒤에 온다

교회는 베드로를 위해 응급 기도를 했고, 중보 기도를 했습니다. 그런데 놀라운 사실은, 이 기도가 즉각 응답되었다는 것입니다.

> 헤롯이 잡아내려고 하는 그 전날 밤에 베드로가 두 군인 틈에서 두 쇠사슬에 매여 누워 자는데 파수꾼들이 문밖에서 옥을 지키더니(행 12:6).

어느 날 밤이었습니까? '헤롯이 잡아내려고 한 그 전날 밤'이었습니다. 우리는 여기서 중요한 사실을 하나 배우게 됩니다. '기도는 전날 밤에 다 이루어진다.' 걱정하지 마십시오. 시간 때문에 고민하지 마십시오. 응답은 당신의 때에 오지 않습니다. 하나님의 때에 옵니다. 당신의 기도 응답은 하나님의 때가 임하는 전날 밤에 이루어집니다.

이스라엘 백성이 여리고 성을 돌 때, 여섯 바퀴를 돌 때까지는 아무 기적도 없었습니다. 하지만 일곱 바퀴를 돌았을 때 기적이 일어났습니다. 나아만 장군이 요단 강에 여섯 번 들어갔을 때까지는 나병이 고쳐지지 않았습니다. 하지만 일곱 번째 들어갔을 때 병이 나았습니다. 엘리야도 마찬가지입니다. 그가 여섯 번째 기도했을 때까지도 하늘은 변화가 없었습니다. 하지만 일곱 번째 기도를 시작했을 때 구름 조각이 나타나기 시작했습니다.

헤롯이 잡아내려는 그 전날 밤, 베드로는 어떤 상황에 있었습니까? 두 군인 틈에서 누워 있었습니다. 도망가지 못하도록 두 명의 군인이 옆에서 같이 잠을 잔 것입니다. 그리고 두 쇠사슬에 매여 있었다고 했습니다. 게다가 파수꾼들이 문밖에서 옥을 지키고 있었습니다. 이 모든 설명은 무엇을 말해 주고 있습니까? 베드로의 탈출이 절대로 불가능하다는 것을 말하는 것입니다.

우리는 가끔 세상을 살면서 내 힘으로는 절대 이룰 수 없는 불가능한 벽에 부딪힐 때가 있습니다. 하나님의 뜻에 순종했는데도 그럴 때가 있습니다. 모세는 하나님이 인도하시는 대로 갔습니다. 갔는데 홍해였습니다. 뒤를 돌아보니 애굽의 군대들이 쫓아오고 있습니다. 하나님의 뜻대로 순종했는데도 좋은 것이 없을 때가 있습니다.

아브라함은 하나님의 뜻에 순종해서 갔는데 기근이 있었습니다. 아니, 젖과 꿀이 흘러야 되지 않겠습니까? 이때 신앙이 흔들립니다. '내가 음성을 잘못 들었나? 하나님도 주무시는가?' 하지만 기억할 것은, 하나님은 그때 우리의 믿음을 보고 계시다는 것입니다. 하나님이 모세와 이스라엘 백성을 왜 홍해로 인도하셨을까요? 홍해를 가르시기 위해서였습니다. 만일 다른 데로 갔다면, 그들은 홍해가 갈라지는 기적을 보지 못했을 것입니다. 홍해가 갈라지는 기적을 보지 못했다면 그들의 광야 생활이 얼마나 힘들었을까요?

하나님은 기적을 경험시키기 위해 때로는 우리를 사면초가인 곳으로 보내십니다. 사람의 손이나 세상의 방법이 아닌, 하나님이 친히 주시는 방법으로 해결되는 것을 경험하게 해 주시는 것입니다. 불가능한 상황 때문에 좌절하지 마십시오. 기댈 벽이 없다고 눈물 흘리지 마십시오. 진전이 없다고 고민하지 마십시오. 당신의 계산에 맞지 않는다고 절망하거나 포기하지 마십시오. 하나님은 베드로가 처한 상황을 통해, 불가능한 상황일지라도 포기하지 말라고 말씀하십니다.

천사를 보내어 역사하시다

> 홀연히 주의 사자가 나타나매 옥중에 광채가 빛나며 또 베드로의 옆구리를 쳐 깨워 이르되 급히 일어나라 하니 쇠사슬이 그 손에서 벗어지더라 천사가 이르되 띠를 띠고 신을 신으라 하거늘 베드로가 그대로 하니 천사가 또 이르되 겉옷을 입고 따라오라 한대(행 12:7-8).

하나님은 베드로를 어떻게 구원하십니까? 아니, 성도들의 합심 기도에 어떻게 응답하고 계십니까? 베드로가 구원되었다는 사실보다 더 중요한 것은, 성도들의 기도가 응답되었다는 것입니다. 하나님은 천사를 보내어 응답하십니다. 천사는 어떻게 나타났습니까? 홀연히 나타났습니다. 오순절 날 성령이 어떻게 임했습니까?

홀연히 임했습니다.

천사는 실재합니다. 이들은 하나님이 부리시는 영으로서, 구약에서는 그룹들로 나타납니다. "거룩하다 거룩하다" 하며 나타나는 그룹들이 바로 하나님의 천사들입니다. 신약에는 가브리엘, 미가엘 등 몇몇 천사의 이름이 기록되어 있습니다. 천사들에게는 각자의 역할이 있는데, 하나님을 경배하고 찬양하는 천사가 있는가 하면, 기쁜 소식을 전하는 천사도 있고, 마귀와 싸우는 천사도 있고, 우리를 보호해 주는 천사도 있습니다. 놀라운 사실은, 천사가 나타날 때 무엇이 있었습니까? 광채가 빛났습니다. 그렇습니다. 천사가 나타나면 빛이 나옵니다. 저는 당신의 마음속에도 빛이 있기를 바랍니다.

우리가 죽을 때도 천사들이 옵니다. 그들이 우리의 죽음을 이끌어 줍니다. 그러니 걱정하지 마십시오. 하나님의 천사가 와서 당신의 영혼을 하나님에게로 잘 인도해 줄 것입니다. 성경은 하나님의 천사가 곁에 섰다고 말씀합니다. 하나님의 부리시는 영이, 우리를 돕는 천사들이 바로 우리 곁에 있다는 것입니다.

누가복음 22장에서, 예수님이 겟세마네 동산에서 땀이 피가 되도록 기도하실 때 누가 도왔습니까? 천사가 와서 도왔습니다. 우리가 기도할 때도 마찬가지입니다. 천사가 와서 돕는 것입니다. 우리의 힘만으로는 기도하지 못합니다. 성령이 말할 수 없는 탄식으로 우리의 기도를 도우시며, 또 천사가 와서 우리의 기도를 돕는 것입니다.

지금 베드로가 이런 경험을 하고 있습니다. 천사가 가까이 와서 베드로를 급히 깨웁니다. 그러고는 베드로의 손에서 쇠사슬을 벗겨 냅니다. 그다음엔 뭐라고 얘기합니까? "띠를 띠고 신을 신으라 하거늘 베드로가 그대로 하니 천사가 또 이르되 겉옷을 입고 따라오라"(행 12:8). 우리 같으면 신발이고 뭐고 다 팽개쳐 놓고 뛰어갈 텐데, 천사는 그 모든 것을 다 챙깁니다. 신도, 띠도, 겉옷도 다 챙기라고 말합니다. 그러고 나서 베드로를 데리고 감옥을 빠져나옵니다.

하나님의 천사가 우리와 함께 있는 것으로 인해 하나님에게 감사를 드립니다. 하나님은 이렇게 우리의 기도를 응답해 주실 때 필요에 따라서 도와주십니다. 성령의 기름을 부어서 치유하기도 하시고, 마귀를 막아 주기도 하시고, 천사를 보내어 우리를 보호해 주기도 하십니다. 얼마나 놀라운 일입니까!

> 베드로가 나와서 따라갈새 천사가 하는 것이 생시인 줄 알지 못하고 환상을 보는가 하니라(행 12:9).

이 일을 당하고 있는 베드로마저도 꿈을 꾸는 것 같았습니다. 환상을 보는 것 같았습니다. 아마 자기 볼을 꼬집어 봤을지도 모릅니다. 그러나 이 일이 실제로 일어났다는 것입니다. 우리 생애에도 이러한 일들이 있을 수 있습니다.

오래전에 들었던 한 간증이 생각납니다. 40세가 넘은 한 주부가 미국에서 은혜를 받고 와서 했던 간증입니다. 그분은 불교 가정에서 태어나 좋은 가문의 사람과 결혼을 했습니다. 결혼해서 아기를 낳았는데 기형아가 태어났습니다. 너무 기가 막혀 그 일을 쉬쉬하고 있다가, 유전이 잘못된 것인지 이런저런 검사를 다 해 보았지만 원인을 발견할 수 없었습니다. 결국 그 아이는 죽고 말았습니다. 이 일로 인해 가정에 어려움이 생겨, 이 부부는 미국으로 가게 되었습니다. 그렇게 미국에 가서 다시 아기를 낳았는데 또 똑같은 아이가 태어났습니다. 다행히도 그 아이는 미국 병원에서 치료를 받고 살아났습니다.

이 부부는 결국 이혼을 했습니다. 여자는 죽고 싶었습니다. 자신의 인생이 비참했습니다. 그녀는 아이를 맡겨 놓고 방황하다가 결국은 자살을 하려고 했는데, 그때 어떤 분의 소개로 전도 집회를 가게 되었습니다. 미국인 부흥사가 인도하는 집회였는데, 설교도 귀에 들어오지 않고 마음을 잡을 수가 없어 말씀을 듣는 둥 마는 둥 했습니다.

설교가 끝난 뒤 부흥사는 사람들을 앞으로 나오라고 초청했습니다. 그런데 나갈까 말까 고민하고 있는 그녀의 등을 누군가가 뒤에서 떠밀었습니다. 그녀는 자기도 모르게 앞으로 뛰어나가면서 누가 밀었나 하고 돌아보았습니다. 하지만 아무도 없었습니다. 그때 그분은 제게, 분명히 자기의 몸이 흔들릴 만큼 밀렸으며, 자신을 믿 대상이 바로 천사가 아니었을까 생각한다고 말했습니다.

그녀는 그렇게 떠밀리는 바람에 목사님의 안수를 받았는데, 그 순간 환상을 보게 되었습니다. 동그란 원이 보이고, 그 안에 수많은 벌레들이 있었는데, 그 원으로 빛이 들어오자 그 벌레들이 모두 죽는 환상이었습니다. 그녀는 이상한 생각이 들었습니다.

그날 이후 그녀는 예수를 믿고 하나님을 섬기게 되었는데, 벌레가 죽은 환상을 본 이후 아이가 좋아지기 시작했습니다. 손가락도 펴지기 시작했습니다. 그리고 그렇게 6개월 만에 아이는 정상이 되었습니다. 아이는 퇴원 이후 학교를 다녔는데, 계속 좋아져서 일반 학교에 들어가게 되었습니다.

우리는 가끔 엄청난 교통사고가 났음에도 몸에 상처 하나 나지 않고 살아난 사람들의 이야기를 듣습니다. 그리고 우리는 이러한 일을 성경에서도 보게 됩니다.

> 이에 첫째와 둘째 파수를 지나 시내로 통한 쇠문에 이르니 문이 저절로 열리는지라 나와서 한 거리를 지나매 천사가 곧 떠나더라 (행 12:10).

저는 우리에게도 이런 축복이 있기를 바랍니다. 세상이 험하고 우리 주변에는 고통스러운 일들이 많지만, 기도하면 하나님이 움직이십니다. 기도하면 천사도 움직입니다. 기도하면 모든 상황이 축복이 될 수 있습니다. 우리가 비록 그 기적을 못 보고 죽는다 할 지라도, 훗날 그 사건에 대해서 이해하게 될 것입니다. 기도하십시 오. 합심해서 기도하십시오. 하나님의 기적이 당신의 생애에 나타 나기를 바랍니다.

13

하나님의 응답을
기대하지 않는 불신앙

사도행전 12:11-25

베드로, 감옥에서 풀려나다

베드로는 성도들의 간절한 중보 기도 덕분에 감옥에서 풀려났습니다. 사도행전에서 베드로가 감옥에 들어간 것은 이번이 세 번째입니다. 첫 번째는, 4장 3절에서 전도하다가 하룻밤 감옥신세를 진 것이고, 두 번째는 5장 18절에서 종교 지도자들의 미움과 시기를 받아서 감옥에 들어간 것입니다. 이때는 주의 사자가 나타나서 옥문을 열어 주어 나오게 됩니다.

그러나 세 번째는 아주 독특하게 풀려나옵니다. 이번에는 군인들이 사건에 개입됩니다. 그들은 베드로의 양편에 누워 잠을 잤습니다. 베드로의 손과 발은 쇠사슬로 묶였습니다. 문밖에도 특별히 경계를 강화해서 파수꾼들을 두었습니다. 유월절이 지난 후에 재판을 해야 하기 때문에 그 사이에 도망가지 못하도록 경계를 단단히 한 것입니다. 그러나 베드로는 풀려나왔습니다. 사실 베드로 자신도 상상하지 못한 극적인 방법으로 탈출한 것입니다. 우리는 여기서 몇 가지 쉽고도 단순한 교훈들을 얻을 수 있습니다.

첫째, 문제가 쉽거나 어렵거나 하나님에게는 다 똑같다는 것입니다. 하나님에게는 감옥에서 쇠사슬에 매였거나 안 매였거나 똑같습니다. 감기나 암이나 똑같습니다. 문제의 크고 작음이나 불가능과 가능은 사람들이 나눈 것이지, 그것을 해결하시는 하나님에게는 다 똑같은 문제입니다.

> 이에 베드로가 정신이 들어 이르되 내가 이제야 참으로 주께서 그의 천사를 보내어 나를 헤롯의 손과 유대 백성의 모든 기대에서 벗어나게 하신 줄 알겠노라 하여(행 12:11).

둘째, 기적의 과정 중에는 그것을 모른다는 것입니다. 베드로는 길거리에 나와서야 정신이 들었습니다. 하나님이 당신의 천사를 보내어 구하셨음을 그제야 깨달은 것입니다. 사실 인생의 위기 속에서 기적을 체험하면서도 당시에는 그것을 미처 깨닫지 못할 때가 많습니다. 그 일이 다 지난 후에야 하나님이 하셨다는 것을 깨닫게 됩니다.

어떤 의미에서 신앙은 사건의 해석입니다. 베드로는 천사의 손에 이끌려 감옥에서 거리로 나오게 되었습니다. 이것은 인간의 지성이나 경험, 상식이나 합리성으로는 이해되지 않는 일입니다. 성경을 읽다 보면 우리의 지식으로는 이해되지 않는 것들이 있는데, 그런 부분은 바로 하나님이 하신 것입니다.

셋째, 신앙이란 실제라는 것입니다. 신앙은 관념이 아닙니다. 신앙은 사상이 아닙니다. 신앙은 철학이 아닙니다. 그것은 실제입니다. 많은 사람들이 예수님을 믿으면서도 신앙의 깊은 체험을 하지 못하는 것은 신앙을 하나의 이론이나 철학, 사상 등과 같은 정신사로 이해하기 때문입니다. 예수님을 공자나 석가와 비슷한 인물로 보고, 예수님의 말씀을 하나의 정신적, 도덕적 영역 안에서만 이해하기 때문에 예수가 보이지 않는 것입니다.

기독교 신앙이란 어떤 것입니까? 감옥에서 쇠사슬에 매여 군인들 옆에 누워 있던 베드로가 천사의 도움을 받아서 풀려나온 것, 그것이 참신앙입니다. 신앙은 실제입니다. 그것이 부활입니다. 그것이 십자가입니다. 2천 년 전에 예수님은 십자가에 못 박혀 죽으셨지만, 지금 십자가를 바라보는 사람에게는 그 보혈의 능력이 나타나서 그의 죄를 씻어 주시는 것입니다. 죄가 씻기는 경험을 하는 것입니다. 생각으로 하는 것이 아니라, 실제로 내 안의 죄가 녹는 것입니다. 더러운 귀신들이 떠나는 체험을 하게 되는 것입니다. 이것이 신앙입니다. 신앙의 분기점이 여기에 있습니다.

신앙을 하나의 장식품으로 여기며 교회에 나가는 사람들이 있습니다. 교회에 나가면 좋은 말씀 듣고 착한 일을 하니 안 믿는 것보다는 낫다고 생각할 수 있습니다. 하지만 이런 종교 활동이 신앙입니까? 아무거나 믿는다고 다 신앙입니까? 아닙니다. 그렇게 생각하는 사람들은 100년을 믿어도 그 자리를 벗어나지 못합니다. 그런 사람들에게는 예수님이 그림의 떡에 불과합니다. 그런 사람들은 두려울 때 용기를 주시고, 절망했을 때 소망을 주시고, 사망의 음침한 골짜기에서 헤맬 때 어떤 분의 손이 나타나서 인도하고 이끌어 내시는 것을 체험할 수 없습니다. 신앙은 구체적입니다. 분명 쇠사슬에 매였던 손과 발이 풀린 것처럼, 신앙은 구체적인 사실입니다.

함께 모여 기도할 때 응답이 임하다

> 깨닫고 마가라 하는 요한의 어머니 마리아의 집에 가니 여러 사람이 거기에 모여 기도하고 있더라(행 12:12).

이런 기적을 경험한 베드로는 가야 할 곳이 생각났습니다. 그곳은 자기를 위해서 기도하고 있는 형제들이 모인 곳이었습니다.

그곳에는 여러 사람들이 모여서 기도하고 있었습니다. 이들은 베드로가 잡혔을 때 달리 어떻게 할 방법이 없었습니다. 그래서 함께 모여 기도하기 시작했는데, 베드로가 그 집으로 찾아온 그때까지도 계속해서 기도하고 있었던 것 같습니다. 생각해 보십시오. 우리가 한 달이고 두 달이고 여행하다가 집에 돌아왔을 때 가족들이 모여서 찬송을 하고 있거나 기도를 하고 있다면 얼마나 기분이 좋겠습니까? 또 교회에 왔을 때 여기서도 기도 소리 저기서도 기도 소리, 여기서도 성경 공부 저기서도 성경 공부, 아침에도 저녁에도 사람들이 계속해서 바쁘게 움직이고 있다면, 그것을 보는 사람의 마음은 참으로 기쁠 것입니다. 그것이 살아 있는 교회입니다. 언제와도 기도와 찬양의 소리가 그치지 않는 교회, 웃음소리가 끊이지 않는 교회가 참교회입니다.

베드로의 가슴이 얼마나 벅찼겠습니까? 자기가 감옥에서 나온 것도 벅차고, 사람들이 기도하는 모습을 보면서도 가슴이 벅찼을 것입니다. 그는 대문을 두드렸습니다. 아마 기도하는 소리 때문에 이 소리가 잘 안 들렸던 것 같습니다. 심부름하는 여자아이가 문을 열기 위해 대문으로 향했습니다. 그런데 얼마나 놀라고 기뻤는지, 베드로의 목소리를 듣고는 너무 흥분이 되어서 문도 열지 않고는 그냥 달려 들어갔습니다. 그러고는 모인 사람들에게 베드로가 왔다고 알렸습니다.

기도하고도 믿지 못한 불신앙

이때 사람들의 반응이 참 재미있습니다.

> 그들이 말하되 네가 미쳤다 하나 여자아이는 힘써 말하되 참말이라 하니 그들이 말하되 그러면 그의 천사라 하더라(행 12:15).

베드로가 왔다고 하자 기도하던 사람들은 그 아이에게 미쳤다고 합니다. 지금 누가 돌아오기를 위해 기도했습니까? 베드로가 돌아오기를 위해 기도하고 있었습니다. 그래서 베드로가 돌아왔습니다. 그런데 사람들이 뭐라고 합니까? 미쳤다고 합니다. 이것이 우리의 모습입니다. 여자아이는 계속해서 "아닙니다. 정말 왔어요. 제가 들었어요"라고 말합니다. 그러자 사람들은 조금 양보하며, "그러면 베드로의 천사일 것이다"라고 말합니다.

우리는 여기서 하나의 메시지를 발견합니다. 자기가 기도한 것을 믿지 않는 불신앙이 그것입니다. 우리의 문제는 기도를 안 하는 데 있는 것이 아니라, 기도한 것을 믿지 않는 데 있습니다.

어느 동네에 가뭄이 극심했습니다. 온 동네가 목이 말라 있었습니다. 기우제를 드리고 백방으로 노력해 보았지만 길이 없었습니다. 그 동네에 살고 있는 한 목사님 가정도 비가 내리기를 간절히 기도했습니다. 기도가 끝나고 목사님이 전도하러 나가려는데 아들이 아버지에게 우산을 건넸습니다. 그런 아들을 보며 아버지가 물었습니다. "얘야! 이렇게 날이 맑은데 무슨 우산이냐?" 그러자 아들이 말했습니다. "아버지, 지금 비 오게 해 달라고 기도했잖아요."

우리는 비가 오게 해 달라고 기도하지만 믿지 않습니다. 우산을 안 가지고 나갑니다. 기도를 하다 보면 우리도 모르게 어마어마한 기도를 할 때가 있습니다. 평소에는 생각지도 못한 일들을 위해 기도합니다. 전혀 불가능한 일들을 위해 기도합니다. 그런 기도는 성령이 시키시는 기도일 수 있습니다. 하지만 그 기도가 이루어질 것을 믿는 믿음이 없습니다. 기도는 있는데 믿음은 없는 것입니다. 결정적인 순간에 안 믿습니다. 결정적인 순간에 하나님 대신 돈을 믿습니다. 하나님 대신 지식을 믿습니다. 예수님은 외식하는 기도, 즉 사람에게 보이려는 기도, 진실성이 없는 주문 같은 기도, 중언 부언하는 기도는 하지 말라고 말씀하셨습니다(마 6:5-8 참조).

초대 교회 성도들은 베드로 사도가 감옥에 들어갔을 때 그가 풀려나기를 얼마나 사모했겠습니까? 그러나 그들은 하나님이 그렇게 빨리 응답하시리라고는 미처 생각하지 못했습니다. 아마 응답이 안 될 것이라는 믿음을 가졌는지도 모르겠습니다. 아니면 응답이 되더라도 그렇게 빨리 되지는 않을 것이라고 생각했는지도 모르겠습니다. 이것을 보면 하나님이 급한 것은 급하게 응답하시고, 급하지 않은 것은 급하지 않게 응답하신다는 사실을 알 수 있습니다. 우리가 기도할 마음을 먹고 시작만 하면, 하나님이 마치 기다렸다는 듯이 준비하고 계시다가 일을 시작하시는 것을 보게 됩니다.

우리 기도를 통해 위대한 일을 행하시는 하나님

우리는 간혹 왜 기도가 응답되지 않는가, 왜 이렇게 오래 기다려야만 하는가 하며 낙심할 때가 있습니다. 마치 엘리야가 비가 내리기를 기도했지만, 하늘에는 구름 한 조각도 보이지 않는 것과 같은 고통스런 세월을 우리 또한 보낼 때가 있습니다.

아브라함이 하나님의 음성을 자주 들은 것 같지만 그렇지 않습니다. 그가 아이를 얻은 나이는 100세였지만, 그 약속을 받은 것은

75세쯤이었습니다. 그러니까 하나님은 25년 정도를 기다리게 하면서 이따금씩 말씀만 하신 것입니다. 하나님의 음성을 매일 황홀하게 들은 것이 아니었습니다. 말씀 하나 붙들고 몇 년을 기다리면서 그 말씀을 음미하고 또 음미하는 것, 그것이 믿음입니다.

하나님은 우리 인생 전체를 인도하십니다. 우리에게 지혜와 지식과 경험 등을 주시고, 우리가 그것들을 잘 사용하며 하나님의 뜻을 이루어 나가길 원하십니다. 하나님은 그렇게 우리를 인도하는 분이십니다. 기도 접수가 늦었다고 늦게 응답하거나 거절하시는 분이 아니라, 우리를 향한 모든 결정을 이미 끝내 놓은 분이십니다. 하나님은 우리를 위한 모든 계획을 가지고 계십니다. 우리의 미래는 하나님의 손에 있습니다. 따라서 우리가 순종하면 그분의 뜻 안에서 풍성하게 누릴 수 있습니다. 이는 마치 자식이 대학을 가겠다고 하면 무슨 일을 해서라도 대학에 보내고자 하는 부모의 마음과 같은 것입니다. 인간의 자식에 대한 마음도 이러할진대, 하물며 우리의 아버지 되시는 하나님이 우리를 보고 그냥 적당히, 되는 대로 살라고 하시겠습니까? 그렇지 않습니다.

하나님은 우리의 생애를 통해 위대한 일을 행하신다는 사실을 믿으십시오. 위대하신 하나님이 당신을 통해 위대한 일을 행하십니다. 우리가 위대하고 위대하지 않고는 상관이 없습니다. 그분이 위대하십니다. 우리는 믿고 순종하고 따라가기만 하면 됩니다. 그 순종은 대학을 안 나와도 할 수 있는 일이고, 돈이 없어도 할 수 있는 일입니다. 하나님은 우리 각자의 형편에 맞는 최대의 기적과 축복을 우리를 통해 부어 주십니다. 그 점을 저는 분명히 믿습니다. 하나님은 우리 교회를 통해, 당신을 통해 그리고 저같이 어리석고 형편없는 자를 통해서도 위대한 일을 행하실 것입니다. 그렇게 믿으십시오. 그리고 기도하십시오.

하나님의 위대한 일을 위해서는 기도가 필요합니다. 사실 기도하는 것처럼 쉬운 일이 어디 있습니까? 그냥 눈감고 무릎 꿇고 기도하면 됩니다. 이는 마치 밥을 먹는 것과 같습니다. 밥 먹는 게 어렵습니까? 밥 먹는 게 어려운 사람은 죽을 사람입니다. 밥을 먹는 것은 누구든지 할 수 있습니다. 기도도 그렇습니다. 누구든지, 어디서든지, 하나님을 신뢰하고 마음만 먹으면 할 수 있는 것이 기도입니다.

우리는 하나님이 위대한 일을 하신다는 것과 이 일을 위해 기도해야 한다는 것, 또 기도한 것은 하나님이 반드시 이루실 거라는 사실을 믿어야 합니다. 기도했다면 믿으십시오. 당신이 기도한 내용은 당신이 믿어야 합니다. 다른 사람이 믿어 주지 않습니다.

절대 기쁨, 예수 그리스도

우리는 여기서 또 한 가지 메시지를 발견하게 됩니다. 그것은 로데라는 여자아이입니다. 이 아이는 문 두드리는 소리를 듣고 뛰어갔습니다. 뛰어가서 보니 베드로였습니다. 얼마나 기뻤는지, 문을 열어야 하는 것도 잊어버렸습니다. 너무나도 기뻤던 것입니다. '하나님이 기도 응답을 이렇게나 빨리 하시는구나' 하고 생각했을 것입니다.

이 여자아이와 비슷한 기쁨을 느낀 사람이 요한복음 4장에 나옵니다. 바로 수가 성의 사마리아 여인입니다. 그녀는 쓰레기처럼, 소망이라고는 찾아볼 수 없는 피곤한 인생을 살다가 예수님을 만났습니다. 순간 그녀는 물동이를 내려 두고 어디로 뛰어갔습니까? 동네로 뛰어갔습니다. 자기를 외면했던 동네에 가서 메시아를 만났다고 외쳤습니다. 얼마나 기뻤을까요? 복음은 바로 이런 것입니다. 들으면 들을수록 기쁠 수밖에 없는 것입니다.

만약 이 로데라는 여자아이나 수가 성의 여인이 경험했던 이런 기쁨이 아직 당신에게 없다면, 다시 생각해 봐야 합니다. 예수님은, 복음은 그렇게 시시한 것이 아닙니다. 복음은 당신의 일상적인 삶에 플러스알파 요인이 아닙니다. 그것은 전혀 다른 것입니다. 새로운 것입니다. 우리의 생애를 바꿀 만한, 우리의 인생을 전부 투자할 만한, 우리가 죽을 만한 가치가 있는 것입니다. 그러니 기쁘지 않을 수가 없습니다. 축복이 아닐 수가 없습니다. '내 죄가 사라지다니, 내가 하나님의 자녀가 되다니, 내가 천국 백성이 되다니, 내 안에 그리스도가 살아 계시다니….'

예수의 생명, 예수의 부활, 예수의 기쁨, 예수의 평안, 예수의 능력은 우리가 살고 있는 현실과는 상관없이 기쁨을 주는 것입니다. 현실이 기쁘거나 슬프거나, 성공했거나 실패했거나, 감옥 안에 있거나 밖에 있거나, 예수로 인한 절대 기쁨이 있는 것입니다. 더불어 우리의 미래도 안심이 됩니다.

요즘 주위 사람들로부터 살아도 괜찮고 죽어도 괜찮다는 이야기를 자주 듣게 됩니다. 오늘만 살아도 좋다는 의미일 것입니다. 당신은 어떻습니까? 정말 오늘 죽는다 해도 괜찮습니까? 우리의 대답은 "아멘"이어야 합니다. 이런 기쁨과 자신감과 만족감과 확실함을 주시는 분이 우리에게 있기 때문입니다. 그분은 예수 그리스도십니다.

○

14

초대 교회의 첫 선교사

사도행전 13:1-3

○

사도행전 1장 8절의 실현

사도행전 1장 8절은 사도행전 전체를 이루는 말씀입니다.

> 오직 성령이 너희에게 임하시면 너희가 권능을 받고 예루살렘과
> 온 유대와 사마리아와 땅 끝까지 이르러 내 증인이 되리라 하시니
> 라(행 1:8).

이 말씀은 사도행전 28장 전체를 통해서 이루어졌고, 지금도 우
리를 통해서 이루어지고 있습니다. 우리는 그냥 세상에 던져진 존
재, 우연한 존재, 아무런 의미도 없이 태어난 존재가 아닙니다. 우
리는 하나님의 섭리와 뜻에 의해 이 세상에 왔습니다. 우리의 삶은
하나님의 뜻을 이루기 위해 존재하는 것입니다. 우리는 계속해서
사도행전을 쓰고 있는 사람들이고, 그 사도행전에서 계속해서 주
인공이 될 수 있는 사람들입니다.

"오직 성령이 너희에게 임하시면 너희가 권능을 받고 예루살렘
과"라고 했습니다. 그래서 사도행전 1-7장까지는 예루살렘에 관
한 이야기입니다. 어떻게 예루살렘에 초대 교회가 이루어졌는지,
그 교회가 어떻게 부흥하고 성장하고 발전했는지를 보여 주고 있

습니다.

오순절에 성령이 예루살렘에서 120명의 사람들에게 임했을 때, 그들은 성령을 받고 밖으로 뛰쳐나가 방언을 하며 예수 그리스도를 선포했는데, 그때 사람들은 충격을 받았습니다. 그리고 베드로가 설교했을 때 사람들은 가슴을 찢으며 "우리가 어찌할꼬" 하고 통회했다고 했습니다. 그때 설교를 듣고 회개해서 예수를 믿은 사람이 3천 명 그리고 그 후에 5천 명, 또 그 후에 셀 수 없는 수많은 사람들이 하나님 앞으로 돌아왔다고 기록되어 있습니다.

그러나 사도행전 1-7장까지의 내용이 교회가 부흥하고 성장했다는 기록만은 아닙니다. 그렇게 부흥하고 성장하던 교회가 고난과 박해를 받으며 시험을 겪었다는 이야기를 포함하고 있습니다. 아나니아와 삽비라의 사건을 통해서 교회가 자체 정화를 시작했습니다. 교회가 비록 부흥하고 성장했지만, 하나님은 고난과 박해와 시험을 통해서 교회를 성결하게 하시고, 거룩하게 하시며, 성장하게 하셨습니다.

하나님은 우리에게 은혜를 주십니다. 그러나 그냥 주시는 것이 아니라, 고난을 통해서 주십니다. 그래서 사람들로 하여금 겸손하고 순결하며 성숙하게 만드시는 것입니다. 이것이 하나님의 방법입니다. 초대 교회는 이렇게 탄생되었습니다.

사도행전의 2단계는 8-12장까지의 내용입니다. "오직 성령이 너희에게 임하시면 너희가 권능을 받고 예루살렘과 온 유대와 사마리아와." 복음은 예루살렘에 왔고 예루살렘에서부터 시작되었지만, 예루살렘에만 머물지 않았습니다. 복음이 온 유대와 사마리아로 확장된 것입니다.

복음은 저에게 왔지만 저에게 제한되지 않습니다. 복음은 당신에게 왔지만 당신 안에 제한되지 않습니다. 성령님은 우리보다 크십니다. 그분은 우리를 뛰어넘는 분이십니다. 성령님은 우리와 우리 교회를 뛰어넘어 대한민국의 방방곡곡으로 퍼져 나가십니다. 우리에게 임하신 성령님은 북한까지도 역사하실 거라 믿습니다. 아무리 몇 십 년 동안 북한이라는 땅이 복음으로부터 묶였다 할지라도, 마귀가 그 땅을 묶어 놓았다 할지라도, 하나님이 문을 여시면 닫을 자가 없습니다. 하나님이 역사하시면 역사가 이루어지는 것입니다. 아시아의 수십억 인구는 하나님의 복음의 말씀을 듣게 될 것입니다.

복음은 예루살렘에 제한되지 않습니다. 유대와 사마리아로 전진하는 것입니다. 복음은 유대인으로 제한되지 않습니다. 모든 이방인과 열방에게로 흘러 들어갈 것입니다.

빌립을 중심으로 전도 활동이 시작되었고, 사마리아에 하나님의 말씀과 성령이 임하기 시작했습니다. 사마리아에 성령이 임했다는 말을 듣고 예루살렘에 있던 사도 요한과 베드로는 사마리아를 방문해서 예수 믿고 성령 받은 자들을 만났습니다. 그들에게 말씀을 전하고 안수했을 때, 예루살렘에서 있었던 성령님의 동일한 역사가 사마리아와 유대 땅에서도 이루어졌습니다. 이 가운데 놀라운 사건은, 베드로가 이방인인 고넬료를 만난 일이었습니다. 만날 수 없는 사람들이 만난 것입니다.

복음은 만날 수 없는 사람을 만나게 합니다. 갈 수 없는 곳을 가게 합니다. 그리고 할 수 없는 일을 하게 합니다. 그런 능력이 복음에 있습니다. 성령의 역사가 바로 그런 것입니다. 저는 당신이 이러한 성령의 역사를 체험할 수 있게 되기를 바랍니다.

만날 수 없는 사람을 만나게 하시고, 갈 수 없는 곳을 가게 하시고, 할 수 없는 일을 하게 하시는 것이 놀라운 성령의 역사입니다. 성령님은 우리 안에 제한되지 않으십니다. 우리는 약하지만, 주님은 강하십니다. 우리에게는 불가능한 것이 많지만, 주님에게는 불가능한 것이 없습니다. 우리 자신을 보면 불가능한 벽에 부딪히게 됩니다. 그러나 우리 안에 계신 예수 그리스도를 보면 무한한 세계를 보게 됩니다.

3단계는 13장에서부터 시작됩니다. 13-28장까지의 내용에서 드디어 온 유대와 사마리아 땅을 넘어, 민족과 국가와 인종과 모든 문화의 벽을 넘어 불가능한 일들 속에서 복음을 일으키시는 하나님의 역사가 나타납니다. 바로 이것이 이방인들을 향한 선교의 문이 열리는 사건입니다. 참 재미있습니다. 1-12장까지는 베드로와 예루살렘교회가 주인공입니다. 그러나 13장 이후부터는 바울과 안디옥교회가 주인공으로 등장합니다. 이 안디옥교회가 등장하는 13장부터 세계 선교의 문이 열리기 시작합니다.

재미있는 것은 안디옥교회를 누가 낳았느냐 하는 점입니다. 바로 예루살렘교회가 낳은 것이 안디옥교회입니다. 교회에는 두 가지 모델, 곧 예루살렘교회 모델과 안디옥교회 모델이 있습니다. 이 두 개의 모델이 바로 교회의 본질에 속합니다.

사도행전 13장 1-3절의 말씀 속에는 세계 선교의 본질이 무엇인가, 하나님은 어떻게 세계 선교를 일으키시는가, 하나님은 세계 선교를 일으킬 때 어떤 원칙과 방법들을 사용하시는가 하는 설명들이 들어 있습니다. 이 세 구절의 내용 안에는 앞으로 28장까지 이방인과 열방과 모든 민족들을 향해 나가는 선교의 대 원칙들이 요약되어 있는 것입니다.

선교의 주체는 하나님

이 말씀을 통해서 우리가 발견하게 되는 첫 번째 사실은, 세계 선교는 하나님이 하신다는 것입니다. 선교의 주체는 인간이 아니라 성령님이라는 사실을 보게 됩니다.

안디옥교회에 선지자들과 교사들이 있으니 곧 바나바와 니게르라 하는 시므온과 구레네 사람 루기오와 분봉 왕 헤롯의 젖동생 마나엔과 및 사울이라 주를 섬겨 금식할 때에 성령이 이르시되 내가 불러

시키는 일을 위하여 바나바와 사울을 따로 세우라 하시니(행 13:1-2).

안디옥교회에는 다섯 명의 영적 지도자들이 있었습니다. 그들의 임무는 제사장의 역할, 선지자의 역할, 교사의 역할을 하는 것이었습니다. 그 다섯 명의 영적 지도자들이 주님을 섬겨 금식할 때, 성령님이 말씀하셨습니다. 선교는 내가 생각하는 것이 아니라, 성령님이 말씀하시는 것입니다. 아밋대의 아들 요나에게 하나님의 말씀이 임해서, "너는 … 니느웨로 가서 그것을 향하여 외치라"(욘 1:2)고 일러 주셨습니다. 요나가 아니라, 하나님이 선교의 주체셨습니다.

선교의 주체는 선교사가 아닙니다. 선교사가 속한 선교 단체도, 교회도 선교의 주체가 될 수 없습니다. 선교의 명령을 하시는 분은 오직 하나님입니다. 하나님의 성령이 나타나서 명령하시는 것입니다.

선교는 하나님의 일이요, 하나님의 관심이요, 하나님의 목적입니다. 선교를 반영할 때까지 교회는 교회가 아닙니다. 그것은 세상 단체에 불과합니다. 친교 단체에 불과합니다. 구제 단체에 불과합니다. 교육 단체에 불과합니다. 그것은 정신 교육장에 불과합니다. 교회는 하나님의 성령이 임하여 선교를 시작할 때부터 진정한 교회가 됩니다. 바로 그것이 안디옥교회였습니다.

오늘날 한국 교회가 부흥은 했지만 힘을 쓰지 못하는 이유는, 교회가 모든 것은 다 가지고 있지만 진정한 선교를 하지 않았기 때문입니다. 교회는 세상에서 무능한 존재로서 타락했습니다. 이 세상에는 권력을 가진 존재들이 많습니다. 돈이 있는 사람도 많습니다. 선교를 하지 않는 교회는 그런 조직에 불과합니다. 하지만 성령을 받고 그분의 음성을 듣고 선교에 헌신하기로 결정할 때, 교회는 세상에 속한 조직과는 다른 구별된 조직이 됩니다. 교인의 숫자가 적을지라도 능력이 있습니다. 역사가 짧다 해도 그런 교회는 그 시대에 엄청난 영향을 미치게 될 것입니다.

선교를 수행하는 지상의 교회

본문에서 발견하게 되는 두 번째 선교의 원칙이 있습니다.

> 안디옥교회에 선지자들과 교사들이 있으니 곧 바나바와 니게르라 하는 시므온과 구레네 사람 루기오와 분봉 왕 헤롯의 젖동생 마나엔과 및 사울이라 주를 섬겨 금식할 때에 성령이 이르시되 내가 불러 시키는 일을 위하여 바나바와 사울을 따로 세우라 하시니(행 13:1-2).

선교의 주체는 성령 하나님이라고 했습니다. 창세 때부터 지금까지 계속해서 당신의 구원 계획을 한 치의 착오도 없이 진행해 오신 분입니다. 역사의 오메가 포인트는 반드시 '그날'에 올 것입니다. 늦게 오지도 않고 일찍 오지도 않습니다. 때가 차매 예수님이 세상에 오신 것처럼, 바로 그날이 이르면 역사의 종말은 오게 되어 있습니다.

그런데 우리는 위의 말씀을 통해, 그 선교를 수행하는 기관은 지상의 교회라는 사실을 알 수 있습니다. 성령님이 명령하신 일을 교회가 해야 한다는 것입니다.

교회의 바람직한 두 가지 모델

교회는 무엇입니까? 교회는 건물이 아닙니다. 교회는 제도가 아닙니다. 교회는 이러이러한 방법이 아닙니다. 바로 하나님의 백성을 가리켜 교회라고 합니다. 그리스도의 몸을 이루며 지체가 된 모든 하나님의 백성, 성령 받은 백성의 모임이 바로 교회입니다.

하나님의 성령이 안디옥에 있는 다섯 명의 영적 지도자들에게 동시에 똑같은 음성으로 들려주신 것이 있습니다. '누가 이 하나님의 명령을 수행해야 하는가?'라는 것이었습니다. 성령 받은 하나님의 교회, 즉 성령 받은 하나님의 백성이 바로 이 선교를 수행하는 핵심 세력이라는 것입니다. 우리는 여기서 교회의 본질을 읽을 수 있습니다. 교회가 왜 지상에 존재하는가라는 당위성을 읽을 수 있습니다.

예루살렘교회에는 안디옥교회와는 다른 여러 가지 모습들이 있습니다.

첫째, 예루살렘교회의 구성원은 누구입니까? 예수님 당시의 열두 제자가 지도자들이었습니다. 그리고 오순절 때 함께 성령을 받았던 120명의 사람들입니다. 예루살렘교회에서는 3천 명, 5천 명이 예수를 믿었는데, 그들은 모두 유대인이었습니다. 모두 유대인으로만 구성된 교회가 예루살렘교회였습니다.

그러나 안디옥교회는 전혀 달랐습니다. 사도가 없었습니다. 열두 사도 중 한 사람도 오지 않았습니다. 그들의 지도자는 바나바와 바울이었습니다. 그리고 성경을 보면 여러 곳에서 모인 사람들로 교회가 구성되었다는 사실을 알 수 있습니다. 여기에 교회의 특징이 있습니다. 유대인만 모인 곳이 교회가 아니라는 것입니다. 예루살렘교회에는 그런 모습이 없었지만, 안디옥교회를 보면 민족과 인종과 문화를 초월한 각 곳에서 온 사람들로 교회가 만들어졌습니다.

사도행전 13장 1-2절에는 사람들의 이름이 기록되어 있습니다. 안디옥교회에는 선지자들과 교사들이 있었는데, 첫 번째 사람은 '바나바'입니다. 사도행전 4장 36절을 보면, 바나바는 구브로, 즉 키프로스에서 온 레위인이었습니다.

두 번째 사람은 '니게르라 하는 시므온'이란 표현을 썼습니다. 니게르는 라틴어로 니그로와 같은 어원을 가지고 있으므로, 피부색이 검은 사람으로서 히브리식 이름인 시므온이라는 이름을 가진 사람임을 추측할 수 있습니다. 아프리카에서 온 개종자였다는 것입니다.

세 번째 사람은 '구레네 사람 루기오'라는 표현을 썼습니다. 구레네 지방에서 온 루기오, 즉 로마식 표기로는 루치오스입니다. 로마 문화권에서 온, 즉 로마의 영향을 받은 사람이었습니다.

네 번째 사람은 '헤롯의 젖동생 마나엔'입니다. 여기서의 헤롯은 세례 요한을 죽인 바로 그 헤롯을 말합니다. 그 헤롯과 한 유모 밑에서 같은 젖을 먹었던 사람이라는 것입니다. 권력층에 속해 그 분위기에서 자란 사람이었다고 추정할 수 있습니다.

예루살렘교회와 얼마나 큰 차이가 있습니까. 안디옥교회는 이런 다양한 부류의 사람들이 예수 그리스도의 이름으로 모인 곳이었습니다.

둘째, 예루살렘교회에서는 하나님의 말씀 선포가 있었고, 3천 명이 회개한 후 예수를 믿었습니다. 그리고 회개와 성령 세례와 말씀의 가르침과 떡을 떼는 것과 교제하는 것과 구제와 같은 일들이 예루살렘교회를 중심으로 이루어지고 있었음을 알 수 있습니다. 이 모든 것들은 무엇을 의미합니까? 양육하는 교회라는 것입니다. 사람들을 구원하고 양육하기 위해 예루살렘교회가 존재했습니다.

반면에 안디옥교회는 예루살렘교회와는 영 다른 모습을 가지고 있습니다. 그들이 헌금을 모아 처음으로 썼던 것은 구제였습니다. 선교 이전에 구제해야 한다는 사실이 굉장히 중요합니다. 선교하는 교회가 일반적으로 하지 못하는 것이 바로 구제입니다. 선교에 너무 미쳐 있어, 모든 것을 선교로만 생각합니다. 그러다 보니 자기 주변 사람들의 가난함 같은 것들에는 별로 관심을 못 가지게 됩니다.

그런 면에서 안디옥교회는 우리에게 참으로 좋은 모델이 됩니다. 선교사를 파송하기 전에 그들은 헌금으로 모은 돈을 구제 팀과 함께 예루살렘으로 보냅니다.

> 바나바와 사울이 부조하는 일을 마치고 마가라 하는 요한을 데리고
> 예루살렘에서 돌아오니라(행 12:25).

특별히 선교하는 교회는 구제를 많이 해야 합니다. 제가 늘 회개하는 게 있습니다. 부름 받아 나선 우리가 세계 선교를 하다가 주변 아파트에 사는 사람들에게 엄청난 욕을 먹게 된 일입니다. 코앞에 있는 사람들은 전도하지 않고, 그냥 먼 곳만 생각했던 것입니다. 교회가 지금 당장 해야 될 일은 주변의 아파트 주민들로부터 '당신들은 정말 하나님을 믿는 사람들입니다'라는 인정을 받는 것입니다. 인정을 받는 제일 좋은 비결은, 그 아파트에 주차하지 않는 것입니다. 그 사람들에게 예수 믿는 사람들은 뭔가가 다르다는 것을 보여 주어야 합니다.

우리 주변에 있는 가난한 자들을 돕는 일, 우리 교회 안에 있는 가난한 이들을 돕는 일, 어려운 사람들을 돕는 일, 여기에서부터 사랑을 가져야 합니다. 안디옥교회가 그러한 일을 했습니다.

구제의 위기는 구제에만 머무는 데 있습니다. 우리에게는 가난

하고 어려운 이웃에 대해 뜨거운 애정과 사랑을 가지고 돌보는 모습이 있어야 합니다. 그러나 복음은 거기에만 머무르지 않습니다. 복음은 세계를 보게 합니다. 우주를 보게 합니다. 땅 끝을 보게 하고, 역사의 끝을 보게 합니다.

생명은 생명을 낳는 법입니다. 예루살렘교회가 안디옥교회를 낳았습니다. 교회는 이렇게 확장되고, 성장하며, 부흥하는 것입니다.

교회 지도자들의 직무

이 안디옥교회의 지도자들을 보면 세 가지 일을 한 것을 알 수 있습니다.

첫째, 그들은 선지자들과 교사들의 직무를 맡았다고 했습니다. 선지자는 예언자적인 역할을 감당합니다. 선지자가 하는 예언자의 역할은 무엇입니까? 말씀을 선포하는 것입니다. 말씀을 받고, 예언하고, 선포해서 그 시대에 하나님의 백성에게 주시는 말씀을 전해 주는 것이 예언자, 곧 선지자의 역할입니다.

당신이 지금 어떤 역할과 일을 감당하고 있든지 간에, 그리스도인이라면 꼭 명심해야 할 중요한 사실이 하나 있습니다. 당신은 말씀을 선포하고 가르치는 역할을 항상 해야 한다는 사실입니다. 무슨 일을 감당하든 간에, 모든 그리스도인에게 주어지는 절대 명령은 하나님의 말씀에 대한 봉사자로서의 명령입니다. '말씀을 배우든지, 가르치든지, 아니면 교회를 떠나든지 하라'는 유행어가 우리

교회에 있습니다. 배우라는 말에 자존심이 상한 사람은 가르치십시오. 가르칠 자신이 없는 사람은 배우십시오. 그러나 중간에 머물러 있지는 마십시오.

교회에 나오면서 제일 불행한 사람은 그저 교회에 왔다 갔다 하는 사람입니다. 아예 안 나오는 것보다는 낫겠지만, 그저 왔다 갔다만 하지는 마십시오. 세월만 낭비할 뿐, 얻는 게 없습니다. 교회에 올 때는 먼저 무릎 꿇고 기도해야 합니다. 당신이 말씀의 종이 되어야 합니다. 말씀을 가르칠 수 있는 사람이 되어야 합니다. 말씀을 배울 수 있는 사람이 되어야 합니다.

가르치든지 배우든지 말씀을 붙잡고 있으면, 하나님의 말씀은 운동력이 있어서 살아 역사합니다. 우리 혼과 관절과 골수를 찔러 쪼갭니다. 이 말씀의 능력을 우리가 경험해야 합니다. 말씀이 있을 때 우리는 지치지 않습니다. 말씀이 있을 때 우리는 외롭지 않습니다. 말씀이 있을 때 우리는 피곤하지 않게 됩니다. 그러나 말씀을 떠날 때는 아무리 좋은 일을 해도 탈진해 버리고 맙니다. 지쳐 버리고 맙니다. 예수를 잘 전하다가도 우울증에 빠지게 됩니다. 하나님의 살아 있는 말씀을 날마다 배우거나 가르친다면, 우리는 그런 말씀과 함께 생동하는 신앙생활을 할 수 있습니다.

주를 섬겨 금식할 때에 성령이 이르시되 내가 불러 시키는 일을 위하여 바나바와 사울을 따로 세우라 하시니(행 13:2).

둘째, 그들은 무엇을 하고 있었습니까? 주님을 섬기고 있었습니다. 봉사하고 있었습니다. 그들은 서로 교회 공동체에 봉사했던 것입니다. 당신의 삶이 주님 앞에 봉사하는 삶이기를 바랍니다. 교회에 가는 것을 극장에 가는 것처럼 생각하지 마십시오. 와서 설교 한 편 듣고 돌아가는 것은 극장에서 영화 한 편 보는 것과 같지 않습니다. 신앙이란 삶입니다. 삶이란 별것 없습니다. 같이 열심히 사는 것입니다.

우리는 호텔에서 식사를 할 수 있습니다. 우리는 외식을 멋있게 할 수 있습니다. 그러나 그것은 우리의 일상적인 삶이 아닙니다. 그건 가끔 있는 일입니다. 호텔에서 한 달간 식사해 보십시오. 얼마나 지겨운지, 집에서 먹는 소박한 음식이 그리워집니다. 집은 그렇게 소중하고 좋은 것입니다.

예수를 잘 믿는다는 건 별것 아닙니다. 열심히 교회에 나와서 봉사하십시오. 그러면 신앙이 생깁니다. 먼저는 말씀이 있어야 하고, 그다음에는 봉사할 곳이 있어야 합니다. 얌체처럼 말씀만 먹고 싹 돌아가는 사람은 극장이나 호텔에 다녀가는 것과 같습니다. 아무리 좋은 호텔이라도 5일만 지내면 떠나고 싶어집니다. 아무리 좋아도 재미가 없습니다. 불편합니다. 여행이 아무리 좋아도 집에 돌아가면 그곳이 제일 좋습니다. 집에 오면 숨 쉬는 것조차 편안합니다. 안심이 됩니다.

그렇습니다. 신앙생활이라는 게 그런 것입니다. 신앙생활이 그렇게 되기 위해서는 교회에 애정을 갖고 헌신해야 합니다. 봉사해야 합니다. '이곳이 내 집이다'라는 생각을 가져야 합니다. 손님은 설거지를 할 필요가 없습니다. 음식만 먹으면 됩니다. 커피도 아주 멋있게, 점잖게 폼 잡고 마시면 됩니다. 그렇게 먹고는 그냥 가면 됩니다. 설거지는 주인이 하는 것입니다. 봉사하는 사람에게는 주님을 섬기는 기쁨이 있습니다. 교회를 섬기는 기쁨이 있습니다. 책임을 지는 기쁨이 있습니다. 그때 '이건 내 교회다. 내가 섬길 수 있는 교회다'라는 애정이 생기는 것입니다.

셋째, 그들은 금식을 했습니다. 그들은 기도하는 사람들이었습니다. 말씀이 있었고, 봉사가 있었고, 기도가 있었다는 것입니다. 신앙생활은 피나는 투쟁입니다. 죽느냐 사느냐 하는 싸움입니다. 땀이 핏방울이 되도록 기도하지 않으면 견딜 수 없는 것이 바로 신앙생활의 현실입니다. 어떻게 성경도 읽지 않고, 금식도 해 보지 않고, 밤샘 기도도 한번 해 보지 않고 승리하는 신앙생활을 할 수 있겠습니까? 정말 신앙생활을 잘하려면 그런 헌신과 투쟁이 있어야 합니다.

무슨 일을 하든, 우리에게는 이러한 기본적인 신앙의 틀이 있어야 합니다. 섬기는 교회와 주님에 대한 신실한 봉사, 끊임없는 기도 등이 더 뜨거워지면 금식이 됩니다. 그냥 밥을 먹을 수가 없습니다. 제대로 잠을 잘 수도, 기도하지 않을 수도 없습니다. 그만큼 마음이 심각하기 때문입니다. 심심한 마음으로 금식을 해 보십시오. 배가 고파서 견딜 수가 없을 것입니다. 금식은 그런 심심한 마음으로는 할 수 없는 것입니다. 정말 밥을 먹을 수가 없어서, 잠을 이룰 수가 없어서 금식하는 것입니다.

선교의 통로로 사용되는 사람들

세 번째 선교의 원칙은, 세계 선교는 성령님이 예비하고 준비하신 사람들을 통해서 이루어진다는 것입니다.

> 주를 섬겨 금식할 때에 성령이 이르시되 내가 불러 시키는 일을 위하여 바나바와 사울을 따로 세우라 하시니(행 13:2).

'따로 세우라'는 말씀은 '그 사람을 네게서 분리해서 내게로 이양하라'는 뜻입니다. 나를 도와달라는 뜻이 아닙니다. 선교 헌금을 해 달라는 뜻이 아닙니다. 아예 그 사람을 떼어서 나에게 달라는 것입니다. 이는 결혼하는 것과 같습니다. 그 사람을 완전히 그 가족에게서 떠나게 해, 나에게 달라는 것입니다.

성령님은 교회에게, 바나바와 사울을 따로 세우라고 말씀하셨습니다. 바나바와 사울은 갑자기 부름 받은 것이 아닙니다. 성령님은 당신의 일을 위해서 사람을 예비하고 준비하십니다. 마찬가지로 선교 명령은 갑자기 주어지는 것이 아닙니다. 하나님은 우리에게 소원을 두고 준비시키십니다.

예레미야는 배 속에서부터, 아니 그전부터 하나님이 부르셨다고 말했습니다. 하나님은 우리 또한 오래전부터 설득하시고, 부르시고, 의롭다 하시고, 정결하게 하셔서서 당신의 일을 감당하도록 준비시키신 것입니다.

하나님은 바나바와 사울을 준비시키시어 때가 되기를 기다리셨습니다. 그리고 때가 되었을 때 나타나셔서, "내가 불러 시키는 일을 위하여 바나바와 사울을 따로 세우라"고 말씀하셨습니다.

따로 세운다는 말은 해방한다는 뜻입니다. 그리고 이것은 헌신을 뜻합니다. 결혼이란 무엇입니까? 헌신입니다. 한 남자가 한 여자를 선택했다는 것은 이 지상에 있는 다른 모든 여자를 포기했다는 것입니다. 내가 선택한 여자보다 더 예쁜 여자가 있을 수 있습니다. 더 매력 있고 지혜로운 여자가 있을 수 있습니다. 그렇지만 더 좋은 여자가 올지라도 흔들리지 않는 것입니다. 그게 헌신입니다. 헌신하지 않는 결혼은 이혼으로 끝납니다. 더 좋은 조건이 생기면, 또는 불행한 일이 생기면 끊어 버리게 됩니다. 헌신하지 않았기 때문에 그러는 것입니다.

우리는 우리의 인생을 어딘가에 헌신해야 합니다. 막연한 기대를 가지고 사는 것이 아니라 하나님에게 헌신해야 합니다. 인생의 본질은 하나님에게 헌신하며 사는 데 있습니다. 헌신한다는 말은 프라이어리티(priority), 곧 우선순위가 생긴다는 말입니다. 우선순위가 생겨서, 해야 할 것과 하지 말아야 할 것이 결정되는 것입니다.

저는 목회자로서 두 곳에 헌신했습니다. 온누리교회와 두란노서원입니다. 그래서 저는 온누리교회와 두란노서원에서 명령하는 것에 우선순위를 둡니다. 아무리 좋은 데서 설교하도록 또는 부흥회를 인도하도록 부탁을 받아도 거기에 헌신하지 않았기 때문에 가지 않습니다. 그러나 온누리교회 사역 부서에서 제게 '작은 교회에 가라' 하면 저는 갈 수밖에 없습니다. 헌신했기 때문입니다. 두란노서원에서 '가라' 하면 저는 갑니다. 헌신했기 때문입니다. 이런 게 바로 헌신입니다.

당신은 누구에게 헌신했습니까? 헌신할 대상이 없는 사람, 부를 노래가 없는 사람, 들어야 할 깃발이 없는 사람, 되는 대로 살아가는 사람은 불행한 사람입니다. 사람은 자기가 가야 할 길이 있어야 합니다. 자기가 부를 노래가 있어야 합니다. 죽어 줄 수 있는 대상이 있어야 합니다. 세상에서 가장 행복한 사람은 죽어 줄 대상이 있는 사람일 것입니다.

하나님은 헌신자를 찾으십니다. 당신이 어떤 직업에 종사하든지, 어떤 형편에 있든지, 나이가 얼마든지 간에, 하나님에게 헌신할 수 있게 되기를 바랍니다. 헌신하면 이곳에 갈까, 저곳에 갈까 고민하지 않아도 됩니다. 갈 수 있는 길은 한 길밖에 없기 때문입니다.

바울은 헌신한 사람이었습니다. 베드로를 비롯한 열두 제자는 헌신한 사람들이었습니다. 당신도 헌신하는 사람이 되기를 바랍니다. 세계 선교는 이렇게 헌신된 사람을 통해서 이루어집니다.

가장 소중한 것으로 드리라

마지막 선교의 원칙은, 세계 선교는 순종을 통해서 이루어진다는 것입니다.

> 이에 금식하며 기도하고 두 사람에게 안수하여 보내니라(행 13:3).

다섯 명의 안디옥교회 지도자들은 바나바와 사울을 따로 세우라는 말씀을 들었습니다. 아마 다섯 사람 모두 충격을 받았을 것입니다. 바나바와 사울은 당사자로서 충격을 받았을 것이고, 나머지 세 사람은 그들대로 충격을 받았을 것입니다. "아니, 바울 떼어 가고 바나바 떼어 가시면 우리는 어떻게 합니까? 하나님, 정말 너무하십니다. 제일 좋은 부분만 싹싹 골라 가시는군요." 저는 이렇게 말하지 않았을까 생각합니다.

그러나 우리의 봉사와 헌신을 어떻게 남는 자투리 시간, 찌꺼기 시간에 드릴 수 있겠습니까? 예전에는 이런 슬픈 얘기들이 있었습니다. 일류 대학도 떨어지고 이류 대학도 떨어지고 삼류 대학도 떨어지고 나면 '신학교에 간다'고 했습니다. 옛날에는 목사님들도 그렇게 생각했습니다. 또 자식을 가진 부모들은 대개 이렇게 말했습니다. "선교를 해야 한다고요? 아, 해야지요. 하지만 내 자식은 안 됩니다. 다른 사람보고 하라고 하세요. 당신 자식은 가도 되지만, 우리 아이는 미국으로 유학 가야 합니다. 그래서 교수도 되고,

의사도 되어야 합니다." 그렇습니까? 당신의 첫 열매, 당신의 가장 좋은 것은 하나님의 소유입니다. 좋은 것을 바치십시오. 당신 생애에서 가장 소중한 것을 바치십시오.

저는 한 의료 선교사 부인의 간증을 기억합니다. 40세에 외과 의사로서 승승장구하던 남편이 선교사로 헌신하자, 간호사였던 부인이 심하게 반대했다고 합니다. 연로하신 부모님, 고3인 자식 핑계를 대며 나중에 가자고 만류하는 아내에게 남편은 이런 말을 했다고 합니다. "나는 지금 외과 의사로서 가장 실력을 많이 발휘할 수 있는 시기요. 나는 내 인생의 황금기를 주를 위해 드리고 싶지, 노년을 드리고 싶지는 않소." 이 말에 아내는 결국 남편에게 순종하게 되었다고 합니다.

저는 청년들에게 두 가지를 부탁하고 싶습니다. 첫째, 대학 기간을 5년으로 생각하자는 것입니다. 2학년 때 1년간 휴학을 하고, 그 기간에 선교지에 나가서 1년을 살다 오는 것입니다. 그다음에 한국에 돌아와 대학을 졸업하고 나면 직장을 갖는 시기가 될 것입니다. 이 시기에 둘째, 직장을 가지기 전 1년을 다시 한 번 헌신하는 것입니다. 이렇게 생애의 최소 2년을 주를 위해 바치십시오. 당신 생애의 2년을 아낌없이 헌신해 보십시오. 물론 평생을 그렇게 살 수 있으면 더 좋을 것입니다. 헌신은 자꾸 연습해야 합니다. 1년간 해 보고, 그다음 1년을 더 해 보고, 또 1년을 해 보고, 이런 식으로 계속 1년씩 헌신하는 것입니다.

안디옥교회는 자기들이 가장 소중하게 생각했던 바나바와 사울, 두 사람을 내놓으라는 성령의 음성 앞에서 고민하기 시작했습니다. 이러한 고민 앞에 그들은 무엇을 했습니까? 금식했습니다. 그다음엔 무엇을 했습니까? 기도했습니다. 여기서 우리는 그들이 얼마나 고민하고 갈등했는지를 읽을 수 있습니다. 그러고 나서 내린 결론은 무엇이었습니까? 두 사람을 안수해서 보내는 것이었습니다. 할렐루야! 그들은 순종했습니다.

우리는 여기서 성령님에 대한 세 가지를 배우게 됩니다. 첫째는, 성령님이 이 일을 하신다는 사실입니다. "성령이 이르시되 내가 불러 시키는 일을 위하여 바나바와 사울을 따로 세우라"(행 13:2)고 했습니다. 성령님이 일하십니다. 둘째는, 성령님이 일하실 수 있도록 사람들이 환경을 만들어 드렸다는 사실입니다. 그들은 금식하고 기도하며 하나님의 말씀 앞에 머물렀습니다. 셋째는, 성령님에게 순종함으로써 그들은 현명한 선택을 했다는 사실입니다. 그럴 때 이방의 문이 열렸던 것입니다.

저는 당신이 뜨거운 가슴으로 성령님의 음성을 듣게 되길 바랍니다. 성령님이 일하시도록 환경을 만들어 드리길 바랍니다. 그리고 성령님과 날마다 동행하기를 바랍니다.

15

구브로에서 복음을 전하다

사도행전 13:4-12

선교의 문이 열리다

안디옥교회에는 다섯 명의 영적 지도자들이 있었는데, 이들이 주님을 섬기면서 금식할 때 성령님의 음성을 들었습니다. "내가 불러 시키는 일을 위하여 바나바와 사울을 따로 세우라"(행 13:2). 이러한 음성을 들었을 때 그들은 즉시 금식하며 기도했습니다. 그러고는 말씀에 순종해서 바나바와 사울을 안수하여 보냈습니다.

안디옥교회의 선교사 파송은 단순한 사건이 아닙니다. 이것은 사도행전에서 절정을 이루는, 영적으로 보면 어마어마한 의미를 가지는 사건입니다. 아무리 큰 사건이라도 소란하기만 하고 아무 의미 없는 일일 수 있습니다. 반면, 사람의 눈에 띄지 않는 작은 사건이지만 역사적인 사건이 되어 세계를 변화시키는 결정적인 역할을 할 수도 있습니다.

안디옥교회에서 선교사를 파송했습니다. 두 사람을 파송했다는 것이 그리 대단할까 싶지만, 그것은 오순절 사건만큼이나 의미가 있는 사건입니다. 왜냐하면 이 사건이 세계 선교의 문을 여는, 바로 이방인들에게 복음이 전파되는 공식적인 시작이었기 때문입니다.

예루살렘교회가 성령을 받아 안디옥교회를 낳고, 그 안디옥교회가 선교사를 파송했다는 이 구조가 바로 사도행전의 구조입니다. 그리고 이것이 지상에 존재하는 모든 교회의 본질입니다. 이런 구조를 따라가지 않는 교회는 의심스런 교회입니다. 그것은 사도행전적인, 성경적인 교회가 아닌, 어떤 인위적인, 인간적인, 세속적인, 시대적인 교회에 불과합니다. 바나바와 사울은 성령의 음성을 듣고 그 즉시 성령이 인도하시는 대로 움직이기 시작합니다.

두 사람이 성령의 보내심을 받아 실루기아에 내려가 거기서 배 타고 구브로에 가서 살라미에 이르러 하나님의 말씀을 유대인의 여러 회당에서 전할새 요한을 수행원으로 두었더라(행 13:4-5).

이 말씀에서 우리는 최초 선교사의 공식적인 활동이 어떻게 시작되는가를 알 수 있습니다. 그리고 또 몇 가지 중요한 원리들을 발견하게 됩니다.

성령의 보내심을 받다

첫째, 선교란 성령님의 음성을 듣고 그분의 보내심을 따라 움직인다는 것입니다. 이것은 굉장히 중요합니다. 그들은 금식할 때 성령님의 음성을 들었습니다. 당사자인 바나바와 사울은 물론, 다른 동역자들도 각자 그 음성을 들었습니다. 그런데 그들은 음성을 듣고서, '나는 음성을 들었으니 가겠다'는 식으로 단독 결정을 하지 않았습니다. 우리의 문제는 '성령의 음성을 들었으니까' 하며 단독으로 결정을 내리는 데 있습니다. 우리는 성령의 음성이 들려올 때마다 의논하며, 이것이 정말 하나님으로부터 온 생각인가를 확인해 보는 조심스런 과정이 필요합니다.

그들은 금식하며 기도했습니다. 서로 확인을 한 것입니다. '이것은 성령님이 우리에게, 특별히 바나바와 사울에게 선교사로 나가라고 말씀하시는 분명한 메시지다.' 이런 메시지를 확인하고 나서 보냈다는 것입니다.

바나바와 사울은 성령님의 보내심을 받아 실루기아라는 항구를 거쳐 구브로라는 섬으로 들어가게 되었습니다. 이때 제일 먼저 구브로라는 섬으로 가게 한 결정은 누가 내린 것일까요? 여기서도 분명한 것은, 성령님의 인도하심이 한 사람에게 확인된 것이 아니라, 모든 사람들에게 공통적으로 확인되었기 때문에 그쪽으로 움직였다는 것입니다. 이것이 선교입니다.

우리는 선교의 시작은 같은데 그 과정에서 성령님의 음성에 예민하지 않다는 데 문제가 있습니다. 비록 성령님의 음성을 들었다 할지라도 그것을 단독으로 결정하고 밀고 나가려 해서는 안 됩니다. 이것이 정말 하나님으로부터 온 생각인가를 확인하는 과정을 무시함으로써 교회에 분란이 일어나고, 선교가 실패하게 되는 것입니다.

오늘날 선교 단체나 교회 안에서 특별히 선교 헌신자들이 일으키는 심각한 문제는 너무 조급하게 서두르는 데서 연유합니다. 언젠가 예배 시간에, '내가 선교하러 가겠습니다. 선교사로 가든, 목사로 가든, 어떤 직업을 가지고 가든 내 생애를 하나님 앞에 드려서 주님의 일을 하고 싶습니다' 하는 사람은 일어서라고 했을 때 1천 명 이상이 일어섰습니다. 그러면 그렇게 일어섰다고 해서 당장 뭐가 달라집니까? 아닙니다. 그렇게 헌신하기로 결심했다 하더라도 그날을 기다리며 하나님의 예언이나 인도하심을 받는 훈련이 필요합니다.

바나바와 사울은 선교사로 가기 전까지 안디옥교회에 소속되어 성도로서의 본분을 열심히 지켰습니다. 그들은 봉사하고 성경 공부하고 심방하고 전도하는 등, 일상의 일들을 열심히 했다는 것입니다. 나는 선교사로 갈 사람이기 때문에 이런 것들은 필요 없다? 선교사 훈련만 받으면 된다? 아닙니다. 우리는 훈련 가운데 준비하고 있어야 합니다. 때가 되었을 때, 성령의 음성이 나타나서 '이제 가라' 말씀하실 때 바나바와 사울은 이미 준비되어 있었습니다.

그런데 준비에도 때가 있습니다. 우리는 선교사로 헌신할 때부터 준비하려고 합니다. 지금 당장 시작하겠다는 것입니다. 이런 의미에서 선교란 지금 당장 무엇을 하는 것이 아닙니다. 준비하고, 봉사하고, 기다리고 또 기다리는 것이 바로 선교에 대한 헌신의 시작입니다.

주변 사람들의 인정을 받다

둘째, 선교란 주변 사람들의 인정이 필요하다는 것입니다. 바나바와 사울은 주님의 명령을 따라 인정을 받고 출발했습니다. 교회에서 '나는 선교사로 가겠다' 하며 혼자 쓱 가 버리면 아무 소용이 없습니다. 교회의 모든 지체들로부터 '저 사람은 선교사로 가도 된다'는 인정을 받아야 합니다. 그런데 사람들은 간혹, '나 혼자 가겠으니 교회에서는 그냥 지원만 해 달라'고 말합니다. 그러면 안 됩니다. 그 사람이 선교사로 갈 정도라면 교회가 인정해야 합니다. 다른 사람이 볼 때 '가도 좋겠다, 그게 성령님의 인도와 생각인 것 같다'고 공통적으로 인정되어야 합니다.

이렇게 인정된 바나바와 사울은 어떻게 선교하러 갔습니까? 먼저, 선교의 1차 행동은 가깝고 익숙한 장소, 익숙한 사람들로부터 시작되었습니다. 그들은 배를 타고 구브로라는 섬으로 갔습니다. 구브로라는 섬은 바나바의 고향입니다. "구브로에서 난 레위족 사람이 있으니 이름은 요셉이라 사도들이 일컬어 바나바라(번역하면 위로의 아들이라) 하니"(행 4:36). 고향이었으니 바나바에게는 얼마나 익숙한 곳이었겠습니까?

두 번째로, 구브로 섬에는 살라미(Salamis)라는 항구가 있었는데, 그들은 그곳에서 유대인의 회당을 찾았습니다. 바나바와 사울의 경우에는 유대인의 회당이라는 장소가 굉장히 익숙한 곳입니다.

세 번째로, 그들은 한 사람을 데리고 갔습니다. 마가라고 하는 요한이 바로 그 사람입니다. 그는 바나바의 생질, 곧 친척입니다(골 4:10 참조). 친척이니까 얼마나 익숙하겠습니까? 마가라고 하는 요한의 역할은 아마 세례를 줄 때 옆에서 도와주며, 개종자가 있으면 데려다가 성경을 가르치는, 소위 양육하는 일이었을 것입니다. 그 외에도 사람들이 찾아오면 줄을 세우는 등 이런저런 잔심부름을 했을 것입니다. 만일 이런 사람이 생판 모르는 남이었다면, 그와 만나 익숙해지는 데까지 얼마나 많은 시간이 걸렸을까요? 그러나 요한은 바나바의 친척으로, 잘 아는 사람이었습니다.

우리는 여기서 굉장히 중요한 선교 전략을 발견하게 됩니다. 그것은 '팀워크'라는 것입니다. 선교는 혼자 독불장군식으로, 난생가 본 적 없는 낯선 곳에 가서 일하는 게 아닙니다. 많은 선교사들이 여기에서 실수를 합니다. 언어가 안 됩니다. 지역에 대해 서툽니다. 문화가 다릅니다. 그런데도 '믿습니다' 하며 대책 없이 그곳으로 갑니다. 그러고는 실수를 계속 연발합니다. 그러면서도 한국식으로 밀어붙이는 것입니다.

바나바와 사울은 처음 선교를 할 때 어떠했습니까? 그들은 서로를 잘 알았습니다. 또 바나바의 생질인 요한은 이들과 잘 아는 사이였습니다. 그러니 그들 사이에서는 인간관계에 대한 갈등을 가질 필요가 없었을 것입니다. 새 사람과 서로 익숙해지기까지는 꽤 오랜 시간이 걸립니다. 몇 년을 싸워야 겨우 친해집니다. 부부도 마찬가지입니다. 그런데 바나바와 사울은 팀워크를 맞추어 선교를 시작했습니다. 교회는 선교의 비전을 가지고 일을 수행할 때 이 원리를 적용해야 합니다.

선교사로 헌신하기 위해 필요한 준비

선교사로 가기 전에는 첫째, 바나바와 사울처럼 교회를 잘 섬겨야 합니다. 선교사로 가기 위해 교회를 이용해서는 안 됩니다. '이 교회가 선교사를 파송해 주니까 빨리 등록해서 1년 정도 다니다가 선교사로 나가야겠다.' 이런 사람은 백발백중 실패합니다. 이 사람에게는 교제권이 형성되어 있지 않기 때문입니다. 교회에 와서는 한 명의 교인이 되어야 합니다. 교회를 섬겨야 합니다. 그렇게 해서 사랑이 생겨야 합니다. 교제권을 만들어야 합니다. 그렇게 해야 이 사람이 선교사로 나간 후에도 교회가 지속적으로 그 사람을 위해서 애정과 사랑과 기도를 공급해 줄 수 있기 때문입니다. 바나바와 사울을 보낸 안디옥교회는 그들을 위해 얼마나 기도했겠습니까? 바나바와 사울이 교회와 서로 주고받은 것이 있었기 때문에, 안디옥교회를 위해 헌신하고 희생했기 때문에, 교인들은 그 헌신과 희생을 잊지 못하는 것입니다. 이처럼 선교는 어느 단체나 교회를 이용하는 것이 아니라, 충분한 교제권과 사랑의 열매로 맺어지는 것입니다.

둘째, 선교사로 가기 전에는 팀워크를 위해 먼저 국내 선교를 해야 합니다. 해외로 먼저 가면 큰일납니다. 먼저 제주도 같은 곳으로 가서 6개월 정도 함께 살아야 합니다. 함께 살면서 나쁜 성격들이 다 부서져야 하고, 서로의 못된 습관들을 전부 버려야 하고, 이기적이고 독단적인 것들을 거기서 다 처리해야 합니다. 선교지에 가서 그런 것들이 터지면 아주 끝나는 것입니다.

그런데 우리는 언어도 미처 배우지 못하고 문화도 친숙하지 못한 상태에서 그냥 무조건 갑니다. 그러니 선교사들이 고생하는 것입니다. 열매는 하나도 맺지 못한 채 사람 사귀는 것, 문화 적응하는 것에 돈 낭비, 시간 낭비만 하는 것입니다.

해외로 나가서 사역을 할 때는 반드시 익숙한 사람들과 함께 가야 합니다. 영화에서 보면 화약 전문가, 살인 전문가라고 해서 각 형무소에서 데려온 사람들이 한 팀이 되어 요새를 공격합니다. 특공대 같은 것입니다. 그러나 선교는 그런 게 아닙니다. 그렇게 여러 사람을 모아 무조건 팀을 만들어 주는 게 아니라, 사랑으로 하나 될 수 있는 사람들이 함께하는 것입니다. 중요한 것은, 무슨 일을 하느냐보다 그 공동체가 얼마나 사랑으로 하나 되어 있느냐입니다.

이것이 전도의 방법입니다. 바나바와 사울의 전도하는 모습을 보면서 선교 전략에 있어서 참 놀라운 통찰력을 발견하게 됩니다. 필리핀에 가서 영어 연수를 받는 게 아니라, 싱가포르에 가서 어떤 훈련을 받는 게 아니라, 그런 곳에 가기 전에 그 팀의 팀워크가 먼저 국내에서 공동체 생활을 하는 가운데 만들어져야 한다는 것입니다.

선교지에서 어려움을 만나다

이제 그들은 살라미에서 반대편에 있는 항구 도시로 가게 됩니다. 파포스(Paphos)인데 우리 성경에는 바보라고 되어 있습니다.

> 온 섬 가운데로 지나서 바보에 이르러 바예수라 하는 유대인 거짓 선지자인 마술사를 만나니 그가 총독 서기오 바울과 함께 있으니 서기오 바울은 지혜 있는 사람이라 바나바와 사울을 불러 하나님의 말씀을 듣고자 하더라(행 13:6-7).

여기에서는 아주 중요한 일들이 벌어지고 있습니다. 바보라는 도시에서 일어나는 사건은 선교사가 가서 어떤 사람을 만나느냐, 무슨 사건과 부딪히느냐에 관련해서 전형적인 모델이 되는 이야기입니다.

첫째, 선교지에 가면 무당을 만나게 됩니다. 이것은 세계 어느 나라에서든지 부딪히는 사건입니다. 그 지역의 토속 신앙을 만나게 됩니다. 그 지역의 전통적인 종교를 만나게 됩니다. 그 지역을 지배하고 있는 귀신들의 세계를 접촉하게 됩니다. 이것은 우리나라의 경우에도 마찬가지입니다. 대한민국을 전도하는 데 있어 불교, 유교, 천주교는 중요하지 않습니다. 무당이 문제입니다. 무속 신앙, 즉 무당이 우리 민족의 근간을 이루고 있는 정신 체계입니다. 불교가 들어와도 무당이 다 잡아먹어 버렸습니다. 유교가 들어와도 무당이 다 잡아먹어 버렸습니다. 심지어 기독교가 들어왔을 때도 무당이 잡아먹어서, 우리가 기복 신앙을 논하는 게 무당화되어 가는 기독교, 즉 무속화되어 가는 기독교라는 것입니다. 선교사는 어느 나라를 가든지 이런 무속 신앙을 제일 먼저 만나게 됩니다.

선교사들이 바보라는 곳에 가 보니 바예수라는 거짓 선지자가 있었습니다. 박수였습니다. 바예수(Bar-Jesus)라는 이름에서 '바'(Bar-)는 아들(son)이라는 의미입니다. 바요나 시몬(Bar-Jonah Simon)이 요나의 아들인 것처럼 말입니다. 그렇다면 바예수는 예수의 아들이라는 뜻입니다. 그런데 그 사람이 무당입니다. 선교지에서는 이런 사람을 먼저 만나게 되는 것입니다.

둘째, 선교지에서는 예수님에 대해서 관심이 있다고 말하는 사람을 만나게 됩니다. 앞의 말씀에서는 서기오 바울이 그런 사람입니다. 이 서기오 바울에 대해서 성경은 지혜로운 사람이라고 이야기합니다. 뿐만 아니라 그는 총독이었습니다. 총독은 로마의 원로나 황제가 임명하는 사람입니다. 따라서 서기오 바울이라는 총독은 권력을 가진 통치권에 있는 사람이라고 생각할 수 있습니다. 그런데 이런 사람이 자기 휘하에 박수무당을 하나 데리고 있지만, 예수라는 사람에 대해 굉장한 관심을 가지고 있었다는 것입니다. 그래서 "바나바와 사울을 불러 하나님의 말씀을 듣고자" 했던 것입니다.

셋째, 이 같은 무당이나 전통 세력은 언제나 복음의 세력을 도전하고 방해합니다. 예수에 대해 관심을 가진 사람이 더 이상 관심 갖지 못하도록, 이 전통 세력과 무당들이 적극적으로 개입해서 방해하는 것입니다.

> 이 마술사 엘루마는 (이 이름을 번역하면 마술사라) 그들을 대적하여 총독으로 믿지 못하게 힘쓰니(행 13:8).

박수 또는 마술사라는 뜻의 이 엘루마는 서기오 총독 밑에 있는 사람으로서, 서기오 바울 총독으로 하여금 예수에 대해 관심을 갖지 못하도록 아주 적극적으로 방해를 했습니다. 이런 방해는 당신의 가정에도 있습니다. 당신이 누구보다도 예수를 더 잘 믿으려고 하면, 식구들이 못 믿도록 난리를 칩니다. 이상한 일들이 막 일어납니다. 예수 믿지 않는 가정에 시집을 가서 식구들을 전도하려고 하면 주변에서 벌 떼처럼 일어나서 난리를 치게 되어 있습니다. 그것은 이상한 일이 아닙니다. 마귀의 장난이라 그런 것입니다. '사도행전 13장의 일이 나에게도 일어나는구나' 하고 생각하면 됩니다. 이는 사회도 마찬가지입니다. 한 사회가 기독교 사회로 변신하려 하면 사회 전체에서 귀신들이 들고 일어납니다. 국가가 변하려 할 때도 그렇습니다.

귀신을 쫓아내다

이러한 현상에 대해서 바나바와 사울은 어떻게 대처했습니까? 아주 중요한 원리가 나타납니다.

> 바울이라고 하는 사울이 성령이 충만하여 그를 주목하고 이르되 모든 거짓과 악행이 가득한 자요 마귀의 자식이요 모든 의의 원수여 주의 바른 길을 굽게 하기를 그치지 아니하겠느냐(행 13:9-10).

위의 말씀에서 우리는 귀신을 쫓아내는 세 가지 방법을 확인할 수 있습니다.

성령으로 충만하라

첫째, 귀신을 쫓으려면 성령이 충만해야 합니다. 사울은 '성령이 충만하여' 그를 주목했습니다. 성령 충만하지도 않고 기도도 하지 않은 채 귀신을 쫓으려고 하면 귀신은 절대로 나가지 않습니다. 귀신은 영물이라 우리가 기도하는지, 안 하는지를 너무나도 잘 알고 있습니다. 예수 믿는 척하면서 뒤에서 행하는 모든 비신앙적인 행동들을 귀신은 다 알고 있다는 것입니다. 우리는 여기서 약점이 잡혀서는 안 됩니다. 그러면 귀신한테 당하게 됩니다. 그렇기에 귀신을 이기려면 성령 충만해야 합니다. 기도하고 있어야 합니다. 날마다 주 안에서 죄를 고백해야 합니다.

이것은 지적인 문제가 아닙니다. 영적인 문제입니다. 우리가 회개하고 기도하고 믿음과 말씀으로 굳게 서 있을 때만 악령들이 나갑니다. 성령 충만하고 기도로 무장되어 있으면 귀신이 애들같이 느껴져서 하나도 무섭지 않습니다. 입으로 훅 불면 날아갈 것 같습니다. 하지만 기도하지 않고 성령 충만하지 않으면 귀신이 얼마나 무서워 보이는지 모릅니다. 너무나 큰 세력으로 다가와서, 아무리 밀어내도 안 나갈 것 같은 생각이 듭니다.

사람을 대하는 것도 마찬가지입니다. 무서운 사람이 있어도 기도하고 성령으로 충만하면 그 사람이 그렇게 안 무섭게 느껴집니다. 교인들이 무서우면 어떻게 목회하겠습니까? 기도하지 않으면 교인들이 무섭게 느껴지고 뒤에서 수군대는 것 같아서 겁이 납니다. 그렇지만 기도하면 하나도 겁나지 않습니다.

누군가를 만날 때 그 사람이 무서워졌다면, 문제는 당신에게 있는 것입니다. 정말 기도하고 성령으로 충만한 사람들은 사람이 무섭지 않습니다. 우리는 성령으로 충만해야 합니다.

피하지 말고 대적하라

둘째, 대적해야 합니다. 피하지 말라는 것입니다. 사울은 성령이 충만하여 엘루마라고 하는 무당을 어떻게 대했습니까? 주목했습니다. '주목했다'는 말은 '전혀 주저하지 않고 직선적으로 보았다'는 뜻입니다. 이것은 굉장히 중요합니다. 이는 영적인 전투를 의미합니다. 꼬리를 내리는 개는 싸움에서 못 이깁니다. 버텨야 합니다. 싸워야 합니다. 귀신이 있다고 해서 꼬리를 내리면 큰일납니다. 등을 돌리면 큰일납니다. 눈 감으면 큰일납니다. 눈을 크게 뜨고 직시해야 합니다. 싸우겠다는 의지가 있어야 합니다. 지금 내 안에 악한 세력이 있다면, 내 안에서 욕심과 음욕과 타락의 생각들이 나온다면, 눈을 부릅뜨고 그것들을 직시하십시오. 눈을 부릅뜨고 주목해보는 행위는 전투를 하겠다는 의지적인 결정입니다.

바울은 야고보서에서 무엇이라고 했습니까? 마귀를 피하라고 하지 않았습니다. "마귀를 대적하라 그리하면 너희를 피하리라"(약 4:7)고 했습니다. 그런데 이상하게도 우리가 피합니다. 마귀가 오면 내가 피해 버립니다. 아닙니다. 마귀가 피하도록 만들어야 합니다. 이것은 일종의 눈싸움입니다. 나갈 때까지 주목하고, 대결하고, 대적하고, 공격하고, 예수의 이름으로 쫓아내는 것입니다. 이것이 영적 싸움입니다. 우리가 쫓겨나서는 안 됩니다. 마귀가 쫓겨나야 합니다. 우리가 분열되어서는 안 됩니다. 마귀가 분열해야하는 것입니다.

꾸짖으라

셋째, 꾸짖어야 합니다. '귀신이여, 떠나시기 바랍니다' 하는 식으로 말하면 곤란합니다. 그것은 마치 '도둑님, 내가 눈 감고 있을 테니 살짝 가십시오'라고 말하는 것과 똑같습니다. 귀신에게는 소리를 질러야 합니다. 호령해야 합니다. "더러운 귀신아, 예수의 이름으로 명하노니 떠날지어다." 이렇게 소리 지르고 명령하며 대적해야 합니다. 그래야 우리 안에 있는 모든 탐욕, 사치스러운 생각, 시기, 질투, 미움, 음란, 호색과 같은 것들이 꺾이는 것입니다. 음란과 싸워 이길 수 있는 사람은 한 명도 없습니다. 다 지게 되어 있습니다. 이것을 응원해서는 안 됩니다. 명령을 내려야 합니다. 꾸짖어야 하는 것입니다.

사울은 이렇게 선언했습니다. "너는 모든 거짓과 악행이 가득한 자다. 너는 마귀의 자식이다. 너는 의에 대적하는 원수다. 너는 주님의 바른 길을 굽게 하는 자구나! 주의 바른 길을 굽게 하는 짓을 그칠지어다!" 이렇게 명령을 내린 것입니다.

우리가 예수를 믿고 나아갈 때는 하루에 한 번씩 우리 안에 명령을 해야 합니다. "내 안에 들어오려고 유혹하는 더러운 귀신들은 묶임을 받을지어다!" 하루를 시작할 때 우리 안에 들어오려는 마귀의 세력을 묶지 않으면 하루를 승리할 수 없습니다. 집에서 가정 예배를 드릴 때도 귀신을 묶어야 합니다. 다른 사람 집에 심방을 가서도 그 집에 자리 잡고 있는 귀신을 묶어야 합니다. 집 안에 있는 귀신을 묶으십시오. 저는 당신의 집이 평안하길 바랍니다. 사소한 일, 아무것도 아닌 일로 싸우는 것은 귀신이 역사해서 그런 것입니다.

성령 충만하고, 주목해서 꾸짖으십시오. 꾸짖으면서 예수의 이름으로 묶어 버리십시오. 방법은 그것밖에 없습니다. 그러려면 당신의 주위에 보혈이 흘러넘쳐야 합니다. 예수님의 십자가와 부활의 능력이 넘쳐야 합니다. 그러면 찬송이 나옵니다. 아무리 시험이 든다 할지라도 사랑과 용서가 생기는 것입니다.

저주하라

넷째, 귀신을 저주해야 합니다.

> 보라 이제 주의 손이 네 위에 있으니 네가 맹인이 되어 얼마 동안 해를 보지 못하리라 하니 즉시 안개와 어둠이 그를 덮어 인도할 사람을 두루 구하는지라(행 13:11).

사울은 굉장히 용감한 사람입니다. 눈이 멀도록 명령했고, 즉시 그 사람의 눈이 멀어 버렸습니다. 감사한 것은, '죽을지어다'라고 하지 않았다는 것입니다. 그렇게 명령했다면 그 사람은 정말 죽었을 것입니다.

> 이에 총독이 그렇게 된 것을 보고 믿으며 주의 가르치심을 놀랍게 여기니라(행 13:12).

예수님은, "믿고 세례를 받는 사람은 구원을 얻을 것이요 믿지 않는 사람은 정죄를 받으리라 믿는 자들에게는 이런 표적이 따르리니 곧 그들이 내 이름으로 귀신을 쫓아내며 새 방언을 말하며 뱀을 집어 올리며 무슨 독을 마실지라도 해를 받지 아니하며 병든 사람에게 손을 얹은즉 나으리라"(막 16:16-18)고 말씀하셨습니다. 예수 믿는 것은 도덕이 아닙니다. 윤리가 아닙니다. 예수 믿는 것은 구원입니다. 영적인 구원입니다. 영적 싸움에 들어가는 것입니다.

사울, 바울이 되다

여기서 한 가지 더 기억할 말씀이 있습니다. 여기서 처음으로 바울이라는 이름이 등장합니다. 사울은 유대식 이름입니다. 바울은 '파울로스'(Paulos)라는 로마식 이름입니다. 이제 사울이 변해서 바울이 되었습니다. 사울은 '큰 자'라는 뜻이고, 바울은 '작은 자'라는 뜻입니다. 사울은 이제 스스로 하나님 앞에서, '나는 보잘것없는 사람이요, 작은 자입니다'라는 신앙적 겸손을 갖게 됩니다. 바울이 자신의 신앙 고백으로서 항상 하는 말이 있습니다. "나는 지극히 작은 자다. 나는 죄인 중에 죄수다. 나는 지극히 연약한 인간이다. 나의 강함은 나의 연약함으로 말미암는다."

교회의 위기는 '우리는 돈이 있다, 우리는 집이 있다, 우리 교회에는 몇 천 명의 성도가 있다'는 말들이 나올 때 닥칩니다. 그렇게 자랑하고 있을 때, 그렇게 자기의 부요함과 실력과 능력을 과시할 때, 교회는 그대로 망하는 것입니다. '우리는 정말 부족한 사람들입니다. 우리는 정말 아무것도 할 수 없는 사람들입니다. 정말 연약한 자 중에서도 연약한 자들입니다.' 교회는 이런 고백을 할 때 능력이 생기는 것입니다. 교회가 부흥하면서 저지르는 실수가 자기 과시입니다. '교단에서 제일 큰 교회, 대한민국에서 일을 제일 많이 하는 교회'라고 할 때부터 그 교회는 망하는 것입니다. 교회는 영원히 겸손해야 합니다. 교회는 영원히, '우리의 힘은 우리 자신이 아닌 하나님으로부터 온 것입니다'라고 고백해야 합니다.

바울이 된 사울은 이렇듯 겸손히, 자기가 작은 자라는 사실을 고백합니다. "나는 바울이다. 나는 작은 자다. 나는 정말 별 볼 일 없는 인간이다."

'하나님은 우리 같은 인간들을 통해서, 부족한 우리 교회를 통해서 영광스러운 일을 하신다'고 고백할 때 교회는 언제든지 마귀의 시험으로부터 벗어나 든든히 서 갈 수 있습니다.

16

바울과 바나바의 헤어짐

사도행전 13:13-41

사도 바울과 바나바가 구브로 전도 여행에 이어서 비시디아에 있는 안디옥으로 전도 여행을 떠나게 됩니다. 그들은 섬을 떠나서 다시 육지로 건너옵니다. 우리는 여기에서 재미있는 사실을 발견하게 됩니다.

바울과 및 동행하는 사람들이 바보에서 배 타고 밤빌리아에 있는 버가에 이르니 요한은 그들에게서 떠나 예루살렘으로 돌아가고(행 13:13).

위의 말씀 이전에는 언제나 바나바와 사울(바울)로 소개되고 있었습니다. 그런데 이 부분에 와서는 바울과 바나바로 소개됩니다. 바나바는 먼저 예수님을 믿은 사람입니다. 그가 바울을 도와주었습니다. 바울이 처음 예수를 믿게 되었을 때, 공동체에 그를 데려가 소개해 준 사람이 바나바입니다. 그는 연륜으로나 신앙으로나 성숙한 인격과 인품을 가진 사람이요, 정말 좋은 지도자였습니다. 그래서 바나바와 바울로 불렸습니다. 그런데 전도 여행이 시작되면서부터 그 위치가 조금 바뀝니다. 바울이 이 여행을 이끄는 주체가 된 것입니다. 설교도 바나바가 하는 법이 없었습니다. 언제나 바울이 설교했습니다.

두 가지 형태의 리더십

여기서 우리는 두 가지 형태의 리더십을 보게 됩니다. 바울의 리더십과 바나바의 리더십이 그것입니다. 교회에는 이 두 가지의 리더십이 공존합니다. 먼저는, 바울과 같이 일을 만드는 사람, 비전을 세워 가는 사람, 역사를 끌고 가는 사람이 있습니다. 그들은 지도자적인 형태의 리더십을 갖춘 사람입니다. 그러면 바나바 같은 리더십은 무엇입니까? 도와주는 사람입니다. 이런 사람들은 협력자의 모습을 가지고 있습니다. 바나바는 선봉장이 아니라 내조자입니다. 그는 눈에 띄지 않습니다. 그는 언제나 뒤에 숨어서 일의 뒤처리를 하는 사람입니다.

교회에는 이런 두 가지 형태의 리더십이 필요합니다. 어떤 사람은 앞에 나가서 설교하고 외치며 모든 일을 조직하고 이끌어 갑니다. 그러나 그런 사람만 있다고 해서 교회 일이 잘 돌아가는 것은 아닙니다. 보이지 않는 곳에서 일을 마무리하며, 정리하고 돕고 협력하고 내조해 주는 리더십 또한 필요합니다. 이 두 가지 형태의 리더십이 조화를 이뤄야 합니다. 누가 높고 낮은 것은 문제가 되지 않습니다. 저마다 은사에 따라 행할 때, 하나님의 교회는 아름다워지고 사랑이 생기며, 든든히 서 가는 것입니다.

구약에도 이와 비슷한 관계가 나옵니다. 바로 여호수아와 갈렙의 관계입니다. 그들은 모세의 본을 따라서 하나님의 일들을 잘 감당했습니다. 모세가 나이 들어 죽게 되었을 무렵, 그는 하나님의 명을 받들어 자신의 리더십을 여호수아와 갈렙 중 한 사람에게 넘겨주어야 했습니다. 그리고 결국은 여호수아에게 모세의 리더십이 승계됩니다.

문제는 갈렙입니다. 갈렙이 얼마나 고민이 많았겠습니까? 모세를 섬길 때는 갈등이 없었습니다. 그 사람은 아예 격이 다르니까, 지도자니까 하고 생각할 수 있습니다. 그러나 여호수아는 동료로서 같이 일하던 사람입니다. 그런 여호수아를 이제는 지도자로 섬겨야 합니다. 갈렙의 마음이 얼마나 힘들었을지 짐작할 수 있습니다.

여호수아서를 보면 갈렙은 전면에 나타나지 않습니다. 죽은 것이 아닙니다. 숨어 지내는 것입니다. 언제나 여호수아가 나와서 지휘를 합니다. 그러나 사실 여호수아 뒤에는 언제나 갈렙이 있었습니다. 갈렙이 있었기에 여호수아가 그 일들을 할 수 있었는지도 모릅니다. 만약에 갈렙이 없었다면, 여호수아가 아무리 능력이 있어도 그런 큰 조직을 통솔하고 통치하기는 어려웠을 것입니다.

그런데 갈렙이 등장하는 때가 있습니다. 그의 나이 85세 때입니다. 그때까지 40년을 숨어서 산 것입니다. 여호수아의 그늘 밑에 숨어서 나타나지 않고 조력자로, 내조자로, 협력자로 존재했던 것입니다. 85세의 나이로 여호수아 앞에 나타난 갈렙은, "내

나이 80이 되었어도 그때나 지금이나 힘이 일반이요, 나는 아직도 건강합니다. 하나님이 말씀하신 땅을 주시면 하나님을 위해서 한 번 더 힘 있게 일해 보겠습니다"라고 말합니다(수 14:11-12 참조).

우리는 겉으로 드러난 여호수아보다도 안에 숨어 있던 갈렙의 인격과 신앙이 더 깊다는 것을 이해할 수 있습니다. 교회 안에는 이 두 가지 리더십이 존재합니다. 또 존재해야 합니다. "다 사도이겠느냐 다 선지자이겠느냐 다 교사이겠느냐 다 능력을 행하는 자이겠느냐"(고전 12:29)라고 했습니다. 하나님이 주시는 은사가 각각 다르다는 사실을 이 말씀에서 발견하게 됩니다.

준비되지 않은 전도자

그런데 전도 여행 중에 한 사건이 발생합니다. "요한은 그들에게서 떠나 예루살렘으로 돌아가고"(행 13:13). 이 요한은 마가 요한입니다. 그는 바울과 바나바의 수종자로서 따라갔습니다. 그런데 무슨 일인지, 바보에서 버가로 가는 길목에서 마가라는 요한이 집으로 돌아가겠다고 합니다. 전도 여행을 하다가 포기하고 만 것입니다. 분명한 이유는 나와 있지 않지만, 앞뒤 정황을 살펴볼 때 아마도 시험에 든 게 분명합니다. 가다 보니 힘들었는지도 모르겠습니다. 음식이나 잠자리가 불편했는지도 모르겠습니다. 어쨌든 그는 시험에 들었습니다. 그래서 도중하차를 하고 만 것입니다.

교회에서 일하다 보면 이런 사람들을 가끔 만나게 됩니다. 처음에는 열심히 합니다. 그런데 며칠 지나고 나면 없어집니다. 마가요한과 같은 경우입니다. 저는 우리가 처음도 잘하지만 끝도 잘하기를 바랍니다. 무슨 일을 하든지 고난이 오는 법입니다. 시험이 있습니다. 사람들이 우리를 항상 천사로 대접하진 않습니다. 아주 신경질 나는 날들이 옵니다. 더구나 오해를 받을 때는 억울해서 살길이 없습니다. 그래서 분을 내며 하던 일을 놓고 가 버립니다. 하지만 이런 사람이 마가요한과 같은 사람임을 기억해야 합니다.

우리는 여기서 굉장히 중요한 사실을 하나 발견합니다. 선교는 방법이나 제도나 돈이 아니라, 사람이라는 것입니다. 사람이 있으면 일이 되지만, 사람이 없으면 일이 되지 않는다는 것입니다. 마가요한은 어떤 사람입니까? 준비되지 않은 사람입니다. 준비되지 않은 사람이 감정적으로 일을 결정한 것입니다. 그러다 실제로 문제에 부딪히다 보니 당황해서 도중에 일을 포기하고 만 것입니다.

이것은 초대 교회에서 굉장히 중요한 문제로 등장하게 됩니다. 이 문제는 여기서 끝나지 않고, 뒤에서 2차 전도 여행을 시작할 무렵에 다시 거론됩니다.

며칠 후에 바울이 바나바더러 말하되 우리가 주의 말씀을 전한 각 성으로 다시 가서 형제들이 어떠한가 방문하자 하고 바나바는 마가라 하는 요한도 데리고 가고자 하나 바울은 밤빌리아에서 자기들을 떠나 함께 일하러 가지 아니한 자를 데리고 가는 것이 옳지 않다 하여 서로 심히 다투어 피차 갈라서니 바나바는 마가를 데리고 배 타고 구브로로 가고 바울은 실라를 택한 후에 형제들에게 주의 은혜에 부탁함을 받고 떠나(행 15:36-40).

바울과 그의 일행은 1차 전도 여행을 마친 후 전도했던 사람들의 소식이 궁금했습니다. 그들이 잘 믿고 있는지, 혹 시험에 들지는 않았는지 그 사람들을 심방하고 싶은 마음이 생겼습니다. 바울은 바나바에게 다시 가 보자고 제안했습니다. 이때 바나바가 마가 요한도 데리고 가자고 말합니다. 그런데 이것이 문제가 되었습니다. 바나바는 마가 요한이 비록 자기들을 배신하고 선교 사역 도중에 떠났지만, 다시 한 번 기회를 주고자 했습니다. 그런데 바울은 이것을 원치 않았습니다. 그런 사람을 다시 데려갈 수는 없다는 것입니다. 그렇게 배신하고 떠난 사람이 또 무슨 일을 저지를지 모르니 그 사람은 포기하자고 말한 것입니다. 바울과 바나바 사이에 마가 요한 때문에 논쟁이 붙었습니다. 성경은 서로 심히 다투었다고 이야기합니다. 그런데 다투고 마는 정도가 아니었습니다. 둘은 헤어지고 말았습니다. 마가 요한 때문에 이런 일이 벌어진 것입니다.

서로 달랐던 두 사람

우리는 여기서 두 가지 유형의 사람을 보게 됩니다. 먼저, 바나바는 사람을 중요하게 여기는 사람이었습니다. 그래서 일을 사람만큼 중요하게 생각하지 않았습니다. 사람이 일로 인해 상처를 받으면 오히려 일을 포기하는 유형의 사람이었습니다. 그렇기 때문에 바나바가 교회를 세웠다거나 무슨 일을 많이 했다는 말이 없습니다. 그러나 바나바는 사람을 캐내는 사람이었습니다.

반면에 바울은 사람을 좀 잃는다 할지라도 일을 해내야 하는 사람이었습니다. 그래서 그는 3차에 걸쳐 전도 여행을 했습니다. 바나바의 3차 전도 여행은 없지만, 바울의 3차 전도 여행은 있습니다. 그리고 바울은 가는 곳마다 교회를 세웠습니다. 그는 전도를 했고, 기적을 일으켰던 것입니다.

우리는 이 두 유형의 사람 가운데 누가 옳고 누가 그른지보다는, 은사가 다르다는 사실을 보아야 합니다. 역할이 서로 다르다는 것입니다. 다르다는 것은 무슨 의미입니까? 서로 보완하라는 의미입니다. 다르다는 것은 서로 비판해야 한다는 의미가 아닙니다. 정죄하라는 의미가 아닙니다. 누군가 나에게 약점을 보였다면, 그것은 비판하라고 보여 준 것이 아니라, 그 약점을 보완하라고 보여 준 것입니다.

우리는 서로 다를 수밖에 없습니다. 아니, 달라야 합니다. 하나님은 다양성을 좋아하십니다. 그렇지만 그 다양성 안에서 우리는 하나의 일치를 발견하게 됩니다. 이것이 바로 성령님의 일치입니다. 다양성 안에서 일치를 발견할 때, 교회는 능력을 갖게 됩니다. 이때 교회는 사랑을 하게 되는 것입니다.

우리는 바울과 바나바가 갈라서는 사건 속에서 몇 가지 사실을 발견할 수 있습니다. 첫째는, 이들도 하나님이 없으면 안 되는 연약한 인간이라는 것입니다. 바나바나 바울이 굉장히 훌륭하긴 하지만, 서로 싸울 때도 있고 헤어질 때도 있었습니다. 여기서 우리는, 바나바와 바울이 중요한 게 아니라 하나님이 중요하다는 사실을 깨닫게 됩니다. 아브라함이 위대한 게 아닙니다. 아브라함의 하나님이 위대하신 것입니다. 바울이 위대한 게 아닙니다. 바울의 하나님이 그로 하여금 위대한 삶을 살게 하신 것입니다. 우리는 서로 싸울 수밖에 없고, 때로는 극단적인 견해차를 보일 수밖에 없는 연약한 인간입니다. 그렇지만 그런 인간들을 통해서도 하나님은 당신의 나라를 이루어 가십니다.

둘째는, 서로 다른 은사를 통해 비판이 아닌 조화를 이루어야 한다는 것입니다. 그리고 셋째는, 사람이란 언제나 헤어질 수 있는 존재라는 것입니다.

헤어짐은 비극이 아니다

이것은 바나바와 바울이 실제로 맞닥뜨린 현실이었습니다. 그러나 그 헤어짐은 비극이 아닙니다. 그것은 창조적인 축복일 수 있으며, 그 헤어짐이 오히려 축복의 계기를 제공할 수 있습니다. 저는 우리가 가지고 있는 여러 가지 고통과 아픔들이 오히려 하나님을 위해 영광스러운 사건으로 변하게 되기를 바랍니다.

이 말씀에서 제가 관심을 가지는 것은, 바나바가 결국 마가 요한을 끌어안았다는 것입니다. 우리는 꼭 좋은 사람하고만 일하지는 않는 것 같습니다. 나하고 다른 사람, 때로는 나를 비판하는 사람과 함께 살아야 할지도 모릅니다. 하지만 그게 어쩌면 하나님의 은혜인지도 모릅니다. 어느 교회든 좋은 사람만 있는 건 아닙니다. 부족한 사람도 있고, 연약한 사람도 있으며, 문제를 일으키거나 변덕이 많은 사람도 있습니다. 그러나 같이 살다 보면 그들이 변하게 될 거라 믿습니다.

그러면 바울과 마가 요한은 어떤 관계가 되었을까요? 바울은 과연 그를 잊어버렸을까요? 포기했을까요? 우리는 놀라운 말씀을 발견하게 됩니다. 골로새교회로 편지를 쓰면서 바울은 이렇게 안부를 전합니다. "나와 함께 갇힌 아리스다고와 바나바의 생질 마가와 (이 마가에 대하여 너희가 명을 받았으매 그가 이르거든 영접하라)"(골 4:10). 바울은 마가 요한을 잊어버리지 않았던 것입니다. 마가가 찾아오거든 거절하지 말고 따뜻하게 영접하라고 말한 것을 보면, 바울이 마가를 사랑하고 있었음을 알게 됩니다. 마가에 대한 언급은 디모데후서에도 나타납니다. "누가만 나와 함께 있느니라 네가 올 때에 마가를 데리고 오라 그가 나의 일에 유익하니라"(딤후 4:11). 마가는, 신앙이 어렸을 때는 변덕이 있었지만, 그러한 실수를 통해서 신앙이 성숙해진 것입니다. 그는 하나님을 위해서 유익한 사람이 된 것입니다.

예수님을 위해 함께 일하다가 혹시 부딪힌 사람이 있거든, 마가를 위해 바나바와 바울이 그랬던 것처럼 그 사람을 위해 기도해 주십시오. 그 사람을 포기하지 마십시오. 당신을 배신하고 상처와 아픔을 주었을지라도, 훗날 하나님을 위해서 굉장한 일을 할 수 있는 하나님의 종이라는 사실을 기억하십시오. 결론이 좋아야 합니다. 마지막에는 모든 것이 좋게 끝나야 합니다. 우리는 이 점을 마가가 바나바와 바울을 떠났던 사건에서 배우게 됩니다.

안디옥 회당에서 복음을 전하다

바울은 드디어 버가를 지나 비시디아 안디옥에 도달합니다. 안식일에 회당에 가서 예배에 참여한 그는 거기에서 기회가 주어지자 설교를 하게 됩니다. 이 설교는 바울 설교의 전형과 같은 아주 놀라운 첫 설교 전문입니다. 이 설교를 통해서 우리는 전도 설교의 한 유형을 발견하게 됩니다. 우리는 앞으로 어떻게 전도하고 어떻게 메시지를 전할 것인가에 대한 모델을 바로 이 설교에서 발견하게 될 것입니다.

굉장히 긴 내용이지만, 이것을 네 부분으로 나누어 보면 간단하고 명료하면서도 아주 구체적인 메시지가 나타납니다.

> 이 이스라엘 백성의 하나님이 우리 조상들을 택하시고 애굽 땅에서 나그네 된 그 백성을 높여 큰 권능으로 인도하여 내사 광야에서 약 사십 년간 그들의 소행을 참으시고 가나안 땅 일곱 족속을 멸하사 그 땅을 기업으로 주시기까지 약 사백오십 년간이라 그 후에 선지자 사무엘 때까지 사사를 주셨더니 그 후에 그들이 왕을 구하거늘 하나님이 베냐민 지파 사람 기스의 아들 사울을 사십 년간 주셨다가 폐하시고 다윗을 왕으로 세우시고 증언하여 이르시되 내가 이새의 아들 다윗을 만나니 내 마음에 맞는 사람이라 내 뜻을 다 이루리라 하시더니(행 13:17-22).

바울은 먼저 구약의 말씀을 인용해서 어떤 메시지를 전하고 있습니다. 위의 말씀을 볼 때 우리는 무엇을 알 수 있습니까? 바울이 구약을 잘 알고 있다는 것입니다. 그는 구약에 굉장히 정통한 사람이라는 것입니다. 바울은 아주 적절하게 취사선택을 해 가며 짧은 시간 안에 풍부한 지식을 이용해서 구약의 메시지를 이렇게 뛰어나게 요약했습니다. 그런데 문제는, 구약 얘기를 왜 하느냐는 것입니다. 그는 왜 다윗 왕의 이야기를 하는 것일까요? 그 왕의 씨에서 메시아가 나오기 때문입니다.

하나님이 약속하신 대로 이 사람의 후손에서 이스라엘을 위하여 구주를 세우셨으니 곧 예수라 그가 오시기에 앞서 요한이 먼저 회개의 세례를 이스라엘 모든 백성에게 전파하니라 요한이 그 달려갈 길을 마칠 때에 말하되 너희가 나를 누구로 생각하느냐 나는 그리스도가 아니라 내 뒤에 오시는 이가 있으니 나는 그 발의 신발끈을 풀기도 감당하지 못하리라 하였으니(행 13:23-25).

사도 바울의 관심은 구약에 있지 않습니다. 구약에 나오는 여러 사건들에 담긴 하나님의 그 심오한 뜻을 이야기하며 결국 다윗 왕에까지 이르고, 또 그 다윗 왕의 씨에서 메시아가 나왔다는 메시지를 전하고 있습니다. 바울은 그 메시아가 바로 예수 그리스도라는 이야기를 하고 싶었던 것입니다.

바울의 메시지는 언제나 예수 그리스도에 초점이 맞추어져 있습니다. 예수 그리스도를 말하고 싶은 것입니다. 예수 그리스도를 소개하고 싶은 것입니다. 그래서 기회를 얻든지 못 얻든지 간에, 감옥에 있든지, 파선한 배에 있든지, 원주민들이 있는 섬에 있든지, 다시 로마의 감옥에 있든지 상관없이 예수를 전했던 것입니다.

다윗의 씨에서 나온 메시아

형제들아 아브라함의 후손과 너희 중 하나님을 경외하는 사람들아 이 구원의 말씀을 우리에게 보내셨거늘 예루살렘에 사는 자들과 그들 관리들이 예수와 및 안식일마다 외우는 바 선지자들의 말을 알지 못하므로 예수를 정죄하여 선지자들의 말을 응하게 하였도다 죽일 죄를 하나도 찾지 못하였으나 빌라도에게 죽여 달라 하였으니 성경에 그를 가리켜 기록한 말씀을 다 응하게 한 것이라 후에 나무에서 내려다가 무덤에 두었으나 하나님이 죽은 자 가운데서 그를 살리신지라 갈릴리로부터 예루살렘에 함께 올라간 사람들에게 여러 날 보이셨으니 그들이 이제 백성 앞에서 그의 증인이라 우리도 조상들에게 주신 약속을 너희에게 전파하노니 곧 하나님이 예수를 일으키사 우리 자녀들에게 이 약속을 이루게 하셨다 함이라 시편 둘째 편에 기록한 바와 같이 너는 내 아들이라 오늘 너를 낳았다 하셨고 또 하나님께서 죽은 자 가운데서 그를 일으키사 다시 썩음을 당하지 않게 하실 것을 가르쳐 이르시되 내가 다윗의 거룩하고 미쁜 은사를 너희에게 주리라 하셨으며 또 다른 시편에 일렀으되 주의 거룩한 자로 썩음을 당하지 않게 하시리라 하셨느니라 다윗은 당시에 하나님의 뜻을 따라 섬기다가 잠들어 그 조상들과 함께 묻혀 썩음을 당하였으되 하나님께서 살리신 이는 썩음을 당하지 아니하였나니 (행 13:26-37).

세 번째 이야기의 요점은, 그 예수 그리스도가 어떤 분이냐는 것입니다. 예수님은 어떤 분이십니까? 십자가에 못 박혀 죽으신 분이요, 부활해서 다시 살아난 분이십니다. 십자가에 못 박혀 죽은 후에 다시 살아나셨는데, 우리가 이 일의 증인이라는 것입니다. 얼마나 놀랍습니까?

예수님에 대해 설명하고 난 후, 그는 설교의 마지막 결론을 이렇게 기록하고 있습니다.

그러므로 형제들아 너희가 알 것은 이 사람을 힘입어 죄 사함을 너희에게 전하는 이것이며 또 모세의 율법으로 너희가 의롭다 하심을 얻지 못하던 모든 일에도 이 사람을 힘입어 믿는 자마다 의롭다 하심을 얻는 이것이라 그런즉 너희는 선지자들을 통하여 말씀하신 것이 너희에게 미칠까 삼가라 일렀으되 보라 멸시하는 사람들아 너희는 놀라고 멸망하라 내가 너희 때를 당하여 한 일을 행할 것이니 사람이 너희에게 일러 줄지라도 도무지 믿지 못할 일이라 하였느니라 하니라(행 13:38-41).

결론은 두 가지입니다. 첫째는, 예수님이 너희를 위해 십자가에 못 박혀 죽으신 후 무덤에서 다시 살아나셨는데, 이것들은 구약에 예언된 것이라는 것입니다. 다윗의 시체는 썩어 버렸지만, 이분의 육체는 썩지 않았다는 것입니다. 이 사람, 곧 예수 그리스도를 힘입으면 우리가 죄 사함을 얻는다는 것입니다. 둘째는, '너희가 모세의 율법으로는 의롭다 함을 얻지 못했지만, 너희가 십자가에 못박은 예수 그리스도, 하나님이 다시 살리신 예수 그리스도를 힘입으면 믿음으로 의롭다 함을 얻게 될 것'이라는 것입니다.

쉽게 말하면, 그의 메시지는 이런 것입니다. '예수를 믿으라. 그는 죽은 분이 아니시다. 그는 구약의 약속된 메시아, 곧 하나님의 아들이시다. 그는 죽었지만, 죽지 않고 다시 살아나신 분이다. 너희가 이 예수를 믿으면 구속, 곧 죄 사함을 얻으며, 하나님의 자녀가 되어 의롭다 함을 얻게 된다.' 사도 바울은 이렇게 설교를 끝마쳤습니다.

바울의 전도에서 얻는 교훈

우리는 바울의 전도에서 몇 가지 사실들을 배우게 됩니다. 이것은 우리가 앞으로 전도하는 데 있어 굉장히 중요한 지침이 될 것이라 믿습니다.

바울의 설교를 보면, 그가 청중들을 잘 파악해서 전도했다는 생각이 듭니다. 그가 지금 어디서 설교하고 있습니까? 회당입니다. 설교를 듣는 대상은 누구입니까? 회당장과 유대교를 믿는 사람들입니다. 회당장이나 유대교를 믿는 유대인들은 구약을 아주 잘 아는, 율법에 정통한 사람들입니다. 그렇기 때문에 사도 바울은 구약의 메시지를 통해 그들에게 접근하고 있는 것입니다.

후에 사도 바울은 아덴(아테네)으로 갑니다. 그리고 아레오바고에서 설교를 합니다. 지금으로 말하면 파르테논 신전입니다. 그곳은 철학의 도시요, 문화의 도시입니다. 헬라 철학이 있고, 헬라 문화가 있는 곳입니다. 거기에는 유대인이 거주하고 있지 않습니다. 그러다 보니 거기서는 구약의 아브라함이나 다윗의 이야기를 하는 대신 "아덴 사람들아" 하고 외치며 다른 방법으로 접근하는 모습을 볼 수 있습니다. 칭찬을 많이 하며 그들 문화에 딱 맞게 접근한 것입니다. "너희를 보니 범사에 종교심이 많도다 내가 두루 다니며 너희가 위하는 것들을 보다가 알지 못하는 신에게라고 새긴 단도 보았으니 그런즉 너희가 알지 못하고 위하는 그것을 내가 너희에게 알게 하리라"(행 17:22-23). 바로 이것입니다. '너희가 알지 못하고 위하는 신을 내가 알게 해 주겠다. 그분은 천지를 창조하고 만유를 통치하는 하나님이시다.' 그는 이렇게 전도를 시작합니다.

우리는 지혜롭게 전도해야 합니다. 열정만 가지고 전도하면 시험에 들기 딱 알맞습니다. 사람에 따라서, 전도 대상에 따라서 바울이 전하는 메시지가 달랐다는 것을 기억해야 합니다.

그러나 중요한 것이 있습니다. 대상에 따라서 전도하는 방법이나 표현이나 접근은 다르지만, 전하는 메시지의 핵심은 똑같다는 것입니다. 핵심은 예수 그리스도입니다. 그의 관심은 예수였습니다. 그의 소원은 예수였습니다. 그는 고린도전서 2장 2절에서, "내가 너희 중에서 예수 그리스도와 그가 십자가에 못 박히신 것 외에는 아무것도 알지 아니하기로 작정하였음이라"라고 말했습니다. "나는 예수 외에 모든 걸 포기했다. 나는 예수 그리스도 외에 모든 것을 배설물로 여긴다." 이렇게 말한 것입니다. 저는 당신도 그렇게 되기를 바랍니다.

예수 그리스도를 위한 삶

예수님을 위해서 결혼하십시오. 예수님을 위해서 독신으로 사십시오. 예수님을 위해서 직장을 가지십시오. 예수님을 위해서 돈을 버십시오. 예수님을 위해서 공부하십시오. 이 외에도 우리가 하는 모든 것이 다 예수님 때문이어야 합니다. 우리는 예수님으로 인해 살아 있기 때문입니다. 바울은 예수님 때문이라면 죽음도 유익하다고 고백했습니다. 바울은 그렇게 예수에 미친 사람이었습니다. 그는 자기의 체면이 중요하지 않았습니다.

그러나 대부분의 사람들은 어떻습니까? 나를 위해서, 내 자식을 위해서 예수님이 필요합니다. 내 성공을 위해서 예수님이 필요하고, 내 사업을 위해서 예수님이 필요합니다. 우리는 '주님은 간 곳 없고 나만 홀로 남았도다'가 되어서는 안 됩니다.

당신의 삶은 어떻습니까? 교회를 나오면서, 예수를 믿으면서 정말 예수님을 위해 손해 보는 것이 있습니까? 시간을 손해 본 적이 있습니까? 자존심을 상해 본 적이 있습니까? 이런 경험이 있어야 예수님을 사랑하는 것입니다. 남녀가 서로 사랑한다 하면서도 서로에게 희생하지 않는다면, 그것은 사랑이 아닙니다. 사랑하는 사람을 위해서라면 무언가를 희생해야 합니다. 그것이 정말 상대방을 사랑한다는 증거입니다.

'예수님 때문에'와 '예수님을 위해서'가 사도 바울에게는 인생의 전부였습니다. 예수를 위해서는 죽는 것도 유익하다는 것입니다. 하지만 우리의 문제는 무엇입니까? 예수도 믿지만 나도 중요하다는 것입니다. 살아야겠다는 것입니다. 여기에 우리의 갈등이 있습니다. 사도 바울처럼 죽었다고 할 수는 없겠습니까? 우리는 죄로 인해 죽을 수밖에 없는 존재였습니다. 그렇다면 '이제 나는 덤으로 산다. 지금의 내 삶은 공짜다. 이미 그때 난 죽었다'는 고백이 있어야 합니다. 이렇게 결정하고 살 수 있다면, 우리는 세상을 변화시킬 수 있다고 믿습니다.

17

주의 말씀이
두루 퍼지다

사도행전 13:42-52

복음이란 바로 이런 것

몇 해 전, 바울이 다녔던 1, 2차 전도 여행지를 다녀온 적이 있습니다. 그곳에 다녀온 첫 번째 소감은, '이렇게 먼 거리를 사도 바울은 어떻게 그리 간단하게 여행했는가?' 하는 것이었습니다. '산맥을 넘을 때, 에어컨이 달린 고급 벤츠 버스를 타고 달려도 엉덩이가 아프고 허리가 결려 견딜 수 없을 정도인데, 바나바와 바울은 교통 상황이 나빴던 그 당시에 한 사람을 전도하기 위해 어떻게 그 엄청난 거리를 다녔다는 말인가. 복음이란 바로 이런 것이구나.'

예수 그리스도의 복음은 철학이 아닙니다. 지식도 아닙니다. 예수 그리스도의 복음, 십자가의 복음은 아무리 먼 길도 멀다 않고 가게 하며, 아무리 힘든 일도 힘들지 않게 하게 하고, 희생이 더 이상 희생으로 남아 있지 않게 하는 것입니다. 그렇습니다. 지금도 예수 그리스도의 복음을 정확하게 깨달은 사람, 복음을 정확하게 아는 사람들에게는 어떤 것도 희생이 될 수 없습니다.

우리는 예수를 믿으면서 이런저런 작은 희생들을 합니다. 어떤 때는 직업상의 희생을 합니다. 어떤 때는 시간의 희생을 합니다. 어떤 때는 돈의 희생을 합니다. 어떤 때는 자기 인생의 희생을 합니다. 우리는 십일조나 헌금을 내고는 스스로 얼마나 뿌듯해하는

지 모릅니다. '야, 이 정도면 나는 참 괜찮은 사람이구나.' 교회 좀 열심히 나오고, 봉사 좀 열심히 하고, 예수를 위해서 조금의 박해라도 받으면 훌륭한 그리스도인이라는 자부심을 갖게 됩니다.

그러나 복음은 그것보다 깊은 것입니다. '내 생명을 아낌없이 내놓는다 할지라도, 내 이름이 땅에서 완전히 제거된다 할지라도, 그와는 비교조차 할 수 없는 것이 바로 복음이구나. 그렇지 않다면 이렇게 먼 길을, 이렇게 험악한 곳을 어떻게 상상할 수 없는 희생과 수고와 대가를 치러 가면서 왔겠는가. 한 사람이 예수 믿는 것을 보고 기뻐할 수 있는 것이 복음이구나. 한 사람이 복음을 받는 것을 바라며 전 생애를 헌신할 수 있는 것이 복음이구나. 바로 그런 일을 바울이 한 것이구나. 이것이 바로 1차 전도 여행이요, 2차 전도 여행이요, 사도행전의 이야기이구나.'

사실, 우리는 너무나 안일한 환경 속에서 너무나 편안하게 작은 고통을 큰 고통이라 생각하며, 작은 헌신과 희생을 굉장히 큰 것으로 착각하며 살아왔습니다.

백번을 들어도 또 듣고 싶은 복음

비시디아 안디옥, 이곳은 바울과 바나바를 선교사로 파송했던 수리아 안디옥과는 다른 곳입니다. 이들은 수리아 안디옥을 떠나 그레데 섬을 지나서 다시 갈라디아 지역 쪽으로 가게 되는데, 거기에 비시디아 안디옥이 있습니다.

우리는 앞 장에서 사도 바울의 첫 번째 설교를 살펴보았습니다. 예수는 구약에서 약속된 메시아요, 십자가에 못 박혀 죽었다가 다시 부활하신 그분을 믿음으로 말미암아 우리는 구원을 얻게 된다는 것이 이 설교의 메시지였습니다. 이제는 사도 바울이 설교하고 난 후에 나타난 반응들을 살펴보려 합니다.

> 그들이 나갈새 사람들이 청하되 다음 안식일에도 이 말씀을 하라 하더라(행 13:42).

그곳 사람들과 바울 일행은 서로 처음 만난 사이입니다. 그곳은 바울과 바나바가 전혀 알지 못하던 지역입니다. 그러나 회당에 처음 찾아간 그들 일행에게 말씀을 전할 기회가 주어졌을 때, 사도 바울은 담대하게 예수 그리스도를 선포했습니다. 그리고 하나님의 복음의 말씀을 들은 사람들은 감동을 받았습니다. 그래서 그들은 이렇게 말합니다. "다음 안식일에도 오십시오. 또 설교해 주십시오." 이것은 체면으로 부탁한 게 아닙니다. 진정 은혜를 받게 되면 그 모임에 또 가고 싶어집니다. 그 사람을 또 만나고 싶어집니다. 사람 때문이 아닙니다. 그 사람이 전해 주는 복음 때문에 그런 것입니다.

복음은 이렇게 감동을 줍니다. 복음은 이렇게 사람을 변화시킵니다. 복음은 이렇게 사람들에게 새로운 생각을 갖게 하며, 사람들을 살게 합니다. 죽을 것 같은 사람이 그 말씀을 듣고 살 것 같아지는 것입니다. '아! 저 말씀을 들으니까 내가 살 것 같다.' 이런 생각을 하게 하는 것입니다.

그들에게 있어 사도 바울이 전해 준 이 단순한 복음은 내용으로 볼 때 모르는 것이 하나도 없는 것이었습니다. 그러나 설교를 들을 때 사람들은, '살았다. 이게 진짜구나. 이게 진정한 하늘 하나님의 음성이구나' 하는 생각을 갖게 된 것입니다.

> 회당의 모임이 끝난 후에 유대인과 유대교에 입교한 경건한 사람들이 많이 바울과 바나바를 따르니 두 사도가 더불어 말하고 항상 하나님의 은혜 가운데 있으라 권하니라(행 13:43).

'유대인과 유대교에 입교한 경건한 사람들'은 유대인과 이방인으로서 유대교에 입교한 사람들이라는 생각이 듭니다. 이런 사람들이 '많이 바울과 바나바를 따랐다'고 했습니다. 이것은 이렇게 설명할 수 있습니다. 설교 집회가 끝나자 사람들은 우르르 사도 바울과 바나바를 따라 나갔습니다. 옷자락이라도 한번 만져 보고 싶어서, 그 사람 옆에 좀 있고 싶어서, 뭔가 한마디라도 더 듣고 싶어서 따라 나오는 현상이 지금 일어난 것입니다. 그렇습니다. 이것이 교회의 진정한 모습입니다. 그러자 두 사도가 더불어 말한 다음 '항상 하나님의 은혜 가운데 있으라'고 권면합니다.

설교가 끝난 후에도 사람들은 바울과 바나바 주위를 떠날 줄 몰랐습니다. 무슨 뜻입니까? 좋았다는 것입니다. 감동을 받았다는 얘기입니다. 무언가 더 듣고 싶다는 것입니다. 복음이란 더 듣고 싶은 것입니다. 복음의 메시지를 듣고 거기서 만족하며 끝나는 것이 아니라, 자꾸 더 듣고 싶은 것입니다. 찬송가 가운데 이런 내용의 가사가 있습니다. "나 항상 듣던 말씀 또 들려주시오"(새찬송가 205장, 〈주 예수 크신 사랑〉). 백번 들어도 지루하지 않은 게 복음입니다. 예수님 이야기는 천 번, 만 번 들어도 지루하지 않습니다. 언제나 새로운 이야기처럼 감동이 됩니다.

복음을 듣기 위해 온 시민이 모이다

그다음 안식일에는 온 시민이 거의 다 하나님의 말씀을 듣고자 하여 모이니(행 13:44).

벌써 한 주가 지났습니다. '온 시민이 거의 다', 곧 대부분의 사람들이 하나님의 말씀을 듣고자 모였습니다. 우리는 바울의 설교를 들었던 사람들이 돌아가서 다른 사람들에게 그날의 이야기를 전했을 것이라고 추측해 볼 수 있습니다. 소문을 듣고 '다음 주일에는 꼭 한번 가 보자' 하며 그 지역의 시민이 거의 다 왔던 것입니다. 당신에게도 이러한 일이 있게 되기를 바랍니다.

우리가 믿는 예수는, 우리가 믿는 복음은 우리를 미치게 만듭니다. 우리를 미치게 만들지 못하는 것은 복음이 아닙니다. 그것은 철학입니다. 지식입니다. 예수님을 믿어도 지식으로 믿는 사람은 흥분하지 못합니다. 예수를 믿고 교회에 나와도 그게 그거인 것입니다. '별다를 게 뭐 있나? 그렇고 그런 거지.' 이렇게 생각하는 것입니다. 그렇다면 그것은 잘못 믿고 있는 것입니다.

진정한 복음이라면, 예수 그리스도는 죽은 분이 아니라 정말로 살아 계신 분이기에, 그분이 당신을 변화시키십니다. 당신의 생애와 가치관을 통째로 뒤바꾸어 버리시는 것입니다. "그리스도 외에는 모든 것을 배설물로 여기겠다. 그동안 세상에서 중요하게 생각했던 돈이나 명예나 세상의 모든 가치는 이 복음 앞에 내놓고 보니 아무것도 아니었다"라고 고백하는 것입니다.

사도 바울과 바나바가 비시디아 안디옥에서 설교할 때 어떤 기적을 베풀었다는 얘기가 없습니다. 병자를 고쳤다는 얘기도 없습니다. 그들은 단지 예수 그리스도만을 이야기했습니다. 그런데 사람들은 이 예수 그리스도에 대한 이야기를 듣고 감동을 받은 것입니다.

그렇습니다. 영원한 메시지는 예수 그리스도지, 기적이 아닙니다. 기적은 부산물에 불과합니다. 예수 그리스도, 바로 그분을 만

나면, 그분의 메시지를 들으면, 우리는 감동하고 감격하고 변하게
되는 것입니다.

복음을 담대히 선포하다

그러나 이러한 영적인 대부흥에는 언제나 마귀가 도사리고 있습
니다.

> 유대인들이 그 무리를 보고 시기가 가득하여 바울이 말한 것을 반
> 박하고 비방하거늘(행 13:45).

복음에는 유대인이나 이방인이 구별되지 않습니다. 복음은 구
별 없이 모두에게 하나님의 능력이 됩니다. 야만인이나 배운 사람
이나 헬라인이나 유대인이 구분되지 않는 것입니다. 그런데 일부
유대인들이 하나님의 성령의 역사와 복음의 역사가 일어나는 것
을 보고 시기하고 질투하고 비방했다는 것입니다. 그것은 2천 년
전이나 지금이나 똑같습니다. 복음이 드러났을 때 그것을 받아들
이고 기뻐하는 사람이 있는가 하면, 그것을 이해하지 못하는 사람
들은 괜히 빈정대며 이상하게 생각합니다. 이때 그렇게 빈정대는
유대인들을 향해 바울과 바나바는 다음과 같이 대답합니다.

바울과 바나바가 담대히 말하여 이르되 하나님의 말씀을 마땅히 먼저 너희에게 전할 것이로되 너희가 그것을 버리고 영생을 얻기에 합당하지 않은 자로 자처하기로 우리가 이방인에게로 향하노라 (행 13:46).

우선, 바울과 바나바가 복음을 비판하는 무리들 앞에서 담대했다는 사실에 주의를 기울이고 싶습니다. 오늘 우리의 문제는 비겁한 데 있습니다. 모르는 데 있는 것이 아닙니다. 알지만 행하지 않습니다. 알지만 손해 볼까 봐, 체면이 깎일까 봐, 사람들에게서 버림을 받을까 봐, 할 엄두를 내지 못하는 것입니다. 특별히 청소년들의 경우에 가장 큰 문제는 친구들에게 따돌림당하는 일인 것 같습니다. 그것처럼 무서운 것이 없는 듯합니다. 우리는 그룹에서 소외당할까 봐, 직장에서 쫓겨날까 봐, 알지만 안 하는 것입니다.

터키에서 현지 지도자들과 선교사들에게 이런 고백을 들었습니다. 터키나 다른 이슬람 문화권에서 전도를 어렵게 하는 제일 큰 방해 요소는 두려움이라는 것입니다. 누가 말하지 않았는데도 괜히 혼자 무서워한다는 것입니다. 터키 사람들의 경우에, 예수 그리스도를 믿으면 집에서, 사회에서 쫓겨나기 때문입니다. 경찰이나 정부가 힘들게 하는 것보다 더 무서운 것은, 자기가 자랐던 동네나 가정에서 소외당하는 것입니다. 직장을 가질 수도 없습니다. 심지어 어떤 경우에는, 형이 예수를 믿으면 동생이 칼로 찔러 죽이기까지 합니다. 가족에게 수치를 주었다고 생각하기 때문에 그렇게 한다는 것입니다. 사정이 이렇기 때문에 누가 당장 뭐라고 하지는 않지만, 예수님 얘기를 하면 어떤 박해가 올 것이라는 두려움과 강박 관념, 공포감 때문에 기도도 제대로 할 수 없고 눌려 있는 것입니다.

전도할 때 우리에게 가장 문제가 되는 것은 두려움입니다. 피해가 올지, 안 올지는 잘 모르지만, 괜히 이 일을 하면 피해가 올 것이라는 두려움이 생깁니다. 내가 이렇게 하면 장사가 안 될 거라고, 예수님 얘기를 하면 사람들이 다 떠날 거라고 생각합니다.

사도 바울은 그들이 반박할 때 담대함으로 복음을 전했습니다. 우리는 사도행전 7장에서 스데반이 돌에 맞아 죽은 사건을 보았습니다. 어쩌면 우리도 돌에 맞아 죽을지 모릅니다. 어떤 위기 속에 들어갈지도 모릅니다. 손해를 볼지도 모릅니다. 그렇지만 바울은 담대하게 복음을 전했다고 했습니다. 저는 당신에게 이런 대담함이 있게 되기를 바랍니다. 두려움과 맞서 싸우십시오. 자신의 비겁함과 맞서 싸우십시오.

비겁한 사람들은 대개 합리적입니다. 자기의 비겁함을, 자기의 두려움을, 자기의 믿음 없음을 합리화합니다. 쟁기를 잡은 자는 뒤를 돌아보지 않아야 합니다. 현대 그리스도인들은 너무나 따지고 생각하는 게 많습니다. 그냥 하십시오. 그냥 기도하고 전도하십시오. 당신의 위치를 너무 생각하지 마십시오. 예수님의 위치만 생각하십시오. 나의 위치는 그렇게 중요한 것이 아닙니다.

오늘날의 그리스도인들은 덥지도 차지도 않은 회색 지대에 살고 있습니다. 안 믿는 것도 아니고 믿는 것도 아닌, 비겁하게 멀찍이 떨어져서 예수를 믿고 있는 것입니다.

복음을 거부한 유대인

바울은, 유대인들에게 먼저 가야 할 복음이 왜 이방인들에게로 돌아갔는지를 설명합니다. '분명히 복음은 유대인들에게 먼저 들어갔다. 그리고 들어가야 했다. 더구나 예수님은 유대인을 통해서 세상에 오셨다. 그렇지만 유대인들은 이 복음을 거부했다. 따라서 하나님의 말씀은 마땅히 먼저 너희에게 전해져야 할 것이지만, 너희가 이 복음을 거부하고 배척하고 버렸기 때문에, 영생을 얻는 일에 합당치 않은 자로 스스로 생각했기 때문에, 우리가 이방인에게로 이 복음을 들고 가는 것이다.'

여기에 아주 값비싼 교훈이 있습니다. 복음이 주어졌지만 복음을 거부하는 사람들이나, 영생 얻음에 합당치 않다고 스스로 판단하고 그렇게 행동하는 사람들에게는 복음이 가지 않는다는 사실입니다. 축복을 거절하면 그 축복이 다른 데로 간다는 것입니다. 특별히 예수님을 믿는 집안에 태어난 자녀들에게 권면하고 싶습니다. 축복을 거절하지 마십시오. 할아버지, 할머니 두 분 다 예수를 잘 믿었고, 아버지는 장로나 목사이며, 심지어 순교자의 가정에서 태어나 자랐는데도 엉망으로 사는 자녀들이 있습니다. 부모들에게는 복음이 왔는데, 그 자녀들은 복음을 거부하는 것입니다.

복음을 먼저 받아야 할 대상은 유대인들이었습니다. 이스라엘 백성이었습니다. 그러나 그들이 복음을 거부했기 때문에 이 복음이 이방인들에게로 갔다고 설명합니다. 저는 당신이 축복을 거절하지 않기를 바랍니다. 당신의 가정에 주신 축복, 개인에게 주신 축복, 이 민족에게 주신 축복들을 거절하지 않기를 바랍니다. 부모들만 예수 잘 믿는다고 능사가 아닙니다. 부모는 자녀의 신앙 문제에 대해 다시 한 번 기도해야 합니다. "나는 이렇게 믿지만, 너는 적당히 살아라." 이렇게 말하는 부모가 없기를 바랍니다. 어렸을 때부터 성경을 가르치고, 읽히고, 기도하게 하고, 교회에 나와 열심히 신앙생활하게 해야 자녀들이 커서 하나님을 버리지 않게 되는 것입니다.

유대인을 향한 하나님의 비전

유대인들은 복음을 버렸지만, 그래도 그들을 향한 하나님의 비전이 있다는 사실을 보게 됩니다.

주께서 이같이 우리에게 명하시되 내가 너를 이방의 빛으로 삼아 너로 땅 끝까지 구원하게 하리라 하셨느니라 하니(행 13:47).

이것은 이사야 49장 6절에 나오는 말씀입니다. 하나님이 이스라엘 백성에게 주신 비전에 의하면, "주께서 이같이 우리에게 명하시되 내가 너를 이방의 빛으로 삼아 너로 땅 끝까지 구원하게 하리라"고 했습니다. 이것을 어떤 사람은 유대인의 대 지상명령이라고 하기도 합니다.

하나님이 유대인에게 주셨던 사명은, 그들을 이방인의 빛으로 삼아 그들로 하여금 땅 끝까지 구원하게 하는 것이었습니다. 바로 그 이유 때문에 그들을 하나님의 백성으로 택하신 것입니다. 그런데 놀랍게도 유대인은 이방인을 개처럼 취급했습니다. 여기서 유대인의 비극이 시작되었고, 600만 명에 이르는 유대인 학살 사건이 일어났으며, 전 세계를 유리하고 방황하며 살아야 하는 유대인의 고난이 비롯된 것입니다.

하나님의 자녀들은 하나님의 뜻대로 살아야 고난이 없습니다. 하나님은 유대인들을 단지 당신의 백성으로 삼기 위해서, 선민으로 삼기 위해서 택하신 게 아닙니다. 하나님이 유대인을 부르신 것은 이방인의 빛으로 삼기 위해서입니다. 그래서 유대인의 자손들 속에서 메시아를 세상에 태어나게 하신 것입니다. 이 메시아는 이방인의 빛이요, 또 땅 끝까지 구원을 이루는 자입니다. 오늘날 유대인들이 주님 앞에 돌아와야 할 근거가 바로 여기에 있습니다.

이 말씀은 유대인뿐 아니라 우리에게도 적용됩니다. 하나님이 우리를 택하고 불러 축복을 주신 것은 잘 먹고 잘 살라는 뜻에서가 아닙니다. 하나님은 당신의 영광을 위해 우리에게 모든 축복을 더하여 주신 것입니다. 우리는 그것들을 착각하지 말고 잘 사용해야 합니다.

이러한 사도 바울의 메시지를 들었을 때, 이방인들은 아주 기뻐하며 찬송을 올렸다고 기록되어 있습니다.

이방인들이 듣고 기뻐하여 하나님의 말씀을 찬송하며 영생을 주시기로 작정된 자는 다 믿더라(행 13:48).

이방인은 유대인의 실수 때문에 수지맞은 사람들입니다. 그들은 메시지를 정식으로 듣지 못했습니다. 귀동냥으로 들은 것이 전부입니다. 그저 주인의 상에서 떨어진 부스러기를 먹은 게 이방인들입니다. 그것을 먹고도 너무너무 좋아했습니다. 저는 우리에게도 이러한 역사가 일어나길 바랍니다. 사실 우리도 주인의 떡 상에서 떨어지는 부스러기를 먹고 구원받은 사람들입니다.

이방인들은 기뻐하며 찬양했습니다. 그러나 시기와 분노로 가득 찬 유대인들은 끝까지 동의하지 않고, 하나님의 뜻에 순종하지 않고, 사람들을 동원해서 바나바와 바울을 내어 쫓습니다.

이에 유대인들이 경건한 귀부인들과 그 시내 유력자들을 선동하여 바울과 바나바를 박해하게 하여 그 지역에서 쫓아내니 두 사람이 그들을 향하여 발의 티끌을 떨어 버리고 이고니온으로 가거늘 (행 13:50-51).

결국 바나바와 바울은 그곳에 더 오래 머물지 못하고 떠나게 됩니다.

박해받는 자들이 갖는 기쁨

이 말씀이 보여 주는 메시지는 무엇입니까? 박해를 받거나 박해로 인해 그 지역을 떠난다 하더라도, 오히려 복음은 왕성해진다는 사실입니다. 박해가 있는 곳에는 복음의 진보가 있고, 고난이 있는 곳에는 하나님의 영광이 있습니다.

제자들은 기쁨과 성령이 충만하니라(행 13:52).

박해를 받았습니다. 떠나게 되었습니다. 그럼에도 기쁨과 성령 충만이 있는 것이 바로 그리스도인의 모습입니다. 그것이 기독교입니다.

우리는 여기서 두 가지를 보게 되는데, 첫째는, 기쁨입니다. 이것은 예수 믿는 사람의 특징입니다. 교회에 나오는 것으로 다가 아닙니다. 교회에 나와도 기쁨이 없는 사람이 많습니다. 항상 얼굴을 찌푸린 채 세상의 온갖 고민을 혼자 다 짊어지기라도 한 듯 고민하는 모습을 봅니다. 사람들의 고민을 훑어보면 대부분이 지나간 과거의 잘못들을 현재로 끌어들인 것이거나, 아직 오지 않은 미래의 일을 미리 끌어당긴 것들입니다. 알고 보면 현재의 것을 가지고 하는 고민은 별로 없습니다. 어떤 이들은 아기가 태어나면 그 자녀의 결혼 문제로 고민하기도 합니다. 오지 않은 미래에 대해서 자꾸 고민하는 것입니다. 그런 고민은 그리스도인이 할 것이 못 됩니다. 진정한 그리스도인에게 가난한가 부한가, 사업이 잘되는가 안 되는가는 문제가 아닙니다. 문제는 그 사람에게 기쁨이 있는가, 없는가입니다.

당신에게는 기쁨이 있습니까? 있기를 바랍니다. 만약 기쁨이 없다면, 오늘 당장 밖에 나가 전도를 하십시오. 기쁨을 얻는 제일 좋은 비결은 전도하는 것입니다. 전도하면 하나님이 당신의 기쁨을 그 사람에게 부어 주십니다. 이 기쁨은, 죄인 하나가 하나님에게 돌아올 때 하나님이 느끼시는 그런 기쁨입니다. 이 기쁨은, 탕자가 아버지 품에 돌아왔을 때 아버지가 느끼는 그런 기쁨입니다. 이것은 보통 기쁨과는 다릅니다. 예를 들어, 내가 암에 걸렸는데 어느 날 기도를 받고 그 암이 나았다면 기쁘지 않겠습니까? 그런데 이 기쁨은 그런 기쁨과는 다릅니다. 한 영혼이 주님 앞에 돌아왔을 때

갖는 그 영적인 기쁨이라는 것은 이루 말로 표현할 수 없는 것입니다. 저는 당신에게 이 기쁨이 있게 되길 바랍니다.

> 주 안에서 항상 기뻐하라 내가 다시 말하노니 기뻐하라 너희 관용을 모든 사람에게 알게 하라(빌 4:4-5).

둘째는, 성령 충만입니다. 전도하는 사람에게는 하나님이 성령 충만을 주십니다. 성령 충만한 사람은 전도할 수 있습니다. 전도하는 사람에게는 하나님이 기쁨을 주십니다. 기쁨을 가진 사람은 전도할 수 있습니다. 오늘 당신에게 이 두 가지 축복이 넘쳐나길 바랍니다.

소수가 다수를 변화시켰습니다. 박해는 더 큰 용기와 믿음을 주었습니다. 전도는 우리에게 기쁨과 성령 충만을 가져다줍니다. 이런 하나님의 축복이 당신에게 함께하기를 바랍니다. 비시디아 안디옥에서 그랬던 것처럼, 온 시민이 교회에 모일 수 있게 되기를 바랍니다.

18

믿는 자와 믿지 않는 자

사도행전 14:1-7

사도 바울의 1차 전도 여행 출발지는 수리아의 안디옥이었습니다. 그 안디옥에 안디옥교회가 세워졌고, 그 안디옥교회에서 다섯 명의 지도자가 성령의 음성을 듣고 바울과 바나바를 선교사로 파송하게 됩니다. 그들의 첫 번째 전도 여행은 구브로 섬에서 전도하고 난 다음 다시 육지로 돌아와서 비시디아 안디옥과 이고니온과 루스드라와 더베까지 가는 여정이었습니다. 일행은 이 여행 중에 돌에 맞아 기절한 일도 있었고, 죽을 뻔한 일도 있었으며, 사람들에게 박해를 받아 쫓겨나는 일도 있었습니다. 그러나 반대로, 복음을 전해들은 사람들이 예수를 믿어 기적과 표적과 이적이 나타나는 일도 전도 여행 기간 중에 있었습니다.

1차 전도 여행의 반환점은 더베입니다. 더베까지 갔다가 다시 루스드라로, 루스드라에서 다시 이고니온으로, 이고니온에서 다시 비시디아 안디옥을 거쳐 그들이 출발했던 수리아 안디옥까지 돌아오는 여정을 보게 됩니다. 이들은 비시디아 안디옥에서 복음을 전하다가 완고한 유대인들을 만나 박해를 받고 쫓겨나 그곳에서 멀지 않은 이고니온으로 가게 됩니다.

이에 이고니온에서 두 사도가 함께 유대인의 회당에 들어가 말하니 유대와 헬라의 허다한 무리가 믿더라(행 14:1).

바울의 전도 여행이 주는 두 가지 교훈

우리는 여기서 아주 중요한 두 가지 사실을 교훈으로 배우게 됩니다.

평생 전해야 할 이름, 예수 그리스도

첫째, 바울과 바나바는 어느 곳에 가든지 반복해서 꼭 전하고 싶어 하는 메시지를 가지고 있었다는 사실입니다. 위의 말씀에서 한글 성경에는 그런 표현이 없지만, 영어로는 'so', 즉 '그렇게 말하되'라는 단어가 포함되어 있습니다. 비시디아 안디옥에서 말하던 그것을 똑같이 반복해서 말했다는 것입니다. 그들의 메시지는 변하지 않았습니다. 그들의 메시지는 하나였습니다. 그들은 예수 그리스도에 관한 메시지를 어디를 가든, 어떤 상황에서든, 전에 하던 그 방법으로 전했다는 것입니다. 그들이 메시지를 전할 때 박해도 있었고, 고통도 있었고, 오해도 있었습니다. 그러나 그것은 그렇게 중요하지 않았습니다.

목적이 없는 사람은 환경이 중요합니다. 환경에 따라 인생이 흔들립니다. 환경이 좋으면 자신의 인생이 행복하게 바뀌고, 환경이 나쁘면 자신의 인생이 불행해진다고 여깁니다. 그러나 인생의 목표가 분명한 사람은 그렇게 생각하지 않습니다. 좋은 환경 때문에 그렇게 좋아하지도 않고, 나쁜 환경 때문에 그렇게 비참해하지도 않습니다. 성공 때문에 웃거나 실패 때문에 좌절하지도 않습니다. 그의 인생에는 하나의 목표가 있기 때문입니다. 누군가를 정말로 사랑하는 사람은 환경에 좌우되지 않습니다. 왜냐하면 그는 그 사람을 사랑하기 때문입니다. 사랑하기 때문에 그 사람 때문에 치러야 할 대가와 희생을 두려워하지 않는 것입니다.

사도 바울에게는 죽음이 찾아온다 할지라도, 자기의 명예를, 자기의 건강을, 자신의 인생을 박탈당한다 할지라도 죽기까지 전해야 할 하나의 메시지가 있었습니다. 그 메시지는 예수 그리스도였습니다. 사도 바울은 이 메시지를 위해 인생 전체를 바꾸었습니다. 그는 이렇게 고백했습니다.

내가 너희 중에서 예수 그리스도와 그가 십자가에 못 박히신 것 외에는 아무것도 알지 아니하기로 작정하였음이라(고전 2:2).

몰라서가 아닙니다. 없어서가 아닙니다. 그는 예수 그리스도 외에는 아무것도 알지 않기로 작정한 것입니다. 갈라디아서에서는 이렇게 말했습니다.

그러나 내게는 우리 주 예수 그리스도의 십자가 외에 결코 자랑할 것이 없으니 그리스도로 말미암아 세상이 나를 대하여 십자가에 못 박히고 내가 또한 세상을 대하여 그러하니라(갈 6:14).

바울에게 왜 자랑할 것이 없겠습니까? 그는 지성인 중에 지성인이요, 학문이 깊은 사람이었습니다. 진리에 대한 정의감이 있는 사람이었습니다. 하나님에 대해서 누구보다 열정이 있는 사람이었습니다. 인간적으로 보면 그에게는 자랑할 것이 많았습니다. 그가 얼마나 똑똑했으면 신약의 많은 부분을 썼겠습니까? 그러나 그는 예수님 외에는 보이는 것이 없다고 말했습니다. 예수 외에는 할 말이 없다고 말했습니다.

우리는 너무나 할 말이 많습니다. 우리는 너무나 할 일이 많습니다. 그러나 알고 보면 다 별것 아닙니다. 시시한 것을 너무도 중요하게 생각한 나머지 우리의 인생을 낭비하고 있습니다. 물론 돈 버는 것은 중요합니다. 공부하는 것도 중요합니다. 선한 일을 행하는 것 역시 중요합니다. 조국도 중요하고, 민족도 중요하고, 통일도 다 중요합니다. 그러나 그것과 그리스도를 바꿀 수는 없다는 말입니다.

많은 사람들은 예수를 중요한 것들 중 하나라고 봅니다. 마치 이슬람교에서 예수를 예언자 중 한 사람이라고 보는 것처럼, 기독교를 모든 종교 중 하나라고 보는 것처럼, 사람들은 예수님의 가치를 모든 좋은 것 중 하나로 전락시켜 버리고 말았습니다. 하나님을 인간으로, 예수님을 성자 중 한 사람으로 만들어 버리고 만 것입니다.

어떤 신분을 가졌느냐보다 더 중요한 것은, 지금 무엇을 생각하느냐입니다. 어떤 사람은 자신이 있는 위치를 자기 자신이라고 착각합니다. 어떤 직업에 있으면, 어떤 위치에 있으면 자기가 그런 사람인 줄 아는 것입니다. 그렇지 않습니다. 당신이 무엇을 위해 죽을 수 있느냐가 더 중요합니다. 비록 생각하던 것과는 다른 직업에 종사한다 할지라도, 다른 처지에 있다 할지라도, 다른 상황에 있다 할지라도, 나를 사로잡고 있는 분이 예수 그리스도요, 그분을 위해 죽을 수 있고, 그분을 위해 무엇이든 할 수 있다는 생각과 결심이 서 있다면, 그 사람은 진짜인 것입니다.

목사나 선교사라는 신분을 가지고서도 예수님을 중요하지 않게 여기며 살아갈 수 있습니다. '내가 목사요' 하면서 설교할 수 있습니다. 선교지에 가 있는 선교사가 예수님은 생각지 않고 자기의 안녕이나 입장, 성공이나 미래를 더 생각할 수도 있습니다. 어떤 목회자는 복음을 전하는 것보다 박사 학위 받는 것을 더 중요하게 생각하기도 합니다. 자기의 성장이나 발전을 더 중요시한다는 것입니다. 그 사람들이 예수를 안 믿는 것도 아니고, 전하지 않는 것도 아닙니다. 그렇지만 그럴 수 있다는 것입니다.

어떤 장소에 가든지, 어떤 상황을 만나든지 바나바와 바울의 가슴속에 끓어오르는 것이 있었는데, 그것은 예수였습니다. 예수님을 전하지 않으면 견딜 수 없는 마음이 그들에게 있었습니다. 김지철 목사님이 대학 때 거지 전도 여행을 다녀와서 들려주었던 이야기가 있습니다. 어느 교회의 새벽 기도를 가 보니 목사님이 예배를 인도하시는데, 교인은 한 사람, 사모님뿐이었답니다. 사모님은 성도가 되고, 목사님은 강단에서 새벽 기도를 인도하고 계셨습니다. 자기 아내를 두고 설교하는 모습에 큰 감동을 받고 돌아왔다는 말이 아직까지 제 기억에 남아 있습니다. 목회자라면 아내 한 사람을 두고서도 설교할 수 있어야 합니다. 돌멩이가 날아와도 예수님을 전하고 싶은 뜨거운 정열과 안타까운 마음, 주님을 사랑하는 마음이 담긴 것이 설교입니다.

자리 또는 강단에 설 기회를 주기 때문에 하는 것은 설교가 아닙니다. 그건 단순한 강연일 수밖에 없습니다. 그런 사람들은 체면을 맞추어 주고, 신분을 만들어 주고, 기회를 내주고, 위치를 만들어 줘야 일을 합니다.

사도에게는 전하지 않으면 견딜 수 없는 예수님에 대한 메시지가 있었습니다. 당신에게도 그런 것들이 있게 되기를 바랍니다. 목사냐 선교사냐 평신도냐, 이것은 중요하지 않습니다. 당신이 무엇을 생각하고 있느냐가 중요합니다. 누구를 위해 사느냐가 중요합니다. 당신이 있는 그 위치에서 예수님을 뜨겁게 사랑하느냐와 그분을 전하지 않으면 견딜 수 없고 그분 때문에 자신의 생명을 아낌없이 바칠 수 있느냐 하는 것이 중요합니다.

모든 상황의 능력이 되는 복음

둘째, 언제, 어디서, 누가 전한다 할지라도 복음에는 능력이 나타난다는 것입니다. 사도 바울은 이렇게 말했습니다.

> 내가 복음을 부끄러워하지 아니하노니 이 복음은 모든 믿는 자에게
> 구원을 주시는 하나님의 능력이 됨이라 먼저는 유대인에게요 그리
> 고 헬라인에게로다(롬 1:16).

헬라인이냐, 유대인이냐는 중요하지 않습니다. 야만인이냐 지
성인이냐, 가난한 자냐 부자냐도 중요하지 않습니다. 2천 년 전이
냐, 지금이냐도 중요하지 않습니다. 복음은 시간을 초월합니다. 시
대를 초월합니다. 인정을 초월합니다. 상황을 초월합니다. 복음은
모든 상황에서 능력이 되는 것입니다. 그래서 사도 바울은, '나는
이 복음을 부끄러워하지 않는다'고 말했습니다.

복음이 선포되는 곳에서는 죽은 사람이 살아납니다. 구원의 능력
이 나타납니다. 하나님의 복음이 있는 곳에서는 귀신이 떠나갑니
다. 이런 기적들은 지금도 일어나고 있습니다. 그것이 복음입니다.

바울과 바나바는 이 복음 때문에 박해를 받고 비시디아 안디옥
에서 쫓겨나 이고니온으로 왔지만, 똑같은 방법과 똑같은 내용으
로 회당에서 유대인과 헬라인들에게 복음을 전했습니다. 이때 무슨
일이 일어났습니까? 비시디아 안디옥에서 사람들이 예수님을 믿게
되었던 것처럼, 이고니온에서도 사도 바울의 설교를 통해 복음을
듣고 사람들의 눈이 반짝거리기 시작했습니다. 마치 가물어 메마른

땅에 생명의 단비가 내린 것처럼, 그들의 영혼에 하나님의 생명이 임하는 것을 그들이 느끼게 된 것입니다. 이것이 복음입니다.

오늘날 교회에 이 복음이 필요합니다. 화려한 성전들이 얼마나 많습니까? 성도들이 얼마나 많습니까? 여기에 얼마나 많은 설교할 강단들이 있습니까? 그러나 문제는, 살아 있는 복음을 전하지 못하는 데 있습니다. 영원하신 그리스도, 영원한 이 능력의 복음을 전하는 대신에 우리는 강단에서 세상 이야기나 철학 같은 쓸데없는 소리들을 많이 한다는 것입니다. 그렇기 때문에 사람들이 변하지 않습니다.

같은 복음, 다른 반응

그러나 순종하지 아니하는 유대인들이 이방인들의 마음을 선동하여 형제들에게 악감을 품게 하거늘(행 14:2).

여기에 재미있는 사실이 있습니다. 똑같은 시간에 똑같은 복음을 들었지만, 반대로 반응하며 박해하고 거부하는 무리들이 있다는 것입니다. 사람들이 보일 반응을 예상해서 다른 설교를 한 게 아닙니다. 똑같은 시간에 똑같은 메시지를 주었지만, 듣는 사람들은 두 가지로 반응했던 것입니다. 믿는 사람들이 있고, 안 믿는 사람들이 있습니다. 받아들이는 사람이 있고, 거부하는 사람이 있습니다. 기뻐하며 찬양하는 사람이 있는가 하면, 비판하고 실망하는 있다는 것입니다. 놀랍지 않습니까? 어떤 사람들은 예수로 말미암아 기뻐하고 설교를 들으면서 좋아하지만, 또 다른 사람들은 다른 것으로 기뻐하고 좋아합니다.

예수님의 십자가 옆에는 두 강도가 있었습니다. 하나님의 어린 양으로서 인류의 모든 죄를 지고 십자가에서 피 흘려 돌아가시는 예수 그리스도를 보면서 한 강도는, "예수여, 주님의 날에 나를 기억하옵소서"라고 했습니다. 그러나 또 한 강도는 뭐라고 말했습니까? "너는 네 자신도 구원하지 못하는구나. 차라리 하나님을 저주해라" 하며 예수님을 저주하고 비판했습니다. 똑같이 예수를 보았지만 반응은 달랐습니다. 메시지가 문제가 아니라, 사람이 문제였던 것입니다. 메시지가 잘못된 것이 아닙니다. 듣는 사람에게 문제가 있는 것입니다.

그러면 복음에 부정적인 반응을 보이는 이들은 어떤 부류의 사람들입니까? 앞의 말씀에 아주 재미있는 힌트가 나옵니다. '그러나 순종하지 아니하는 유대인들이'라고 되어 있습니다. 이들은 복음을 듣기 전에 이미 그 마음에 불순종의 영이 가득 찼다는 뜻입니다. 하나님과 그분의 말씀을 거부하는 사람의 심령 깊은 곳에는 이미 마귀의 영, 불순종의 영, 거역하는 영이 도사리고 있다는 것입니다. 그들은 이미 마음이 비뚤어져 있습니다. 그래서 무슨 일에든 반항합니다. 무슨 일이든 거역합니다. 어떤 좋은 얘기를 해도 일단 거부합니다.

어떤 말이든 비비 꼬아서 하는 사람이 있습니다. 이런 사람은 대하기가 아주 힘듭니다. 이런 사람하고는 5분만 얘기해도 진이 빠집니다. 이들은 대개 빈정대고 냉소적입니다. 항상 부정적인 것만 후벼 팝니다. 무슨 사건을 만나든지 그렇습니다. 왜 그렇습니까? 그 안에 불순종의 영이 있기 때문입니다. 그 사람은 병들어 있습니다. 삐뚤어져 있습니다. 그러다 보니 무엇이든지 거부합니다. 자기가 나설 수 없거나 자기 말이 통과되지 않으면 기분이 나쁩니다. 이들은 모든 것을 자기중심으로 해야 하는 영을 가졌기 때문입니다. 이런 사람들은 아무리 좋은 말씀을 들어도 들리지 않습니다. 예수님이 말씀하셔도 듣지 못합니다. 아마 하나님이 와서 말씀하셔도 듣지 않을 것입니다. 마음이 이미 비틀어졌기 때문입니다.

여기 유대인들은 평소 하나님을 잘 믿었고, 또 누구보다도 하나님을 잘 믿는다고 선전했던 사람들입니다. 그러나 하나님의 복음이 나타나서 그들에게 접근했을 때, 바로 거부하고 불순종하는 영들이 드러나기 시작했습니다. 기억하십시오. 죄의 깊은 곳에는 불순종의 영이 있습니다. 순종하지 않습니다. 권위에 대항하고, 자신을 높이고, 주장하고, 해 보지도 않은 채 오만하게 말하고, 끝까지 고집을 피우는 것입니다. 이게 문제입니다. 간음이나 도둑질, 거짓말보다 더 무서운 것은 우리 안에 있는 삐뚤어진 영입니다. 불순종의 영입니다. 거부하는 영입니다. 받아들이지 않는 영입니다.

혹시 당신의 자녀에게 이런 문제의 여지가 있습니까? 자녀들이 공부를 잘하느냐 못하느냐, 착하게 행동하느냐 거칠게 행동하느냐보다 더 중요한 게 있습니다. 그것은 순종의 영을 가졌느냐 하는 것입니다. 사춘기 때 잠시잠깐 반항하거나 불순종할 수는 있습니다. 그러나 그것이 계속된다면 심각한 문제로 대두될 수 있습니다. 그 인생 전체가 파괴돼 버리고 마는 것입니다.

저는 당신에게 불순종의 영이 없기를 바랍니다. 거부하는 영이 없기를 바랍니다. 비판하고 비꼬는 영이 없기를 바랍니다. 뭐든지 순하게 생각하십시오. 감사하게 생각하십시오. 진리에 대해서 마음 문을 열어 놓고 받아들이는 영적인 자세가 굉장히 중요합니다.

불순종한 자들에 대한 사도들의 태도

> 두 사도가 오래 있어 주를 힘입어 담대히 말하니 주께서 그들의 손으로 표적과 기사를 행하게 하여 주사 자기 은혜의 말씀을 증언하시니(행 14:3).

이런 불순종한 사람들, 반항하는 사람들에 대해 사도 바울과 바나바는 어떻게 대처했습니까? 우리는 위의 말씀에서 세 가지를 발견하게 됩니다.

첫째, 그들은 그 자리에 오래 머물렀습니다. 그렇게 반항하는 사람이 나타났을 때 피하거나 그냥 떠나지 않았다는 것입니다. 고린도전서 13장에 보면 사랑은 무엇입니까? 오래 참는 것입니다. 불순종하는 자녀들, 거역하는 자녀들을 포기하지 마십시오. 기다려 주어야 합니다. 오랫동안 기다리면 변하게 되어 있습니다. 대부분의 사람들은 쉽게 포기합니다. 하지만 포기하면 나빠질 수밖에 없습니다. 절대 포기하지 마십시오. 기다려서 그 사람을 구원하십시오. 바울은 야고보서에서 "인내를 온전히 이루라"(약 1:4)고 말했습니다. 신앙생활에 있어서 기다리는 것, 인내하는 것처럼 중요한 게 없습니다. 사랑하는 사람은 기다릴 수 있습니다.

둘째, 주를 힘입어 담대히 말했습니다. 기다리지만, 사랑하지만, 또 적극적으로 담대하게 주님 안에서 접근한다는 것입니다. "마귀를 대적하라 그리하면 너희를 피하리라"(약 4:7). 영적으로 밀려서는 안 됩니다. 영적으로 포기해서는 안 됩니다. 담대한 믿음을 가지고 그 사람이 아니라 그 사람 속에 있는 악한 영과 대결해야 합니다. 바울과 바나바는 영적으로 밀리지 않고 악한 영, 불순종의 영, 거역하는 영을 가진 사람들에게 담대히 대했습니다.

셋째, 기적과 표적을 동반한 은혜의 말씀을 선포했습니다. 사도 바울과 바나바는 언제나 은혜의 말씀을 선포했습니다. 바울이 가서 전한 복음이 바로 은혜의 말씀이었습니다. 26절에는 전도 여행의 결과가 나타나는데, 이렇게 기록되어 있습니다.

거기서 배 타고 안디옥에 이르니 이곳은 두 사도가 이룬 그 일을 위하여 전에 하나님의 은혜에 부탁하던 곳이라(행 14:26).

은혜의 말씀, 사랑과 용서의 말씀, 예수 그리스도의 말씀. 바로 그들은 그 은혜의 복음을 전했던 것입니다. 그 은혜의 복음을 전할 때 표적과 기사가 일어났습니다. 여기에 다 기록되진 않았지만, 바울이 이야기할 때마다 능력들이 나타났던 것입니다.

그렇습니다. 복음이 선포되는 곳에는 2천 년 전이나 지금이나 똑같은 기적과 능력이 나타납니다. 기적과 능력 중에는 눈에 보이는 것도 있고, 보이지 않는 것도 있을 수 있습니다. 걷지 못하던 사람이 일어납니다. 보지 못하던 사람이 눈을 뜹니다. 듣지 못하던 사람의 귀가 열립니다. 죽은 자가 살아나고, 광풍이 잔잔해집니다. 이런 것들은 다 눈에 보이는 실제적인 기적입니다. 하나님의 복음이, 하나님의 성령이 온전히 선포되는 곳에서는 이런 기적과 능력들이 지금도 동일하게 나타납니다.

걷지 못하던 사람이 일어난 것도 기적이지만, 기적 중에 기적은 예수님이 베드로의 발을 씻어 주신 일입니다. 그것은 엄청난 충격입니다. 간음하다 현장에서 붙잡힌 여인을 용서해 주셨던 예수님의 용서의 기적 역시 그렇습니다.

우리 교회 안에도 눈에 보이는 기적과 눈에 보이지 않는 기적들이 얼마나 많은지 모릅니다. 사람이 한 게 아닙니다. 하나님이 하신 것입니다. 사람의 노력과 방법으로 이루어진 것이 아니라, 하나님이 친히 역사하신 것입니다. 당신의 생애에도 이런 기적이 있기를 바랍니다. 예수 그리스도의 복음을 선포할 때마다 기적이 일어나게 될 것입니다.

복음은 반드시 변화시킨다

> 그 시내의 무리가 나뉘어 유대인을 따르는 자도 있고 두 사도를 따르는 자도 있는지라(행 14:4).

바울이 복음을 전할 때 두 개의 그룹이 생겼습니다. 하나는 바울과 바나바를 박해하는 유대인 그룹이고, 다른 하나는 그들을 따르는 그룹입니다. 문제는 이쪽 편인가, 저쪽 편인가가 아니라, 복음을 전했는데도 패가 갈리지 않는 것입니다. 복음을 전했는데도 반응이 없는 것입니다. 그건 가짜 복음입니다. 진짜 복음은 사람을 변화시킵니다. 빛이 오면 어둠이 사라지듯이, 복음이 오면 사탄의 세력들이 드러나게 되어 있습니다. 복음 안에는 회색 지대가 없습니다. 만일 복음 안에 회색 지대가 있다면, 그것은 가짜 복음입니다.

교회에서 설교를 듣고도 성도들이 변하지 않는다면, 이건 심각한 문제가 있는 것입니다. 우리는 변해야 합니다. 변하지 않는다면 제가 무엇 때문에 생명의 복음을 전하겠습니까? 월급 받기 위해서입니까? 제 위치를 지키기 위해서입니까? 명예를 지키기 위해서입니까? 아닙니다. 복음은 사람을 변화시킵니다. 복음은 폭탄과 같습니다. 복음은 다이너마이트입니다. 사람의 심령을 변화시키는 것입니다. 우리는 예수를 믿고 변해야 합니다. "그런즉 누구든지 그리스도 안에 있으면 새로운 피조물이라 이전 것은 지나갔으니 보라 새것이 되었도다"(고후 5:17).

10년 동안 예수를 믿었는데도 변하지 않았다면 문제가 있습니다. 교회가 10년 동안 설교했는데도 10년 전이나 10년 후나 똑같다면, 그 교회는 문제가 있는 것입니다. 많은 말을 했고, 많은 설교를 했고, 많은 간증을 했고, 많은 세월을 보냈어도 아무 변화가 없다면, 그때나 지금이나 똑같다면, 그건 문제가 있는 것입니다. 변해야 합니다. 그것이 복음입니다. 만약 변하지 않았다면, 내게 들어온 것은 복음이 아닐지도 모릅니다. 내가 예수를 믿는다면, 그분이 죽은 예수가 아니라 살아 있는 예수라면, 그분은 나에게 말씀하실 것입니다. 그분이 내 안에서 무언가를 하실 것입니다. 그렇습니다. 그것이 복음이요, 그것이 예수입니다. 예수님은 마태복음에서 이렇게 말씀하셨습니다.

내가 세상에 화평을 주러 온 줄로 생각하지 말라 화평이 아니요 검을 주러 왔노라(마 10:34).

복음은 세상을 소요하게 합니다. 이데올로기도 운동권도 세상을 소란하게 만들지만, 복음도 세상을 소란하게 만듭니다. 소란의 질이 다를 뿐입니다. 기독교의 참된 복음은 사탄이 있는 곳에 터뜨려지는 폭탄과도 같습니다. 이것이 복음입니다. 이것이 피의 복음입니다. 복음은 불이 있는 것입니다.

성령의 불이 붙으면 그 불을 끄러 다니는 사람들이 있습니다. '왜 예수를 그렇게 촌스럽게 믿느냐, 기도를 왜 그렇게 소리 지르며 하느냐, 왜 그렇게 전도를 극성스럽게 하느냐, 가정도 지키고 사회도 지키고 다 점잖게 해야 되지 않겠느냐, 사회에 비판받지 않도록 해야 되지 않겠느냐.' 인간의 이성과 생각의 잣대로, 교양이라는 이름으로 이 모든 성령의 불들을 다 꺼 버립니다. 말씀의 불들을 꺼 버립니다. 그래서 교회를 잠잠하게 만듭니다. 있는지 없는지 모르게 만들어 놓습니다. 소리도 크게 지르지 말라고 합니다. 찬송도 하지 말라고 합니다. 성경책도 촌스럽게 큰 것 가지고 다니지 말고 조그마한 포켓용으로 들고 다니라고 말합니다. 다른 사람들에게 예수 믿는다고 말하지 말라고 합니다. 그렇게 만들어 버리는 것입니다.

사도행전의 사람들을 보십시오. 미친 사람들 같습니다. 수준이 낮아서 미친 것 같은 게 아닙니다. 우리는 가끔 복음 전도자나 선교사들에게서 이처럼 불같이 타오르는 열정을 봅니다. 전도자나 설교자가 불타지 않는다면, 예수 그리스도를 전하지 않고는 견딜 수 없는 불이 없다면 무슨 설교를 하겠습니까? 불이 없으면 어떻게 사람을 살릴 수 있겠습니까? 불의 복음이요, 피의 복음입니다.

전통적인 교회나 전통적인 기독교 학교에서 불을 보기 힘든 요즘입니다. 다 꺼져 버렸습니다. 점잖게 있고, 특별한 일이나 모험은 하지 말라고 합니다. 내 상식과 방법과 경험에 맞는 일만 하라고 합니다. 그들은 하나님 위에 올라앉아 있습니다. 하나님이 하시는 위대한 일을 보고 환상도 비전도 없다고 하면서, 세속적인 경험과 세속적인 방법으로만 교회를 이용합니다.

교회는 하나님의 방법으로 움직입니다. 교회는 땅에 있지만, 천상의 꿈을 가지고 사는 것입니다. 이 세상을 변화시키는 것입니다. 그게 교회입니다. 이런 방법으로 어떻게 통일이 되겠습니까? 우리의 믿음을 가지고 어떻게 북한을 견딜 수 있겠습니까? 이 세상의 무서운 물질문명을 기독교가 어떻게 견딜 수 있단 말입니까? 복음의 불이 필요합니다. 복음의 능력이 필요합니다. 이 능력과 불을 가지고 세상을 불태워야 합니다. 이것이 초대 교회였습니다. 이것이 사도행전이었습니다.

오늘날 교회는 너무나 점잖고, 너무나 세속적이고, 너무나 세상에 합리화되어 있고, 세상의 방법대로 따라가고 있습니다. 세상은 우리를 환영합니다. 그렇게 살아도 괜찮다고 말합니다. 하지만 세상의 방법대로 살지 않으면 세상은 우리를 비판합니다. '좀 지나치다', '무리다', '뭐 그렇게 사느냐'고 이야기합니다.

터키 여행에서 재미있는 모습을 하나 보았습니다. 코네라는 곳에서 아침에 호텔에서 나와 버스를 탔는데, 곰 한 마리가 나타났습니다. 깜짝 놀랐습니다. 그런데 자세히 보니 이빨 빠진 곰이었습니다. 발톱까지 빠져 있었습니다. 사람의 돈벌이가 된 곰이었습니다. 엉금엉금 기어오더니 지팡이를 들고 사진을 찍었습니다. 5-10달러를 내면 그 곰 옆에서 사진을 찍을 수 있었습니다. 야생에서 포효하며 지내야 할 곰이 사람의 돈벌이가 되고 만 것입니다. 그런데 현대의 많은 그리스도인들이 이렇게 살아가고 있습니다. 이빨 빠진 곰처럼 세상의 쓰레기를 적당히 먹고살면서 그렇게 타협하며 살아가는 것입니다.

하나님은 우리에게 능력을 주셨습니다. 불을 주셨습니다. 복음을 주셨습니다. 생명을 주셨습니다. 사람을 살리라고 이러한 능력을 주신 것입니다. 그런데 우리는 월급에 눌려 있습니다. 돈에 눌려 있습니다. 명예에 눌려 있습니다. 학문에 눌려 있습니다. 제일 불쌍한 목사는 박사가 되기 위해 세월을 보내는 자들입니다. 뭐 하러 그런 짓을 합니까? 사도 바울을 연구해서 박사 학위를 받은 사람만 몇 천 명은 될 것입니다. 우리는 이빨 빠진 사자나 곰처럼, 날개를 잃어버린 새처럼 세상의 쓰레기들 속에서, 세상이 주는 유혹의 달콤한 것 속에서 헤어나지 못하며 살아갑니다.

살든지 죽든지 주를 위해 그리고 당신의 삶이 온전히 하나님의 복음을 위해, 하나님의 영광을 위해 살아가는 삶이기를 바랍니다. 그렇게 살 수만 있다면 아무것도 중요하지 않습니다. 우리가 얼마나 많은 일을 할 수 있느냐, 없느냐도 중요하지 않습니다. 중요한 것은, 우리가 얼마나 사도행전의 성도들처럼 불을 가지고 살아가느냐는 것입니다. 그렇게 살 수 있다면, 세상은 변하게 될 것입니다.

> 이방인과 유대인과 그 관리들이 두 사도를 모욕하며 돌로 치려고 달려드니 그들이 알고 도망하여 루가오니아의 두 성 루스드라와 더베와 그 근방으로 가서 거기서 복음을 전하니라(행 14:5-7).

이방인과 유대인과 관리들이 두 사도를 모욕하며 돌로 치려고 달려들었습니다. 사도들은 그것을 알고 루스드라와 더베의 인근으로 도피합니다. 그런데 이 사이에 중요한 메시지가 있습니다. 그들은 거기서 무엇을 했습니까? 복음을 전했습니다. 이는 우리가 본받아야 할 모습입니다. 우리나라에서는 복음을 전한다고 감옥에 갈 일은 없지만, 혹시 그런 일이 있을지라도 거기에 가서 복음을 전할 수 있게 되기를 바랍니다. 병원에 입원할 일이 생기면 그곳에서 전도할 수 있기를 바랍니다. 어디를 가든지 전도하십시오. 그리스도인이라면 갈등 없이 전도하고 싶은 생각이 들어야 합니다. 모든 기회는 하나님의 기회입니다. 모든 사건은 하나님의 사건입니다. 하나님의 축복이 당신과 함께하기를 바랍니다.

19

하나님에게로 돌아오라

사도행전 14:8-18

나면서 걷지 못하게 된 사람과 바울의 만남

유대인들의 박해를 피해 이웃 지역인 루스드라로 피신해서 복음을 전한 사도 바울과 바나바는 그곳에서 나면서 걷지 못하게 되어 걸어 본 적이 없는 사람을 만나게 됩니다.

루스드라에 발을 쓰지 못하는 한 사람이 앉아 있는데 나면서 걷지 못하게 되어 걸어 본 적이 없는 자라(행 14:8).

그런데 이는 3장에서 베드로와 요한이 나면서 못 걷게 된 이를 만났던 사건을 연상하게 합니다.

바울이 말하는 것을 듣거늘 바울이 주목하여 구원받을 만한 믿음이 그에게 있는 것을 보고 큰 소리로 이르되 네 발로 바로 일어서라 하니 그 사람이 일어나 걷는지라(행 14:9-10).

사도행전 3장에서의 걷지 못하던 자는 걸인이었습니다. 그는 날마다 성전 미문에 나타나서 성전에 들어가는 사람들에게 구걸을 하는 사람이었습니다. 그런데 바울과 만나게 된 이 사람은, 나면서부터 걷지 못하게 된 것은 똑같지만, 구걸이 아닌 사도 바울의 설교를 들으러 온 사람이었습니다.

그는 사도 바울의 설교를 들었습니다. 그리고 바울은 그 사람 안에 구원받을 만한 믿음이 있음을 보았습니다. 이에 사도 바울은 그 자리에서 그 사람을 일으켜 세웠습니다. 기적을 일으킨 것입니다. 어떻게 이런 일이 가능할까요? 우리는 사도 바울을 통해서 세 가지 사실을 발견하게 됩니다.

주목하여 보다

첫 번째는, 그가 주목했다는 사실입니다. 성령의 능력이 나타날 것을 직감하고 있던 사도 바울은 나면서 걷지 못하게 된 그 사람이 자기의 설교를 열심히 듣고 있는 것을 보았습니다. 그래서 그의 눈과 바울의 눈이 서로 마주치게 된 것입니다. 바로 그 순간, 전기가 서로 부딪치는 것 같고, 용광로에 쇠가 들어가는 것 같은 경험이 일어났습니다. 베드로도 나면서 걷지 못하게 된 자를 주목했다고 했습니다. 그러고는 '우리를 (주목하여) 보라'고 말했습니다.

우리는 예수님을 주목해서 볼 수 있어야 합니다. 주목해서 볼 때, 하나님의 말씀을 들을 때, 눈과 눈이 마주칠 때 하나님의 성령의 역사가 놀랍게 일어날 것입니다. 대부분의 경우, 말씀은 말씀으로 끝나 버리고 능력은 또 다른 것이라고 생각합니다. 그러나 말씀이 능력이 되는 순간, 바로 성령의 역사가 일어납니다. 설교 도중에 그런 일이 일어나는 것입니다. 성령의 사건이 기적으로 변화되는 것입니다.

무엇이든 주목해서 관심을 가지고 보게 되면 기적이 일어납니다. 하나님을 보다 안 보다 하지 마십시오. 교회도 오다 안 오다 하지 마십시오. 성경도 보다 안 보다 하지 마십시오. 주목하십시오. 집중하십시오. 하나님을 향해 끊임없는 관심을 가져 보십시오. 기적이 없다 할지라도 주목하십시오. 아무 일이 일어나지 않는다 할지라도 믿고 주목하고 따라가 보십시오. 그러면 그곳에 하나님의 기적이 준비되어 있습니다.

구원받을 만한 믿음이 있음을 보다

두 번째는, 구원받을 만한 믿음이 그 사람 안에 있음을 바울이 보았다는 것입니다. 이 사람은 바울의 설교를 듣고 있었습니다. 하지만 그 자리에서 일어나게 되리라는 기대는 전혀 하지 못했을 것입니다. 그런데 설교를 듣는 순간, 그 말씀이 그에게 부딪치기 시작한 것입니다. 그 말씀이 그 사람 안에서 살아 움직이기 시작한 것입니다.

어떤 사람은 설교를 들어도 전혀 부딪치지 않습니다. 한번은 사도 바울이 설교할 때 조는 사람이 있었습니다. 그는 3층에서 졸다가 떨어져 죽었습니다. 똑같은 설교인데 어떤 사람은 들으면서 좁니다. 그런데 어떤 사람에게는 그 설교가 불이 됩니다. 그 설교가 말씀이 되는 것입니다. 그 설교가 그를 살리는 것입니다. 이때 그 사람은 다른 데 전혀 관심을 갖지 않게 됩니다. 그 말씀에 빨려 들어갑니다.

여러 부류의 사람들이 거기에 앉아 설교를 들었지만, 특별히 나면서 걷지 못하게 된 이 사람은 바울의 설교에 빨려들었습니다. 복음의 능력이 그 사람 속에 심겨진 것입니다. 말씀이 능력이 되기 시작한 것입니다.

> 그러므로 믿음은 들음에서 나며 들음은 그리스도의 말씀으로 말미암았느니라(롬 10:17).

믿음은 노력한다고 생기는 게 아닙니다. 애쓰거나 운다고 생기는 것도 아닙니다. 믿음은 하나님의 말씀으로부터 오는 것입니다. 아무리 '믿습니다'라고 외치며 기도하고 별 노력을 다 기울여도, 믿음은 생기지 않습니다. 믿음은 말씀의 씨가 뿌려져야 생기는 것입니다. 이는 마치 아무리 똑똑하고 훌륭한 여자라도 혼자서는 아기를 낳을 수 없는 것과 같습니다. 남자로부터 뿌려진 생명의 씨앗이 여자의 몸에 들어와야 임신을 하게 됩니다.

믿음은 말씀이 그 속에 씨로 뿌려질 때 생기는 것입니다. 말씀이 없으면 믿음은 절대로 생기지 않습니다. 그러므로 믿음을 갖기 위해서는 말씀을 들어야 합니다. 성경을 읽어야 합니다. 예수 그리스도를 만나야 합니다. 그 예수 그리스도가, 생명이신 그리스도의 말씀이, 하나님의 말씀이 우리의 심령 속에 뿌려지고 우리가 그것을 접하게 될 때 믿음이 생기는 것입니다. 하지만 말씀을 들어도 믿음이 생기지 않는 사람이 있습니다. 말씀을 흘려듣는 경우가 이에 해당됩니다. 이런 사람은 교회를 아무리 나와도 믿음이 생기지 않습니다.

예수 그리스도의 말씀이 당신 안에 뿌려질 수 있기를 바랍니다. 그때 당신의 믿음이 자라게 될 것입니다.

그렇다면 믿음이 자라면 어떻게 됩니까? 능력으로 변하게 됩니다. 믿음은 불가능을 가능하게 합니다. 안 되는 것을 되게 합니다. 없는 것을 있게 합니다. 죽은 자를 살아나게 합니다. 이것이 믿음의 능력이며 역사입니다. 어떤 사람은 예수 그리스도를 믿는 믿음이 있지만, 그의 삶에 능력은 전혀 나타나지 않을 수 있습니다. 그 사람은 믿음의 전부를 보지 못한 것입니다.

나면서 걷지 못하게 된 이 사람은 바울의 설교를 아마도 짧은 시간 동안 들었을 것입니다. 하지만 그 말씀이 그 사람 속에서 불이 되고, 능력이 되고, 믿음이 되고 있다는 사실을 사도 바울은 볼 수 있었습니다. 그 사람이 활화산같이 변한 것입니다. 이미 죽어 버린 화산이 다시 살아난 것처럼, 그 속에서 뭔가 모를 힘이 솟아나고 있는 것을 사도 바울이 목격한 것입니다. 저는 당신에게도 이런 믿음이 살아 움직이기를 바랍니다. 그 믿음이 살아 움직이고 역사하면, 놀랍게도 당신이 안수하거나 선포할 때 그것이 능력으로 변하게 됩니다.

히브리서 4장 12절은 우리가 잘 아는 말씀입니다. "하나님의 말씀은 살아 있고 활력이 있어." 말씀은 죽은 것이 아닙니다. 지식이 아닙니다. 정보가 아닙니다. 말씀은 하나님의 능력, 그 자체입니다. 그 말씀 안에 하나님의 생명이 있습니다. 그러므로 하나님의 말씀을 들으면 그 생명이 우리 속으로 들어오게 됩니다. 그렇게 들어온 생명은 어둠을 없앱니다. 슬픔을 없앱니다. 염려와 근심을 그 생명이 와서 다 없애 버립니다. 그것이 말씀입니다.

말씀은 살아 있고 활력이 있습니다. 에너지가 있습니다. 움직이는 것입니다. 변화시키는 것입니다. 이것이 하나님의 말씀입니다. 말씀은 우리의 혼과 영과 관절과 골수를 찔러 쪼갠다고 했습니다. 여기서 관절과 골수는 육체를 말합니다. 하나님의 말씀은 우리의 영을 변화시킵니다. 우리의 혼을 변화시킵니다. 우리의 육체까지도 변화시킵니다. 이 하나님의 말씀이 사도 바울을 통해 나면서 걷지 못하게 된 사람의 육체를 새롭게 만드는 기적을 실제로 일으켰습니다.

대부분의 사람들은 말씀과 능력을 이원론적으로 생각합니다. 말씀과 능력이 따로 있다고 생각합니다. 성령과 능력 또한 따로 있다고 생각합니다. 그렇지 않습니다. 성령이 임하면 무엇을 받습니까? 능력을 받게 됩니다. 성령이 임했는데도 능력이 없다는 것은 거짓말입니다. 그렇게 볼 때 이것은 동전의 양면과도 같습니다. 이렇게 보면 성령이고, 저렇게 보면 능력입니다. 이렇게 보면 말씀이고, 저렇게 보면 능력인 것입니다.

그렇다면 이 능력은 어떻게 해서 생겼습니까? 사도 바울의 설교를 들음으로 생긴 것입니다. 그러면 그 말씀은 무슨 말씀이었겠습니까? 예수 그리스도에 대한 말씀이었을 것입니다. '예수 그리스도, 구약에 약속된 그 메시아가 세상에 오셔서 우리를 위해 십자가에 못 박혀 죽으셨다. 그런데 그분은 죽으셨을 뿐만 아니라 다시 살아나셨다. 그분이 지금 여기에 계신다. 그분이 우리의 메시아시다.' 그는 아마 이런 내용의 설교를 계속 듣고 있었을 것입니다. 그 말씀을 듣는 가운데 그 사람은 변하고 있었던 것입니다.

저는 우리에게도 동일한 일이 일어나기를 바랍니다. 우리는 모두 이런 변화를 경험해야 합니다. 물론 이런 변화가 모두에게 일어나는 것은 아닙니다. 들은 말씀이 내 안에서 생명이 되고 능력이 되는 역사가 우리 모두에게 임하게 되기를 바랍니다.

믿음으로 선포하다

세 번째는, 사도 바울의 믿음입니다. 바울은 걷지 못하던 사람을 향해 "네 발로 바로 일어서라" 하고 큰 소리로 외쳤습니다. 그렇게 말할 수 있었던 것을 보면 사도 바울도 굉장히 믿음이 있는 사람이었음을 알 수 있습니다.

그런데 기억을 더듬어 봅시다. 앞선 장들에서 살펴본 사도 바울은 어떤 사람입니까? 그는 지성인 중에 지성인으로, 공부도 많이 하고 이성적인 사람입니다. 그는 세상적이고 인간적인 경험을 많이 한 학자 중에 학자였습니다. 이는 나면서 걷지 못하게 된 사람은 일어날 수 없다는 사실을 누구보다 잘 아는 사람이라는 것입니다. 그런데 그 믿음을 보는 순간, 바울은 그 사람을 향해 일어나라고 큰 소리로 외쳤습니다. 이것이 믿음입니다. 이렇게 외치는 순간, 아마 사도 바울은 인간의 이성이나 자연 법칙의 세계를 떠나 있었을 거라는 생각이 듭니다. 만일 거기에 머물러 있었다면, 그는 이런 일을 절대로 할 수 없었을 것입니다.

오늘날 예수를 믿는 우리는 계속해서 이런 싸움을 싸우고 있습니다. 하나님 편에 설 것인가, 아니면 인간의 이성 편에 설 것인가, 성령의 세계에 설 것인가, 아니면 인간의 여러 가지 일상적인 경험의 세계에 머물러 있을 것인가 하는 이 두 세계 사이에 우리가 서 있는 것입니다. 우리는 믿음의 세계에 들어갔다가도 늘 부인합니다. '어떻게 처녀가 아기를 낳을 수 있는가! 어떻게 사람이 물 위를 걸을 수 있는가! 어떻게 죽은 자가 다시 살아날 수 있는가! 이건 도저히 있을 수 없는 일이다. 어떻게 하나님이 말씀 한마디로 천지를 창조하실 수 있는가! 도저히 믿을 수 없는 일이다.' 굉장히 고민됩니다. 과연 이런 일들이 가능한 것이겠습니까? 그렇지만 성경에는 이런 일들이 일어났다고 기록되어 있습니다.

믿음의 싸움

이제 이것은 이성이나 합리성의 문제가 아닙니다. 믿음의 싸움입니다. 믿음이 있는 사람은 믿음의 세계를 보게 됩니다. 그러나 믿음이 없는 사람은 아무것도 볼 수 없습니다. 당신은 무엇을 보고 있습니까?

예레미야가 기도할 때 하나님은 이렇게 말씀하셨습니다. "나는 여호와다. 나는 인류의 하나님이다. 나는 천지를 창조한 하나님이다. 내게 어려움이 있겠느냐"(렘 32:27 참조). 하나님은 "내게 불가능한 일이 있겠느냐"고 물으십니다. 당신은 지금 어떤 믿음을 가지고 있습니까? 이성에 타협하는 믿음을 가지고 있습니까? 당신의 상식과 경험에 동의한 그런 생각을 하고 있습니까? 아니면 성경이 말한 모든 것을 믿고 있습니까? 사도 바울은 작은 소리가 아니라 큰 소리로 외쳤습니다. "네 발로 바로 일어서라."

이는 베드로의 경우와는 다릅니다. 베드로는 그 사람의 손을 잡아 주었습니다. 반면에 사도 바울은 말로만 선포했습니다. 아마도 베드로가 일으켰던 사람은 믿음이 없었던 것 같습니다. 그 사람 눈에는 오로지 돈밖에 안 보였던 것 같습니다. 하지만 사도 바울이 일으킨 사람은 달랐습니다. 그는 하나님의 말씀을 듣고 있었습니다. 말씀을 듣는 동안 그 안에 믿음이 생겼고, 그 사람 안에 불타는 믿음, 자기를 구원할 만한 믿음, 자기를 일으켜 세울 만한 믿음이 있음을 사도 바울이 보았습니다. 그래서 사도 바울은 "네 발로

바로 일어서라"고 외친 것입니다. 얼마나 놀라운 일입니까? 저는
당신에게 "네 발로 바로 일어서라"라고 말할 수 있는 믿음이 있기
를 바랍니다. 당신 안에 그런 믿음이 불타기를 바랍니다. 걷지 못
하던 사람이 일어선 것처럼, 육체를 이기고 당신의 삶을 승리로 이
끌 수 있는 성령의 놀라운 믿음이 당신 안에서 불탈 수 있게 되기
를 바랍니다.

누군가를 격려하거나 무언가를 가르친다는 것은 무엇입니까?
그것들은 어떠한 일들이 일어나도록 터 주는 것입니다. 이미 어떤
능력을 가진 사람이 그 능력을 활용할 수 있도록 다른 사람들을 도
와주고 격려하는 것을 의미합니다. 사도 바울이 이렇게 외쳤을 때
무슨 일이 생겼습니까? 성경은 그 사람이 일어나 걸었다고 이야기
합니다.

> 큰 소리로 이르되 네 발로 바로 일어서라 하니 그 사람이 일어나 걷
> 는지라(행 14:10).

예수님은 걷지 못하는 자를 일으키셨습니다. 베드로는 성령을
받은 후에 동일한 일을 행했습니다. 사도 바울은 성령 받기 전에는
위대한 학자에 불과할 뿐 이런 능력은 없었습니다. 그러나 그가 성
령을 받은 후에는 능력이 생겨서 예수님처럼, 베드로처럼 걷지 못
하는 사람을 일으켜 세우게 되었습니다.

성령 받은 교회는 걷지 못하던 사람을 일으키는 것보다 더 큰 이적과 기적을 행할 것이라고 믿습니다. 그리고 성령 받은 우리에게는 베드로와 바울에게 일어났던 일들이 똑같이 일어날 수 있음을 믿습니다. 지금 당장 안 일어난다 할지라도 상관없습니다. 하나님의 말씀은 분명히 그렇게 되도록 되어 있기 때문입니다. 저는 아무리 믿기 어려운 일이라도 성경에 기록된 모든 것을 있는 그대로 다 믿습니다. 성경 이상도, 성경 이하도 될 수 없습니다. 성경이 그렇게 말했다면, 그렇게 되는 것입니다.

> 믿는 자들에게는 이런 표적이 따르리니 곧 그들이 내 이름으로 귀신을 쫓아내며 새 방언을 말하며 뱀을 집어 올리며 무슨 독을 마실지라도 해를 받지 아니하며 병든 사람에게 손을 얹은즉 나으리라 하시더라(막 16:17-18).

믿는 사람에게는 이런 능력이 임할 거라고 말씀하셨습니다. 저는 그 능력이 우리에게 있음을 믿습니다. 오늘 당장 이런 일이 일어나지 않는다 할지라도, 우리는 그렇게 믿어야 합니다. 믿음으로 주님을 바라보며 그분을 향해 우리의 마음을 쏟아 드릴 때 이런 일들이 일어나게 됩니다.

이런 일들이 교회 안에서 풍성하게 일어나기를 바랍니다. 육체의 연약함이 회복되고, 모든 질병이 떠나가기를 바랍니다. 그리고 이런 기적이 육체에서 일어나는 것뿐 아니라 우리의 혼에서도 일어나기를 바랍니다. 모든 우울증이 낫고, 정신병이 다 떠나가며, 파괴되고 병든 인격들이 모두 회복되는 역사가 일어나기를 바랍니다. 이러한 기적은 실제로 일어날 수 있습니다. 또한 영적인 놀라운 변화가 일어나기를 바랍니다. 영적인 대부흥이 일어나기를 바라는 것입니다. 이런 일들은 지금도 일어날 수 있습니다. 하나님의 말씀은 살아 있고 활력이 있기 때문입니다. 성령이 임하고 능력이 임하기 때문입니다.

바울과 바나바의 인간 선언

사람들이 굉장히 놀랐습니다. 대개 사람들이 놀라면 표준어를 쓰다가도 자기 고향의 사투리가 튀어나온다고 합니다.

> 무리가 바울이 한 일을 보고 루가오니아 방언으로 소리 질러 이르되 신들이 사람의 형상으로 우리 가운데 내려오셨다 하여(행 14:11).

그들은 아마 공용어로 헬라어를 쓰고 있었을 것입니다. 그런데 놀라는 그 순간에 그들은 자기들이 쓰는 표준말을 잊어버리고 어렸을 때 썼던 방언으로 외쳤습니다. 이것은 그들이 얼마나 충격을 받았는지를 보여 주는 표현입니다.

바나바는 제우스라 하고 바울은 그중에 말하는 자이므로 헤르메스
라 하더라(행 14:12).

그들은 계속해서 방언으로 말했습니다. 그러면서 바나바를 가리
켜, "저 사람은 제우스다"라고 말했습니다. 바나바를 제우스처럼
생각한 것입니다. 그리고 두 사람 중 바울은 말하는 자이므로 헤
르메스라고 불렀습니다. 헤르메스는 제우스의 대변인입니다. 그런
신이 지금 왔다는 것입니다. 그들은 신화적인 사고방식과 세계관
을 가지고 있었기 때문에, 하나님의 성령의 역사와 능력을 경험한
적이 없기 때문에, 이런 기적이 일어나니까 자신들이 알고 있는 신
을 소환한 것입니다. 그런데 바나바와 바울은 그 말이 무슨 뜻인지
알아듣지 못했습니다. 방언으로 말하고 있었기 때문입니다.

그 사람들은 성 밖으로 뛰어나갔습니다. 그리고 제우스 신전에
서 제사장을 데리고 왔습니다. 제사장들은 소 한 마리를 끌고 왔습
니다. 그다음에 화관을 가져왔습니다. 제사를 드리려고 그것들을
가지고 바울과 바나바 앞에 온 것입니다.

시외 제우스 신당의 제사장이 소와 화환들을 가지고 대문 앞에 와
서 무리와 함께 제사하고자 하니(행 14:13).

바울과 바나바는 "무슨 소리를 하느냐, 지금 왜 이런 일들이 벌

어지고 있는 것이냐?" 하고 물었을 것입니다. 그리고 그들은 통용될 수 있는 말로 "당신은 신인데 인간이 된 것 같습니다. 우리는 당신한테 제사를 드려야겠습니다"라고 말했을 것입니다. 이제까지 알아듣지 못해서 반응하지 못했던 바울과 바나바는 그 사실을 알고 난 순간에 이렇게 행동합니다.

> 두 사도 바나바와 바울이 듣고 옷을 찢고 무리 가운데 뛰어 들어가서 소리 질러(행 14:14).

두 사도는 그 말을 듣자마자 옷을 찢었습니다. 보통 4인치나 5인치 정도의 옷을 찢는다고 하는데, 옷을 찢는 것은 신성 모독에 대한 강렬한 혐오감을 느낄 때 하는 행동입니다. 한 예로, 예수님이 자신이 하나님의 아들이라고 말했을 때 바리새인들과 서기관들이 옷을 찢으며, "이 사람이 신성을 모독하도다"(마 9:3)라고 외쳤습니다. 바울과 바나바는 사람들이 자기들에게 제사를 드리려는 순간, 자기들의 옷을 찢으며 소리를 질렀습니다. 그리고 군중 속으로 뛰어들었습니다. 그리고 이렇게 말했습니다.

> 이르되 여러분이여 어찌하여 이러한 일을 하느냐 우리도 여러분과 같은 성정을 가진 사람이라 여러분에게 복음을 전하는 것은 이런 헛된 일을 버리고 천지와 바다와 그 가운데 만물을 지으시고 살아

계신 하나님께로 돌아오게 함이라(행 14:15).

자신들은 신이 아닌 인간임을 선언함

사도들은 두 가지를 말하고 있습니다. 첫째는, '우리는 신이 아니다'라고 말합니다. 이 선언은 굉장히 중요합니다. 왜냐하면 대부분의 인간은 신이 되려고 하기 때문입니다. 크고 작은 차이가 있을 뿐입니다. 인간의 죄성 깊은 곳에는 인신 사상이 있습니다. 신이 되려는 욕망이 있는 것입니다. 히틀러나 김일성 같은 독재자들은 다 신이 되려고 했습니다. 김일성의 가장 큰 실수는 자기가 신이 되려고 한 데 있습니다. 그는 신이 되고 싶은 그 욕망을 정치적으로 완성했습니다. 그러나 그는 신이 아니었습니다. 결국 그는 급사하고 말았습니다.

사람들의 마음속에는 남을 지배하고 싶은 마음이 있습니다. 통치하고 싶은 욕망, 모든 사람을 자기의 종이나 노예로 삼고 싶은 욕망, 이것이 바로 신이 되려는 욕망입니다. 가정에도 그런 일이 있을 수 있습니다. 어떤 가장은 자신의 부인을 노예로 생각합니다. 집에서는 자기가 왕입니다. 소리를 지르고 자신의 뜻대로 안 되면 화를 냅니다. 신이 되려는 잘못된 욕망이 가정에서 나타나는 것입니다. 회사도 마찬가지입니다. 돈으로 사람을 지배하려고 합니다. 권력으로 사람을 지배하려고 합니다. 힘으로 사람을 지배하려고 합니다. 신이 되려는 욕망 때문에 그런 것입니다.

사람들이 왜 비판을 할까요? 자기가 하나님이라고 생각하기 때문입니다. 하나님만이 심판하실 수 있는데, 자기가 심판하는 것입니다. 자기가 재판관이 되려는 것입니다. 인간에게 신이 되려는 욕망이 있어서 그러는 것입니다.

사도 바울은 이렇게 말했습니다. "우리는 신이 아니다." 우리도 그 선언을 해야 합니다. 우리도 우리 자신이 인간임을 고백해야 합니다. 하나님이 창조주라는 사실을 고백할 뿐 아니라, 우리가 피조물인 인간임을 고백해야 합니다. 우리는 죽을 수밖에 없는 죄인이라는 사실 또한 인정해야 합니다. 그때 인생의 참된 행복이 있습니다. 거기에 인생의 참된 현주소가 있는 것입니다.

복음을 전하는 이유를 설명함

둘째는, 우리가 복음을 전하는 이유에 대해 말하고 있습니다. 우리가 복음을 전하는 이유는 무엇입니까? 사도들은 이렇게 말했습니다. "우리가 복음을 전하는 것은 이런 헛된 일을 버리고 천지와 바다와 그 가운데 만물을 지으시고 살아 계신 하나님에게로 돌아오게 하기 위함이다. 그래서 이 기적이 일어난 것이다. 이 기적은 사람이 베푸는 것이 아니라, 하나님이 베푸시는 것이다. 너희는 모든 우상 숭배를 버리고 하나님에게로 돌아오라." 이 메시지는 우리에게 주시는 것이기도 합니다. 하나님의 목적은 인간을 신으로 만드는 것이 아니라, 하나님의 복된 자녀로 만드는 것입니다. 구약의 메시지는, '나는 너의 하나님이 되고, 너는 내 백성이 되리라' 하는 데 있습니다.

하나님의 자리에서 내려오라

우리는 하나님의 위치에 들어가지 말아야 합니다. 어떤 영적인 능력이 나타나거나 영적인 권위가 생기면, 우리는 자칫 하나님의 입장에 서서 모든 것을 판단하고 정죄하는 영적인 교만의 죄를 짓게 됩니다.

하나님은 인간이 어떻게 살아야 하는가에 대해 열 가지 계명을 주셨습니다. 그것은 구약을 요약한 메시지입니다. 그리고 신약의 계명은 '서로 사랑하라'는 것입니다. 구약의 메시지의 요점은 십계명 안에 있습니다. 십계명은 인생을 살아가는 가장 본질적인 원리로서, 1-4계명까지는 하나님에 관해 주신 것이고, 5-10계명은 인간에 관해 주신 것입니다.

그중 1계명이 무엇입니까? "나 외에는 다른 신들을 네게 두지 말지니라"(신 5:7). 하나님이 주시는 첫 계명은 스스로 신이 되지 말라는 것입니다. 우리는 왜 조상 숭배를 하면 안 됩니까? 왜 제사를 드리면 안 됩니까? 제사는 하나님에게만 드리는 것이기 때문입니다. 아무리 위대한 성군이요, 영웅이요, 민족의 아버지라 할지라도 사람에게 예배를 드려서는 안 됩니다. 사람은 예배 받을 존재가 아니라, 예배를 드려야 할 존재입니다. 사람이 예배를 받으면 신이 됩니다. 사람에게 제사를 드리면 그 사람이 신이 되어 버립니다. 우리는 조상을 공경합니다. 부모를 공경합니다. 그러나 부모에게 제사를 드려서는 안 됩니다. 부모에게 예배를 드려서는 안 됩니다. 그들은 신이 아니고 인간입니다.

2계명은 무엇입니까? "너는 자기를 위하여 새긴 우상을 만들지 말고 위로 하늘에 있는 것이나 아래로 땅에 있는 것이나 땅 밑 물 속에 있는 것의 어떤 형상도 만들지 말며 그것들에게 절하지 말며 그것들을 섬기지 말라"(신 5:8-9). 로마의 종교라는 게 무엇입니까? 바벨론의 종교라는 게 무엇입니까? 다 우상의 형상을 만들어 거기에 절하는 것입니다. 바벨론의 왕이란 어떤 존재입니까? 애굽이나 바벨론에서 왕이라는 존재는 곧 신입니다. 이게 인신 사상입니다. 우리는 이런 생각에서 자유해야 합니다.

3계명은 무엇입니까? "너는 네 하나님 여호와의 이름을 망령되이 일컫지 말라"(신 5:11). 그리고 4계명은 무엇입니까? "안식일을 지켜 거룩하게 하라"(신 5:12). 왜 그럴까요? 안식일은 하나님의 날이기 때문입니다. 주일은 우리의 날이 아닙니다. 하나님의 날입니다. 하나님의 날을 도둑질하지 마십시오. 주일은 하나님에게 영광을 돌리는 날입니다. 이날을 지키는 자에게는 복이 있습니다. 그 축복은 3, 4대만 가는 것이 아니라 수천 대까지 이른다고 말씀하셨습니다. 이것이 하나님이 주신 계명입니다.

인간의 최대 관심은 인간이 아니라 하나님이어야 합니다. 그때 하나님은 인간을 돌보십니다. 예배를 드릴 때 하나님은 인간에 대해 가지신 관심으로 인간의 역사를 통치하고 지배하시는 것입니다.

하나님이 지나간 세대에는 모든 민족으로 자기들의 길들을 가게 방임하셨으나 그러나 자기를 증언하지 아니하신 것이 아니니 곧 여러분에게 하늘로부터 비를 내리시며 결실기를 주시는 선한 일을 하사 음식과 기쁨으로 여러분의 마음에 만족하게 하셨느니라 하고(행 14:16-17).

그렇습니다. 예수님이 오시기 전에도 하나님은 사람들에게 자연 계시로 하나님을 알게 해 주셨습니다. 하늘의 별과 바다의 모래와 여러 가지 자연 현상으로, 이 땅에 비를 내리고 열매를 주시며 하나님이 사람들을 키우신 것입니다. 그러나 그것은 목마른 구원이었습니다.

자연을 통해서 얻어지는 구원은 목마른 구원입니다. 불완전한 구원입니다. 그래서 하나님이 직접 세상에 오기로 결정하셨습니다. 그것을 가리켜 우리는 특별 계시라고 말합니다. 자연을 통해서 보여 주신 것을 자연 계시라고 말한다면, 특별 계시는 예수님이 직접 오셔서 우리에게 구원을 주신 것입니다. 이는 하나님, 곧 예수님이 십자가에 못 박혀 죽으시고 다시 부활하시어 우리의 구주와 구원자가 되신 것입니다.

> 이렇게 말하여 겨우 무리를 말려 자기들에게 제사를 못하게 하니라
> (행 14:18).

우리의 싸움은 궁극적으로 외부에 있는 게 아니라 내부에 있습니다. 가장 무서운 싸움은 자기와의 싸움입니다. 자기에게 제사를 드리고, 자기를 신격화하고, 자기를 우상화하려는 모든 세력들을 어떻게 거부하느냐 하는 것입니다. 어떻게 거부해야 합니까? 우리 본의와는 상관없이 다가오는 세상의 유혹들을 어떻게 막아야 합니까? 옷을 찢으면서 막아야 합니다. 그렇게 하지 못하게 해야 합니다.

우리는 신이 되어서는 안 됩니다. 신의 위치에 가서도 안 됩니다. 하나님의 역할을 대신하려 해서도 안 됩니다. 우리는 구원받은 하나님의 자녀일 뿐입니다.

○

20

하나님 나라와 고난

사도행전 14:19-28

○

바울이 겪은 세 가지 고난

> 유대인들이 안디옥과 이고니온에서 와서 무리를 충동하니 그들이
> 돌로 바울을 쳐서 죽은 줄로 알고 시외로 끌어 내치니라(행 14:19).

분명히 복음은 그 자체로 영광스러운 것입니다. 이 세상에서 복음보다 더 영광스러운 것은 없습니다. 따라서 복음을 전하는 것은 가장 영광스러운 일이고, 하나님은 복음을 전하는 자에게 영광을 주십니다. 그러나 복음은 다른 말로 하나님 나라라고 할 수 있는데, 이러한 복음에는 영광만 있는 것이 아니라 그에 따르는 고난도 있습니다. 사도 바울은 누구보다도 이 사실을 친히 몸으로 겪었던 사람입니다.

성경 전체를 살펴볼 때 그에게는 세 가지 정도의 고난이 있었던 것을 알 수 있습니다.

육체적 고난

첫째, 그는 육체적 고난을 겪었습니다.

내가 수고를 넘치도록 하고 옥에 갇히기도 더 많이 하고 매도 수없이 맞고 여러 번 죽을 뻔하였으니 유대인들에게 사십에서 하나 감한 매를 다섯 번 맞았으며 세 번 태장으로 맞고 한 번 돌로 맞고 세 번 파선하고 일주야를 깊은 바다에서 지냈으며 여러 번 여행하면서 강의 위험과 강도의 위험과 동족의 위험과 이방인의 위험과 시내의 위험과 광야의 위험과 바다의 위험과 거짓 형제 중의 위험을 당하고 또 수고하며 애쓰고 여러 번 자지 못하고 주리며 목마르고 여러 번 굶고 춥고 헐벗었노라(고후 11:23-27).

복음과 예수님 때문에, 그는 인간으로서는 감당하기 힘든 여러 가지 육체적 고난을 겪었습니다. 그뿐 아닙니다. 고린도후서 12장에 보면 그는 또 다른 육체의 고난을 겪습니다. 그것은 질병으로 인한 고난이었습니다.

여러 계시를 받은 것이 지극히 크므로 너무 자만하지 않게 하시려고 내 육체에 가시 곧 사탄의 사자를 주셨으니 이는 나를 쳐서 너무 자만하지 않게 하려 하심이라(고후 12:7).

얼마나 은혜를 크게 받았던지, 하나님은 그에 상응하는 가시도 주신 것입니다. 사실 은혜를 많이 받은 사람들은 쉽게 교만해질 수 있습니다. 능력이 많으면 교만하기가 쉽습니다. 사도 바울은 그 받은 계시가 지극히 컸습니다. 즉, 교만해지기 쉬운 자리에 있었던 것입니다. 그래서 하나님은 그가 교만해지지 않도록 그 육체에 가시를 하나 박아 놓으셨습니다. 바울은 늘 그것 때문에 괴로웠습니다. 그러나 그것 때문에 또한 겸손하지 않을 수 없었습니다. 이것이 바울이 당했던 육체적 고난입니다.

바울이 겪은 정신적 고난

둘째, 그는 육체적 고난보다 큰 정신적 고난을 겪었습니다. 사도 바울은 자기가 육체적으로 받았던 고난을 다 열거하고 난 후에 이렇게 말합니다.

> 이 외의 일은 고사하고 아직도 날마다 내 속에 눌리는 일이 있으니
> (고후 11:28a).

앞에서 열거한 육체적 고난은 아무것도 아니라는 것입니다. 자기에게는 더 심각한 정신적 고통이 있는데, 그것은 "곧 모든 교회를 위하여 염려하는 것"(고후 11:28b) 이라고 말합니다.

어떻게 보면 교회는 참 편안하지가 않습니다. 교회에는 여러 가지 많은 문제들이 있습니다. 바울은 그런 교회를 생각할 때 가슴이 눌린다고 했습니다. 너무 고통스럽다는 것입니다. 그는 그 고통에 대해, 자신이 받은 정신적 고통이 너무 커서 살 소망이 끊어지고

마음에 사형 선고를 받은 것 같았다고 했습니다(고후 1:8-9 참조). 오죽했으면 이런 느낌을 갖게 되었겠습니까. 우리 대부분은 이런 지경까지 간 적이 거의 없기 때문에 바울의 심정을 똑같이 느낄 수는 없지만, 짐작은 할 수 있습니다.

영적 고난

그러나 이 정신적 고통보다 더 큰 고난이 바울에게 있었습니다. 그것은 셋째, 영적인 고난이었습니다. 하나는 자기 자신에 대한 영적인 고난이고, 또 하나는 자기 백성 이스라엘로 인한 고난이었습니다.

> 내가 내 몸을 쳐 복종하게 함은 내가 남에게 전파한 후에 자신이 도리어 버림을 당할까 두려워함이로다(고전 9:27).

그렇습니다. 내가 복음을 전했지만, 내가 다른 사람을 구원으로 이끌었지만, 정작 나 자신은 버림받을 수 있다는 위기감, 이런 실존적 자기 이해가 그에게 있었던 것입니다. 이는 굉장한 이야기가 아닐 수 없습니다. 복음을 전하고도 정작 자신은 구원받지 못하고 버림받을 수도 있다는 사실, 이것이 많은 목회자와 전도자가 갖는 내면의 고민입니다. 다른 사람은 구원받게 하고 자기는 오히려 그 구원에서 제외되는 것 같은 생각이 드는 것입니다. 사도 바울도 그랬습니다.

그런데 로마서에서 바울은 더 놀라운 영적 고민을 하는데, 그는 그것을 이렇게 표현합니다.

내가 그리스도 안에서 참말을 하고 거짓말을 아니하노라 나에게 큰 근심이 있는 것과 마음에 그치지 않는 고통이 있는 것을 내 양심이 성령 안에서 나와 더불어 증언하노니(롬 9:1-2).

사도 바울은 참 솔직한 사람입니다. 그는 자기에게 고민이 있다는 것을 솔직히 고백합니다. 사실 어떤 종류의 고난이 있느냐, 어떤 고민을 하느냐의 차이지, 우리 모두에게는 고민과 고난이 있습니다. 그러면 그의 고민은 무엇입니까? 그는 이렇게 고백합니다. '나는 내 민족을 생각하면 눈물이 나고 가슴이 찢어진다. 나는 왜 이방인의 사도로 부름을 받았는가? 왜 내 민족은 구원받지 못하는가? 왜 유대인들은, 이스라엘 사람들은 메시아를 거부하는가?' 그는 이런 생각을 할 때마다 가슴이 찢어진다고 했습니다. 자기 민족의 구원을 바라는 마음이 얼마나 컸던지, "나의 형제 곧 골육의 친척을 위하여 내 자신이 저주를 받아 그리스도에게서 끊어질지라도 원하는 바로라"(롬 9:3)라고 말할 정도였습니다.

고난을 이기는 비결

이제까지 우리는 바울이 겪었던 세 가지 고난을 보았습니다. 그는 실제로 돌에 맞아 죽을 만큼 육체적인 고난을 겪었고, 그에 못지않은 정신적 고난을 겪었으며, 이것들과는 비교할 수 없을 정도의 영적인 고난을 겪었습니다. 그러나 그는 이 모든 고난을 쉽게 이길 수 있었습니다. 어떻게 이 고난을 이길 수 있었을까요?

그가 고난을 이길 수 있었던 비결은 두 가지입니다. 하나는, 그가 소유하고 있는 복음의 능력 때문이었습니다. 그는 자신의 능력 때문에 이긴 것이 아닙니다. 그가 위대해서 고난을 겪고 그것을 이겨낸 것이 아니라, 자신이 가지고 있는 복음 때문에 자신이 당한 모든 고난을 이길 수 있었습니다.

그러면 사도 바울이 전하고자 했던 복음, 그로 하여금 고난을 겪게 했던 복음, 그러나 모든 것을 견디게 했던 그 복음은 어떤 것입니까?

> 내가 복음을 부끄러워하지 아니하노니 이 복음은 모든 믿는 자에게 구원을 주시는 하나님의 능력이 됨이라 먼저는 유대인에게요 그리고 헬라인에게로다(롬 1:16).

'복음은 야만인에게도 복음이요, 지성인에게도 복음이다. 이 복음에는 하나님의 능력이 있다'는 말입니다.

바울이 모든 고난을 이길 수 있었던 두 번째 비결은, 복음의 영광 때문입니다.

> 생각하건대 현재의 고난은 장차 우리에게 나타날 영광과 비교할 수 없도다(롬 8:18).

분명히 복음 때문에 고난을 겪지만, 그 고난은 복음으로 말미암아 오는 영광과 비교할 수 없다는 것입니다. 다시 말해서, 이 복음에는 하나님의 영광이 있다는 것입니다. 바울은 그것을 알았기 때문에 현재의 고난을 이길 수 있었습니다. 저는 당신에게도 이 복음의 능력이 있기를 바랍니다. 또한 복음의 영광스러운 모습이 있기를 바랍니다.

> 유대인들이 안디옥과 이고니온에서 와서 무리를 충동하니 그들이 돌로 바울을 쳐서 죽은 줄로 알고 시외로 끌어 내치니라(행 14:19).

우리는 여기서 사도 바울이 육체적으로 고난을 겪고 있는 것을 봅니다. 복음의 반대자들, 박해자들은 옛날에도 있었고, 지금도 있습니다. 안디옥과 이고니온에서 사도 바울을 비판하고 공격했던 일단의 무리들이 떼를 지어서 지금 루스드라로 찾아왔습니다. 그들은 루스드라에 와서 복음에 감동받은 사람들까지 끌어들였습니다. 그들을 충동질했습니다. "바울을 죽여야 한다, 돌로 쳐서 죽여야 한다"고 부추겼습니다.

이렇게 유대인들이 루스드라 사람들을 충동하자, 그들이 바울을 돌로 치기 시작했습니다. 그리고 다음에 무슨 설명이 나옵니까? "죽은 줄로 알고." 이 구절에서 우리는 무리가 바울을 죽을 정도로 때렸다는 사실을 알 수 있습니다. 얼마나 많은 돌로 쳤는지는 자세히 기록되어 있지 않지만, 죽일 만큼 쳤다는 것입니다. 우리는 사도행전 앞부분에서 여러 사람이 스데반을 돌로 쳐서 죽인 사건을 기억합니다. 사도 바울도 돌에 맞았으며, 사람들은 그가 죽은 줄로 알고 그를 성 밖으로 던져 버렸습니다.

제가 아는 한 선교사님이 현지 경찰에게 끌려가 맞았던 적이 있는데, 그분이 이런 얘기를 했습니다. "사도들이 맞았던 것을 이해할 수 있겠습니다. 사실, 한참 맞을 때는 오히려 덜 아팠습니다. 아픔을 느낄 새가 없었죠. 이래서 사도들도 맞을 수 있었겠구나 하는 것을 느꼈습니다." 그러나 얼마나 맞았던지, 그 선교사님은 한 달 동안이나 공포에 사로잡혀 괴로움을 겪었습니다.

그렇습니다. 우리는 돌에 맞아 본 적이 없어 그 고통을 잘 알 수 없지만, 바울은 실제로 죽을 정도로 맞고 기절했습니다.

제자들이 둘러섰을 때에 바울이 일어나 그 성에 들어갔다가 이튿날 바나바와 함께 더베로 가서 복음을 그 성에서 전하여 많은 사람을 제자로 삼고 루스드라와 이고니온과 안디옥으로 돌아가서(행 14:20-21).

복음에는 고난이 있습니다. 하나님 나라에는 고난이 있습니다. 그러나 이 고난보다 더 큰 영광과 기적이 있다는 사실을 기억하십시오. 축복이 있다는 사실을 기억하십시오.

바울, 다시 성으로 들어가다

제자들이 둘러섰을 때에 바울이 일어나 그 성에 들어갔다가 이튿날 바나바와 함께 더베로 가서(행 14:20).

우리는 위의 말씀에서 우리를 놀라게 하는 몇 가지 사실을 발견하게 됩니다. 먼저, 바울은 피투성이가 된 채 의식을 잃고 성 밖으로 던져졌습니다. 그런 바울 주위에 제자들이 둘러섰습니다. 그리고 다른 설명은 없습니다. 성경은 단지 죽은 줄로만 알았던 바울이 일어났다고 기록하고 있습니다. 얼마나 놀랍습니까?

두 번째로 발견하는 것은 더 놀라운 일입니다. 바울이 죽을 정도로 맞고 일어난 것도 놀라운데, 그보다 더 놀라운 일이 일어났습니다. 바울이 일어나자마자 다시 성으로 들어갔다는 사실입니다. 우리는 윗사람이든 아랫사람이든, 집 안에서든 밖에서든 누구하고 싸워서 감정이 좀 격해지면 그 사람을 보고 싶지가 않습니다. 그 사람이 있는 곳은 가게 되지를 않습니다. 인간의 감정이라는 게 그렇습니다. 더구나 매를 맞았다면 더욱더 상대하기 싫어집니다. 그런데 바울은 일어나서 곧바로 어디로 갔습니까? 자기를 때린 자들이 있는 성으로 다시 들어갔습니다. 참 놀랍지 않습니까? 이것이 바로 복음입니다. 이것이 복음에 대한 뜨거운 사랑입니다. 우리에게도 이런 복이 있기를 바랍니다. 당신을 힘들게 했던 사람을 또 만나십시오. 그렇게 하는 것이 사랑하는 것입니다. 그것이 복음입니다.

세 번째로 발견하게 되는 놀라운 사실은, 바울이 아무 일도 없었던 것처럼 다음 날 바나바와 함께 전도 여행을 떠났다는 것입니다. 여기서 우리는, 사도 바울에게는 상황이 그리 중요하지 않다는 사실을 알게 됩니다. 바울이 처한 상황은 심각했습니다. 돌에 맞아 죽을 만큼 심각했습니다. 주위에는 자기를 반대하는 사람들로 가득 차 있습니다.

세상에서 누가 우리를 환영하겠습니까? 세상은 예수 믿는 사람을 그리 환영하지 않습니다. 그러나 그건 중요하지 않습니다. 바울은 아무 일 없었다는 듯이 바나바와 함께 옆에 있는 성인 더베로 가서 또다시 복음을 전합니다. 바울의 관심은 오직 복음을 전하는 데에만 있습니다. 이 모습을 가만히 묵상해 보면 얼마나 감동이 되는지 모릅니다.

여기서 우리는, '과연 우리의 관심은 무엇인가'를 생각해 보아야 합니다. 세상에는 많은 일이 있습니다. 당신은 어디에 관심을 두고 살아갑니까? 어떤 사람이든 다 자기 나름대로의 관심이 있습니다. 학문에 관심 있는 사람, 직업에 관심 있는 사람, 사람에게 관심 있는 사람, 혹은 연애에 관심 있는 사람. 또 관심거리도 얼마나 많은지 모릅니다. 사람들은 저마다의 관심거리 때문에 다른 것은 다 잊어버리고 살기도 합니다. 제가 아내하고 연애할 때 그랬습니다. 다른 것, 특히 힘든 일은 다 잊어버리게 되었습니다. 왜 그렇습니까? 연애하는 게 더 중요하기 때문에 그렇습니다.

복음이 중요한 사람에게는 다른 게 별로 중요하지 않습니다. 이것을 거꾸로 생각해 보십시오. 다른 것을 중히 여기는 사람은 복음을 덜 중요하게 여깁니다. 상황이 중요한 사람은 예수가 덜 중요한 사람입니다. 우리의 일상생활 속에서는 여러 가지 복잡하고 어려운 문제들이 계속 일어납니다. 그러나 예수님이 중요한 사람에게는 그런 문제들이 그리 중요하게 생각되지 않습니다. 바울이 그랬습니다. 그는 매를 맞아 기절할 정도가 되었지만, 하룻밤 사이에 다 잊어버렸습니다. 그래서 또다시 전도하는 것입니다.

이 복음을 믿으십시오. 복음에는 이런 능력이 있습니다. 우리를 환영하거나 환영하지 않거나, 이 믿음을 가지고 이 복음을 외치면 반드시 반응이 일어납니다. 가정이 변하고, 사회가 변합니다. 그것이 복음입니다. 교회가 이렇게 많고 예수 믿는 사람들이 이렇게 많은데도 세상이 안 변한다면, 그것은 복음이 아닐 것입니다. 정말 예수라면, 진짜 복음이라면 세상이 변할 수 있습니다. 교회가 변할 수 있습니다. 우리 가정도 변할 수 있습니다. 더베도 변했고, 이고니온도 변했고, 루스드라도 변했고, 안디옥도 변했습니다. 환영하는 사람만 있는 것은 아닙니다. 돌을 던져 죽일 만큼 반대하는 사람도 있었습니다. 그러나 그럼에도 불구하고 복음을 전하면 반응이 있다는 점을 잊지 마십시오. 복음을 전하면 반응이 있습니다. 그것이 바로 복음에 나타난 능력입니다.

바울의 양육 원리

복음을 그 성에서 전하여 많은 사람을 제자로 삼고 루스드라와 이고니온과 안디옥으로 돌아가서 제자들의 마음을 굳게 하여 이 믿음에 머물러 있으라 권하고 또 우리가 하나님의 나라에 들어가려면 많은 환난을 겪어야 할 것이라 하고(행 14:21-22).

더베는 바울의 1차 전도 여행 마지막 코스입니다. 이곳은 전도 여행의 반환점을 이룹니다. 바울은 더베까지 전도하고 나서 왔던 길로 다시 돌아가는데, 그냥 안디옥으로 돌아가지 않습니다. 바울은 자신이 전도했던 지역을 다시 찾아 심방하면서 돌아옵니다. 바울의 이런 모습이 우리를 또다시 놀라게 합니다.

갈 때는 전도했습니다. 그러나 되돌아올 때는 양육을 했습니다. 전도했던 사람들을 돌보고 심방하고 격려하며 돌아오는 것을 볼 수 있습니다. 따라서 안디옥에서 더베까지는 전도 여행입니다. 그러나 더베에서 안디옥까지는 양육 여행입니다. 그는 자기가 전도했던 사람들을 다시 돌본 것입니다.

오늘날의 교회는 전도를 잘 안 합니다. 그냥 자기들끼리만 잘 살고 맙니다. 10년이 지나도 그대로입니다. 그러나 10년이 지났는데도 변하지 않은 교회와 10년이 지났는데도 신앙이 자라지 않은 사람은 회개해야 합니다. 그것은 복음이 아닙니다. 복음은 사람을 변화시킵니다. 생명이 성장하듯이 복음이 있는 곳은 성장합니다. 변화가 있는 것입니다.

그런데 전도하는 것만큼 중요한 것은, 전도한 사람을 양육하는 일입니다. 하지만 우리는 전도하는 것으로 끝나는 경우가 많습니다. 교회는 그들을 양육할 책임이 있습니다. 그리고 바울은 그 책임을 다했습니다. 그렇다면 그는 어떻게 양육했을까요? 세 가지 원리가 여기에 나타납니다.

첫째, 그는 제자들의 마음을 '굳게' 했습니다. 바울은 루스드라와 이고니온과 안디옥을 돌면서 양육 여행을 합니다. 그러면서 제자들의 마음을 굳게 했습니다. 사람들은 처음 예수를 믿고 영접하면서 감동을 받습니다. 그러나 일주일 정도 지나면 혼란스럽습니다. 의심이 생기고, 마음이 흔들리기도 합니다. 예수를 믿는다는 사실이 흔들리는 것입니다. 그리고 주변에서 하는 말들이 그 혼란을 부채질합니다. 마음을 잡을 수가 없습니다. 믿음이 없기 때문입니다.

그렇기 때문에 우리는 예수를 전하고 나서 그들이 흔들리지 않게 도와주어야 합니다. 흔들리는 그들의 마음을 붙잡아 주어야 합니다. 이것이 양육입니다. 흔들리는 사람을 붙잡아 주십시오.

둘째, 그는 '믿음에 머물도록' 권했습니다. 신앙은 믿음에서 시작해서 믿음으로 끝납니다. 지식이 우리의 믿음을 도와주기는 하지만, 지식으로 구원받는 것은 아닙니다. 우리는 오직 믿음으로 구원을 받습니다.

> 그러므로 너희가 그리스도 예수를 주로 받았으니 그 안에서 행하되 그 안에 뿌리를 박으며 세움을 받아 교훈을 받은 대로 믿음에 굳게 서서 감사함을 넘치게 하라(골 2:6-7).

이것이 양육입니다. 양육은 흔들리는 생각을 붙잡아 줄 뿐 아니라, 그 사람이 혼자 설 수 있도록 믿음의 뿌리를 내리게 만들어 주는 작업입니다. 당신이 전도한 사람에게 꼭 그렇게 하기를 바랍니다. 그것이 일대일 양육입니다. 그것이 바로 매일 큐티를 하도록 도와주는 것입니다.

셋째, 그는 '환난을 겪어야 할 것'을 솔직하게 가르침으로써 그들을 양육했습니다. 즉, 그는 이 양육 여행에서 매우 중요한 메시지를 하나 던지는데, 그것이 22절 마지막 부분에 있는 말씀입니다.

또 우리가 하나님의 나라에 들어가려면 많은 환난을 겪어야 할 것이라 하고(행 14:22).

우리는 대개 예수를 믿으면 만사형통이라고 가르칩니다. 복 받고, 기쁘고, 즐겁고, 평안할 거라고만 가르칩니다. 기적이 일어나는 것만 가르칩니다. 그러나 사도 바울은 예수를 처음 믿는 사람에게도 고난과 환난이 있다는 것을 가르쳐 주었습니다.

예수 믿으면 만사형통이라고만 가르치니까 현실에서 어려움에 부딪혔을 때 감당하지 못하는 것입니다. 우리는 처음부터 하나님 나라에 들어가려면 고난을 겪어야 한다는 사실을 알아야 합니다. 복음에는 영광도 있지만, 영광에 이르기까지는 고난이 있다는 점을 알아야 합니다. 우리는 너무 환상만을 그리고 있습니다. 우리는 너무 좋은 일만을 생각하고 있습니다. 그러나 현실은 그렇지 않습니다. 우리가 살고 있는 곳은 이 땅입니다. 이 땅에서 살아갈 때는 여러 가지 환난과 고난과 역경을 통과하게 되어 있습니다. 바울은 이 사실을 가르쳤습니다.

기억하십시오. 항상 좋은 것만 있는 것은 아닙니다. 예수 믿으면 어려운 것도 있습니다. 고난도 있습니다. 그러나 그 고난을 극복하면서 영광스런 나라로 들어가게 되는 것입니다.

양육한 자들을 부탁하는 바울

이제 바울은 자기가 전도했던 사람들을 양육하고 떠나기 전에 행정적 조치를 취합니다.

> 각 교회에서 장로들을 택하여 금식 기도하며 그들이 믿는 주께 그들을 위탁하고(행 14:23).

복음을 전하고 양육하고 그냥 떠나는 것이 아니라, 영적 지도자를 세워서 그들에게 성도들을 먹이는 일을 위임한 것입니다. 그는 장로들을 택해서 그들에게 몇 가지 훈련을 시켰습니다. 이것은 개척 교회의 원리입니다. 사람을 택해서, 금식하며 기도하는 것입니다. 이것이 바람직한 양육의 모습입니다.

바울은 그들을 그들이 믿는 주님에게 위탁했습니다. 주님을 바라보도록 한 것입니다. 사람이나 바울을 바라보도록 하지 않고, 오직 주님을 바라보도록 한 것입니다. 주님을 바라볼 때 그 사람은 홀로서기를 할 수 있습니다. 믿음에서 중요한 것은 홀로서기입니다. 처음에는 누군가 옆에서 붙들어 줍니다. 그러나 10년 동안 붙들어 줘도 안 떨어지는 사람이 있습니다. 이는 곤란합니다. 언젠가는 홀로서야 합니다. 처음에는 누군가에게 기댈 수 있지만, 후에는 믿음이 성장해서 홀로서서 살아야 합니다.

사도 바울은 자기가 전도하고 개척한 교회에 행정적 조치를 하고 나서 이제 고향으로 돌아갑니다.

> 비시디아 가운데로 지나서 밤빌리아에 이르러 말씀을 버가에서 전하고 앗달리아로 내려가서 거기서 배 타고 안디옥에 이르니 이곳은 두 사도가 이룬 그 일을 위하여 전에 하나님의 은혜에 부탁하던 곳이라(행 14:24-26).

바울은 안디옥으로 다시 돌아왔습니다. 이때 사도행전을 기록한 누가는 아주 재미있는 표현을 썼습니다. "이곳은 두 사도가 이룬 그 일을 위하여 전에 하나님의 은혜에 부탁하던 곳이라."

그렇습니다. 선교란 하나님의 은혜에 위탁하는 것입니다. 내 능력, 내 방법, 내 열정, 내 뜻을 이루는 것이 아니라, 하나님의 은혜 안에 모든 일을 맡기고 그분이 시키시는 대로, 그분이 역사하시는 대로 순종하고 움직이는 것입니다. 많은 사람들이 선교에 실패하는 이유는 자기 뜻대로, 자기 방법대로, 자기 의지대로 행하기 때문입니다. 하나님의 은혜에 부탁하십시오. 이것처럼 좋은 게 없습니다.

안디옥으로 돌아오다

바울은 이제 안디옥으로 돌아왔습니다. 안디옥으로 돌아온 그들은 무엇을 했습니까?

> 그들이 이르러 교회를 모아 하나님이 함께 행하신 모든 일과 이방인들에게 믿음의 문을 여신 것을 보고하고 제자들과 함께 오래 있으니라(행 14:27-28).

우리는 여기서 선교사나 주님의 일을 하는 사람들을 돕는 두 가지 방법을 봅니다.

첫째는, 교제입니다. 안디옥에 돌아온 바울과 바나바는 자기들을 파송하고 기도해 준 사람들에게 하나님이 행하신 일들을 보고했습니다. 하나님이 어떻게 이방인들의 마음을 여셨는가를 간증했습니다. 그 간증을 통해서 보낸 사람도, 보냄을 받은 사람도 은혜 받고 용기를 얻었습니다.

바울은 하나님이 행하신 일들을 이야기하면서 그분을 얼마나 찬양했겠습니까? 얼마나 감사를 드렸겠습니까? 또 듣는 사람들은 자기들이 열심히 드린 기도가 크게 응답받은 사실을 확인하고 얼마나 기뻐했겠습니까? 서로 위로가 되었을 것입니다.

둘째는, 안식을 제공하는 것입니다.

제자들과 함께 오래 있으니라(행 14:28).

선교사들에게는 안식이 필요합니다. 영적 전투를 겪고 난 사람들에게는 안식과 위로가 필요합니다. 바울은 제자들과 잠깐 함께 있다 떠난 것이 아니라, 오래 있으면서 충분하게 휴식하고 위로와 격려를 받은 후에 떠났습니다. 그러고 나서 다시 2차 전도 여행이 시작되는 것입니다. 이것이 교회입니다.

저는 선교사님들이 쉴 수 있는 집을 제공하는 사람들이 계속해서 나왔으면 좋겠습니다. 쉴 새 없이 일하다가 지치면 와서 먹고 쉬고 마시고 힘을 얻고 돌아갈 수 있는 그런 곳 말입니다.

바울이 제자들과 함께 일정한 시간을 보냈다는 말씀은 참 의미 있습니다. 저는 우리 교회가 그런 교회가 되기를 바랍니다. 그리고 우리 모두가 선교지에 가지 않더라도, 각자의 직업을 가지고 '나는 선교사처럼 산다'는 각오로 살아가기를 바랍니다. 이런 축복이 우리 모두에게 있게 되기를 바랍니다.

21

첫 번째 교리 논쟁(1):
베드로의 변증

사도행전 15:1-11

예수를 잘 믿어 보려고 큰맘 먹고 교회에 다니려 하거나, 교회에 나와서 성경 공부를 하려고 하면 으레 시험거리가 따라오게 마련입니다. 그 시험거리들은 초신자들이 깊은 신앙에 들어가지 못하도록 방해합니다. 이 덫에 걸린 사람들은 항상 원점에서 맴돌게 됩니다. 몇 십 년을 교회에 다녀도 신앙이 자라지 않습니다.

이런 시험거리들은 개인뿐 아니라 교회에도 있습니다. 특별히 침체된 교회에 성령의 역사가 일어나면 마귀들이 얼마나 무섭게 달려들어 시험거리를 만드는지 모릅니다. 그들은 교회가 부흥하지 못하도록, 성령이 역사하지 못하도록 온갖 수단을 동원합니다. 당시 초대 교회에도 그런 모습이 있었습니다.

이방인 할례에 대한 의견 충돌

사도 바울과 바나바가 성공적으로 1차 전도 여행을 마치고 돌아왔습니다. 얼마나 놀랍고 좋은 일입니까? 그들은 돌아와서 간증하며 하나님이 하신 일들을 찬양했습니다. 그러나 모든 사람이 다 기뻐해 준 것은 아니었습니다. 기쁨을 나눈 사람도 있었지만, 이 일을 별로 좋지 않게 생각하며 반대하고 시기하는 일단의 무리들도 있었습니다. 그들은 유대에서 내려온 사람들이었습니다.

> 어떤 사람들이 유대로부터 내려와서 형제들을 가르치되 너희가 모
> 세의 법대로 할례를 받지 아니하면 능히 구원을 받지 못하리라 하
> 니 바울 및 바나바와 그들 사이에 적지 아니한 다툼과 변론이 일어
> 난지라 형제들이 이 문제에 대하여 바울과 바나바와 및 그중의 몇
> 사람을 예루살렘에 있는 사도와 장로들에게 보내기로 작정하니라
> (행 15:1-2).

성령의 불이 일어났습니다. 그런데 그에 맞서 그 성령의 불을 끄
는 반대자들이 일어나고 있는 것입니다.

이들이 부딪힌 문제는 전통적인 신앙, 즉 교리적인 문제에 대한
갈등입니다. 우리는 성령의 역사가 일어날 때, 바로 이런 교리적인
논쟁이 일어났던 것에 주의해야 합니다. 마귀는 성령이 역사하고
교회가 부흥할 때, 이런 불필요한 교리 논쟁에 말려들게 합니다.
아주 사소하고 중요하지 않은 문제들을 굉장히 중요한 것처럼 만
들어 하나님이 하시는 일들을 방해하는 것을 볼 수 있습니다.

일단의 무리들이 유대로부터 안디옥까지 내려와서, "구원받는
것도 좋고, 성령 받는 것도 좋고, 예수 믿는 것도 좋다. 그렇지만 거
기에 더해 할례를 받아야 한다"고 말합니다. 할례를 받지 않으면
완전한 구원을 받을 수 없다는 것입니다. 이는 사람들의 마음을 혼

란스럽게 만드는 것입니다.

> 너희가 모세의 법대로 할례를 받지아니하면(행 15:1).

할례를 주장하는 사람들에게 중요한 것은 법이었습니다. 물론 법은 중요합니다. 그러나 법보다 더 중요한 것이 은혜입니다. 법은 어쩔 수 없이 만든 것이며, 이는 우리를 살리지 못합니다. 세상에는 법의 노예가 된 사람들이 많습니다. 모든 문제를 법으로 해결하려 합니다. 하지만 모든 문제가 법으로 해결되는 것은 아닙니다.

할례를 주장하는 사람들은 율법에 의존해서 그것만이 정의요, 그것만이 진리라고 말합니다. 그들은 꼭 할례를 받아야 한다고 주장합니다. 할례를 받지 않으면 불완전한 구원이라고 말합니다.

할례의 참의미

그렇다면 그들은 왜 할례를 꼭 받아야 한다고 주장하게 되었을까요? 이를 잘 이해하기 위해서 창세기 17장에 나오는 할례에 대한 말씀을 잠깐 살펴보려 합니다.

> 하나님이 또 아브라함에게 이르시되 그런즉 너는 내 언약을 지키고 네 후손도 대대로 지키라 너희 중 남자는 다 할례를 받으라 이것이

나와 너희와 너희 후손 사이에 지킬 내 언약이니라 너희는 포피를
베어라 이것이 나와 너희 사이의 언약의 표징이니라 너희의 대대로
모든 남자는 집에서 난 자나 또는 너희 자손이 아니라 이방 사람에
게서 돈으로 산 자를 막론하고 난 지 팔 일 만에 할례를 받을 것이라
너희 집에서 난 자든지 너희 돈으로 산 자든지 할례를 받아야 하리
니 이에 내 언약이 너희 살에 있어 영원한 언약이 되려니와 할례를
받지 아니한 남자 곧 그 포피를 베지 아니한 자는 백성 중에서 끊어
지리니 그가 내 언약을 배반하였음이니라(창 17:9-14).

이것이 할례입니다. 할례는 하나님이 만들어 주신 제도였습니
다. 그것은 언약의 상징으로, 하나님이 언약을 사람의 살에 표시하
신 것이었습니다. '너는 내 백성이다. 내가 너를 보호해 주겠다. 나
와 네가 언약을 맺었다. 이 언약은 절대로 변하지 않을 것이다. 너
는 내 백성이 될 것이다. 너는 나를 의지하고 살아야 한다.' 또한
백성의 입장, 즉 할례 받은 사람의 입장에서는 '이제 내 능력과 내
의지로 살아가지 않고 하나님을 의존해서 살아간다. 전적으로 하
나님을 의뢰한다'는 표시가 할례였습니다.

세상 사람들 중에도 남녀가 사랑한다는 표시로 문신을 하는 경
우가 있습니다. '너는 내 것이고 나는 네 것이다'라는 의미로 그렇
게 하는 것을 보았습니다. 할례도 그와 비슷한 의미가 있습니다.
양피를 베어서 사람의 생식기에 '너는 내 것이다'라고 하나님과

그의 백성이 사인하는 것, 이것이 할례입니다. 그래서 이 할례 받은 표가 있는 사람들은 하나님의 백성이라는 자부심과 확신을 갖게 되는 것입니다.

출애굽 당시 이스라엘 백성은 애굽을 탈출해서 광야로 갔습니다. 젖과 꿀이 흐르는 가나안 땅으로 가는 동안, 그들은 하나님에게 불순종하고 범죄했습니다. 하나님은 그 광야 생활 동안 할례를 행하지 못하게 하셨습니다. 광야에서는 할례가 없었습니다. 할례가 없었기 때문에 유월절 잔치를 베풀 수도 없었습니다. 그들은 할례가 없으니 불안했습니다. '하나님이 과연 나를 보호하시는가' 하는 의심이 들었습니다. '계약 증서'가 없기 때문입니다. 유월절이 없는 것도 불안했습니다. 하나님의 순리를 확인할 길이 없었기 때문입니다.

그런데 그들이 여리고 성 앞 평지에 있을 때, 하나님의 음성이 들렸습니다. "다시 네 자녀들에게 할례를 베풀라." 이것은 무엇입니까? 하나님이 그들에게서 수치를 제거하고 당신의 약속을 회복시키신다는 사인입니다. 또한 할례를 받았기 때문에 그들은 유월절 잔치를 베풀 수 있게 되었습니다. 왜 그렇습니까? 할례를 받은 자만이 유월절 잔치에 참여할 수 있기 때문입니다.

이스라엘 백성은 할례를 통해서 하나님의 약속을 확인합니다. 그리고 유월절 잔치를 베풀면서는 죽음과 모든 사탄의 세력을 이기는 하나님의 승리를 경험합니다.

이제 할례를 받은 이스라엘 백성은 볶은 곡식을 먹게 됩니다. 가나안 음식을 먹는 것입니다. 이는 가나안 땅의 점령을 미리 보여 주는 것입니다. 그러고 나서 여리고 성을 무너뜨리는 것을 볼 수 있습니다. 할례는 바로 이런 것이었습니다. 할례는 하나님의 은혜와 도움으로 살아간다는 것을 약속하고 약속받는 것이었습니다.

그러나 아브라함과 모세의 때가 지나면서 사람들은 이 할례를 율법으로 바꾸었습니다. 그 내용이야 어떻든지 간에, 하나님을 신뢰하는 것과 상관없이 그것을 형식적으로 행했습니다. 즉, 몸에 상처를 내서 할례를 행하기만 하면 자동적으로 하나님의 백성이 된다는 식으로 타락한 생각을 하게 된 것입니다. 그런 모습이 결국 초대 교회까지 내려와, 할례를 하지 않으면 구원이 없다고 주장하는 극단적인 지경까지 이르게 되었습니다. 다시 말하면, 할례의 형식만 남고 그 내용은 죽은 것입니다.

형식의 위험성

모든 종교의 위기는 무엇입니까? 형식만 남는 것입니다. 사랑은 없고, 제사 드리는 형식, 예배하는 형식, 설교하는 형식, 교회에 나오는 형식, 그 내용이야 어떻든지 간에 형식만 남는 것입니다. '하나님 앞에 무슨 죄를 짓든 간에, 무슨 오만한 짓을 하든 간에, 형식만 잘 지키면 좋은 신앙인이다'라고 말합니다. '목사가 되면 된다.

장로가 되면 된다. 집사가 되면 된다'고 하면서, 이런 타이틀만 따면 신앙이 있는 것으로 생각합니다.

이런 생각들은 우리를 속이는 것입니다. 하나님은 우리의 외양이 아닌 내면을 보십니다. 내가 누구인가를 보십니다. 할례를 받았는데, 정말로 마음 깊은 곳에 하나님을 경외하는 것이 있느냐, 하나님을 사랑하느냐, 심령 깊은 곳에 예수님이 계시느냐, 이런 것을 보시는 것입니다. 정작 중요한 것은 이것입니다.

하지만 많은 사람들이 종교의 내용은 무시하고 그것을 전통화하려 합니다. 교리화시키고 형식화하려 합니다. 이러한 형식화, 교리화, 상징화는 신앙생활에서 가장 무서운 적입니다. 그래서 어떻게 보면, 십자가나 성화 같은 것이 어느 때는 믿음에 좋은 자극을 주기도 하지만, 한편으로는 굉장히 위험할 수도 있습니다.

말씀 없이 형식으로 예배드리는 것은 위험합니다. 금식을 하거나 십일조를 드릴 때도 형식적으로 한다면 위험합니다. 겉으로 드러나는 이런 형식들이 오히려 우리 자신을 속일 수 있기 때문입니다. 우리 스스로를 착각하게 할 수 있기 때문입니다. 열정을 가지고 봉사할 때도 마찬가지입니다. 때로는 그것이 우리 자신을 기만할 수도 있습니다. 그런 외적인 활동들만 가지고 '아, 저 사람 굉장한 사람이다. 믿음이 좋은 사람이다'라고 평가하는 사람들의 말로 인해 자신에 대해서 착각할 수 있기 때문입니다.

할례를 주장하는 사람들은 끝까지 할례를 받아야 한다고 했습니다. 내용이야 어떻든지, 전통대로, 교리대로, 형식적으로 반드시 할례를 거쳐야 완전한 구원을 받는 것으로 착각한 것입니다.

할례의 마침, 예수 그리스도

구약 시대에는 할례가 의미 있었습니다. 그러나 하나님의 아들, 예수 그리스도가 십자가에 달려 돌아가시고 부활하신 후에는 할례가 의미 없어졌습니다. 있어도 좋고 없어도 좋은 것이 되었습니다. 그것 자체는 이제 하나도 중요하지 않게 되었습니다. 예수 그리스도가 할례의 마침이 되셨기 때문입니다.

　구약 시대의 이스라엘 백성은 양과 송아지의 피로 1년에 한 번씩 대제사장의 손을 통해서 그들의 죄를 씻어야 했습니다. 이는 목마른 구원이었습니다. 갈증을 느끼는 구원, 부족한 구원이었습니다. 오늘날에도 교회를 다니면서 이런 구원을 받은 사람들이 있습니다. 그들은 구원받았다고 생각하면서도 뭔가 더 해야 하지 않을까 하는 불안을 가지고 있습니다. 뭔가 더 행해야 할 것 같고, 뭔가 더 많이 알아야 할 것 같고, 헌금이나 봉사나 전도도 더 많이 해야 내 구원이 완성될 것 같다는 불안한 마음을 가지고 신앙생활을 하는 것입니다. 그러나 그런 생각은 옳지 않습니다. 예수 그리스도가 우리를 위해 돌아가심으로 말미암아 이제는 양과 송아지의 피가 필요 없게 되었습니다. 그리스도의 피로 단번에 영원한 제사를 드린바 되었고, 예수님의 죽음이 하나님의 구원을 완성시켰기 때문입니다. 이제는 누구든지 예수 그리스도를 믿으면 목마르지 않은 구원, 영원한 구원, 희미하지 않은 분명한 구원을 얻습니다.

그럼에도 불구하고 우리는 구약으로 돌아가려는 습성이 있습니다. 어떤 행위로, 기도로, 선을 많이 쌓음으로 구원이 완성된다고 생각합니다. 주님이 나를 위해 돌아가시긴 했지만, 무언가 좀 부족하게 여기는 것입니다. 그런 사람들은 마음에 평안이 없습니다. 기쁨이 없습니다. 확신이 없습니다. 죄를 용서받은 것 같지만 어딘가 좀 부족한 것 같은 느낌을 가지고 삽니다. 그래서 할례를 꼭 받아야 한다는 것입니다. 할례 받은 표를 보면서 자신이 하나님의 백성인 것을 자꾸 확인하는 것입니다. 손으로 만지고 눈으로 자꾸 보면서 확인해야 안심하게 되는 것입니다.

어떤 사람들은 자기 남편이 눈앞에 있으면 안심합니다. 그러나 눈에 안 보이면 걱정하고 의심하고 불안해합니다. 항상 보고 있어야 마음을 놓습니다. 얼마나 불편하겠습니까. 1년을 떨어져 있어도, 10년을 떨어져 있어도 믿어야 합니다. 그게 부부입니다. 안 그러면 의처증, 의부증이 생기는 것입니다.

지금 할례를 주장하는 사람들이 이런 상태입니다. 이 사람들은 눈에 보이는 율법을 행하고 할례를 받아야만 구원받을 수 있다고 주장합니다. 사도 바울은 갈라디아서에서 이 문제를 언급했습니다. 아마도 이 사건을 회상하면서 썼을 것입니다.

보라 나 바울은 너희에게 말하노니 너희가 만일 할례를 받으면 그리스도께서 너희에게 아무 유익이 없으리라(갈 5:2).

무슨 뜻입니까? 할례가 그렇게 중요하다면, 예수님은 무엇이냐는 말입니다. 바울은 계속해서 말합니다.

내가 할례를 받는 각 사람에게 다시 증언하노니 그는 율법 전체를 행할 의무를 가진 자라 율법 안에서 의롭다 함을 얻으려 하는 너희는 그리스도에게서 끊어지고 은혜에서 떨어진 자로다(갈 5:3-4).

즉, 할례를 주장한다면 율법 전체를 지켜야 한다는 말입니다. 그리고 그런 사람은 예수님에게서 떨어진 자라는 것입니다. 어떻게 인간이 율법을 다 지킬 수 있겠습니까? 바울의 말이 백번 맞습니다. 우리는 끊임없이 이 둘 사이에서 싸움을 하며 삽니다. '내 노력으로 구원을 얻는 것인가, 하나님의 은혜로 구원을 얻는 것인가?'

공짜로 구원을 얻는다는 것은 이토록 사람들의 마음에 잘 와닿지 않습니다. 뭔가 내가 조금은 해야 할 것 같고, 내 노력이 조금은 있어야 할 것 같고, 율법적인 의무를 다해야 온전한 그리스도인이 될 것 같은 생각이 드는 것입니다. 여기에 사탄의 큰 유혹이 도사리고 있습니다.

물론 율법은 선한 것입니다. 율법은 완전하고 흠이 없습니다. 그리고 율법은 하나님의 법이요, 하나님이 만들어 주신 것입니다. 따라서 율법은 누구든지 지켜야 하는 것입니다. 그런데 문제는, 율법을 지킬 인간이 하나도 없다는 데 있습니다. 율법을 지키려 하면 할수록 인간은 절망감을 갖습니다. 율법대로 사는 것이 옳지만, 그럴수록 좌절감에 빠집니다. 우리가 얼마나 이런 좌절감 때문에 고민해 왔습니까? 착해지려고, 죄짓지 않으려고 무척 노력하지 않았습니까? 그러나 안 됩니다. 이것이 인간입니다. 인간의 뿌리에는 죄가 있기 때문입니다. "오호라 나는 곤고한 사람이로다 이 사망의 몸에서 누가 나를 건져내랴"(롬 7:24). 이것이 정직한 그리스도인들의 실존적 고백입니다.

그런데 이 율법을 지킨 자가 있습니다. 인류 역사상 오직 한 분만이 완전하게 이 율법을 지키셨습니다. 누구입니까? 바로 예수 그리스도십니다. 예수님은 어떻게 율법을 지킬 수 있었습니까? 하나님이셨기 때문입니다. 그러므로 우리는 율법을 지킴으로써 구원받는 것이 아니라, 율법을 완전하게 지키신 예수 그리스도를 믿음으로 말미암아 구원받는 것입니다.

하나님은 우리에게 얼마나 완벽한 인생을 살았느냐, 얼마나 실수가 없었느냐를 묻지 않고, 과연 예수 그리스도를 의지하느냐를 물으십니다. 우리에게 실수와 허물이 있고, 죄가 있고, 야곱처럼 사기꾼 같은 기질이 있다 할지라도, 예수 그리스도를 믿는 믿음으로 말미암아 하나님의 자녀가 되는 권세를 주셨습니다.

이처럼 예수 그리스도로 인해 모든 제사와 율법, 모든 할례가 끝났기에, 우리에게는 완전한 구원이 이루어진 것입니다. 이것을 믿는 것이 믿음입니다.

전통과 율법에 매인 사람들

사도 바울과 바나바는 이러한 내용을 전하기 위해 1차 전도 여행을 떠났습니다. '예수님이 구약에서 예언된 메시아다. 그 예수님은 너희를 위해 십자가에 달려 돌아가셨고, 부활하셨다. 그러므로 너희가 예수 그리스도를 믿을 때 완전한 구원을 얻게 된다.' 이것이 그들이 선포한 메시지였습니다. 그러나 유대인들의 생각은 좀 달랐습니다. 그들은 자꾸 '예수도 좋고 성령도 좋은데, 그래도 할례를 받아야 한다'고 말하는 것입니다.

한참 잘 듣는 것 같다가도 딴소리를 하는 사람들이 있습니다. 하나님의 말씀을 다 알아들은 것 같은데, 항상 같은 이야기만 하고 제자리에 머물러 있는 사람들이 있습니다. 그런 사람을 볼 때마다 머리에서 소프트웨어만 싹 빼서 바꾸었으면 좋겠다는 생각이 듭니다. 새것을 집어넣어야 하는데, 5년이 가도 그 소리, 10년이 가도 그 소리, 작정하고 안 변하는 것입니다. 할례는 꼭 받아야 한다는 것입니다. 전통적으로 믿어야 한다는 것입니다. 생각을 안 바꾸는 것입니다.

이것이 얼마나 무서운지 모릅니다. 은혜로 구원받았다고 하면 잠깐 듣다가 다시 율법으로 돌아갑니다. "당신의 행위로 구원받는 것이 아닙니다. 그러니 예수 그리스도를 주로 영접하고 완전한 구원을 얻으십시오" 하면 "아멘! 믿습니다"라고 해 놓고 또 불안해합니다. 율법으로 구원받아야 한다는 그 생각을 바꾸지 않기 때문입니다. '뭔가 행해야 돼. 뭔가 더 있어야 돼. 현재는 한 80퍼센트 구원받은 것 같아. 20퍼센트는 내가 더 노력해야 할 것 같아. 난 아직 담배도 피우고 술도 먹는데, 어떻게 구원을 받겠어?' 이런 행위를 다 청산해야 구원받을 수 있을 것이라는 잘못된 생각이 아주 심각한 문제를 초래합니다.

이런 문제는 2천 년 전이나 지금이나 동일하며, 대부분의 그리스도인들이 가지고 있는 문제라고 생각됩니다. 예수를 믿지만 전통적인 틀, 형식적인 틀에 갇혀 있는 것입니다. 그래서 내용이 없는 교리적인 인간이 되어 가는 것입니다. 예수도 믿고 십자가도 믿고 구원도 다 믿습니다. 그러나 전통과 율법의 노예가 되어서 살아 계신 성령님의 능력을 제한하는 것입니다. 전통으로 하나님을 제한하는 것입니다. 새 생명 되신 주님을 교리화하는 것입니다. 이것이 제일 무서운 것입니다.

그리스도인 중에 예수 믿지 않는 사람은 하나도 없을 것입니다. 그런데 왜 안 변할까요? 왜 불안해할까요? 예수님을 가져야 하는데 예수님을 믿는 교리를 가지고 있기 때문입니다. 지식으로 알고 있기 때문입니다. 그러면서도 자신은 예수님을 믿는다고, 정말 그리스도인이라고 생각하기 때문에 아무런 변화가 안 일어나는 것입니다. 그러나 예수님이 그 안에 살아 있는 사람은 변화가 일어납니다. 이들의 차이는 무엇일까요?

그분이 내 안에, 내가 그분 안에

유대에서 온 사람들과 바울과 바나바 사이의 논쟁이 심해졌습니다.

> 바울 및 바나바와 그들 사이에 적지 아니한 다툼과 변론이 일어난지라 형제들이 이 문제에 대하여 바울과 바나바와 및 그중의 몇 사람을 예루살렘에 있는 사도와 장로들에게 보내기로 작정하니라(행 15:2).

이 문제는 안디옥에서 해결될 문제가 아니었습니다. 그래서 문제 해결을 위해 형제들이 바울과 바나바를 비롯한 몇 사람을 사도와 장로들이 있는 예루살렘에 보내기로 했습니다. 그런데 그다음에 제 마음을 찡하게 하는 아주 감동적인 부분이 있습니다.

> 그들이 교회의 전송을 받고 베니게와 사마리아로 다니며 이방인들이 주께 돌아온 일을 말하여 형제들을 다 크게 기쁘게 하더라(행 15:3).

지금 이 사람들은 논쟁에 휘말려 예루살렘으로 가는 중입니다. 그런데 그 와중에도 작은 도시를 들러 가면서 예수님을 전하고 있습니다. 얼마나 예수가 절실했으면 무슨 일을 만나든지, 어디를 가든지 예수님 이야기를 하고 있겠습니까? 한참 생각하고 나서야 예수님을 말하게 되는 우리와는 대조되는 모습입니다.

예수님은 의식 속에만 계시는 분이 아닙니다. 무의식 속에도 계시는 분입니다. 예수님은 잠을 자도 계시고, 눈을 떠도 계십니다. 예수님은 감옥 안에도 계시고, 감옥 밖에도 계십니다. 바울 일행을 보면 예수님이 늘 그 안에 계신 것 같습니다. 당신은 어떻습니까? 당신 안에도 예수님이 계십니까? 예수님의 생각이 들어 있습니까?

이것이 그 안에 교리가 있는 사람과 예수님이 있는 사람 간의 차이입니다. 이 둘은 하늘과 땅처럼 다릅니다. 하나님을 믿는 사람이 있습니다. 그러나 이것은 하나님이 내 안에 계신 것과는 다릅니다.

우리는 교리를 부인하지 않습니다. 성령도 믿습니다. 교회도 나옵니다. 헌금도 하고, 전도도 하고, 봉사도 합니다. 예수님이 부활하셨다는 사실도 믿습니다. 그분이 물 위를 걸으셨다는 사실도 믿습니다. 즉, 믿는다는 지식과 생각은 다 있습니다. 그런데 더 중요한 것은, 그 예수님이 우리 안에 계셔야 한다는 것입니다. 그분을 믿는 것과 그분을 느끼거나 그분과 말하는 것은 매우 다르기 때문입니다.

우리는 때로 너무 관념적입니다. 예수를 믿는 것도 관념으로 지나갑니다. 예수 믿는 것을 교리화하고 지식화하는 것이 그 예입니다. 많은 지식을 쌓으면, 기도의 양이 많으면 뭐가 되는 줄 알고 있습니다. 그렇지 않습니다. 예수님이 내 안에 계셔야 합니다. '그분이 내 안에, 내가 그분 안에.' 바로 이것입니다.

바울 일행을 보십시오. 그들 안에는 예수님이 계신 것을 볼 수 있습니다. 앞으로 사도행전 16장을 살펴보게 될 텐데, 거기에는 바울과 실라가 한 팀이 되어 전도 여행을 하다가 실컷 얻어맞는 장면이 나옵니다. 그들은 아주 심한 매를 맞고 차꼬에 매여서 감옥에 갇혔습니다. 컴컴한 밤중이 되었습니다. 그런데 그들이 갇힌 감옥에서 찬송 소리가 들렸습니다. 기도 소리가 터졌습니다.

생각해 보십시오. 매를 맞았으니 얼마나 쓰리고 아팠겠습니까? 밥도 제대로 안 주었을 텐데 얼마나 배가 고팠겠습니까? 신경질도 나고 억울하지 않았겠습니까? 만약 그들이 예수님에 대한 지식이나 교리만 가지고 있었다면 그런 생각을 했을 것입니다. 그러나 그들 안에는 예수님이 계셨습니다. 그로 인해 매 맞고 피투성이가 되어 아픈데도 그들은 찬송하며 기도할 수 있었습니다. 예수님이 그 안에 계시기에 가능한 일이었습니다.

당신의 마음에는 예수님이 계십니까? 당신은 지금 예수님과 동행하고 있습니까? 예수님의 음성을 듣고, 그분과 대화하고, 그분으로부터 힘과 능력을 얻고 있습니까? 저는 바울과 실라를 통해서 그런 모습을 봅니다. 이런 이들이 바로 사도행전의 사람들이었습니다.

베드로의 변증

> 예루살렘에 이르러 교회와 사도와 장로들에게 영접을 받고 하나님이 자기들과 함께 계셔 행하신 모든 일을 말하매(행 15:4).

바울 일행이 예루살렘에 도착했을 때 사도와 장로들이 그들을 환영했습니다. 그리고 바나바와 바울은 하나님이 어떻게 역사하셨는지, 어떻게 이방인들에게 복음의 문이 열리게 되었는지를 간증하며 기쁨을 나누었습니다. 그렇습니다. 우리는 하나님 이야기를 하고 나면 굉장히 기쁩니다. 하나님이 하시는 일을 보면 굉장히 기쁩니다. 그러나 반대로 자기 이야기를 열심히 하면 굉장히 비참해집니다. 다 이야기하고 나면 오히려 기분이 나빠집니다. 이야기를 하고 있을 때는 시원한 것 같지만, 돌아서면 허탈합니다. '내가 왜 이런 얘기를 하고 있는 거지?' 하는 자책감이 들면서 기분이 안 좋습니다. 그러니 이제는 하나님이 하신 일들만 이야기하십시오. 바울과 바나바는 하나님이 하신 일들을 이야기했습니다.

그런데 거기에 있는 일단의 바리세인들은 '예수도 좋고 성령도 좋은데, 할례는 받아야 한다'고 말합니다. 결국 그들 사이에 많은 논쟁과 토론이 계속됩니다. 아주 심각하고 광범위한 토론이 계속됩니다. 이 토론을 마치고, 드디어 침묵하던 베드로가 입을 열어 말합니다.

> 많은 변론이 있은 후에 베드로가 일어나 말하되 형제들아 너희도 알거니와 하나님이 이방인들로 내 입에서 복음의 말씀을 들어 믿게 하시려고 오래전부터 너희 가운데서 나를 택하시고(행 15:7).

베드로는 먼저 자신의 경험을 이야기합니다. 하나님이 자기를 택해 이방인들에게 복음과 성령을 증거하도록 역사하셨다고 말합니다. 그 예가 이방인 고넬료의 집에 가서 세례를 베풀고 말씀을 전한 일입니다. 그는 고넬료를 만나기 전 비몽사몽간에 하늘이 열리며 한 그릇이 내려오는 환상을 보았습니다. 그 안에는 부정한 것이 가득 들어 있었습니다. 그런데 그것을 먹으라는 음성이 들렸습니다. 베드로는 먹을 수 없다고 말했습니다. 세 번이나 그런 일이 있었습니다. 하나님은 마지막으로 그에게 이렇게 도전하셨습니다. "내가 거룩하다 하는 것을 너는 왜 더럽다고 하느냐. 먹어라." 그리고 그 그릇은 다시 하늘로 올라갔습니다. 이는 이방인의 구원을 말하는 것이었습니다. 하나님이 친히 이방인들의 구원의 문을 열어 주신 것입니다. 그래서 베드로는 하나님이 이방인들에게 복음을 전하게 하셨다는 말로 이야기를 시작한 것입니다.

베드로는 이 말을 한 다음 두 번째로 다음과 같은 말을 합니다.

또 마음을 아시는 하나님이 우리에게와 같이 그들에게도 성령을 주
어 증언하시고(행 15:8).

즉, 우리에게만 성령을 주신 줄 알았는데, 이방인에게도 성령을
주셨다는 것입니다. 이는 굉장히 놀라운 사실입니다. 저는 이 말씀
을 통해서 우리 모두가 성령을 체험하기를 바랍니다. 우리는 예수
님을 믿는다고 하지만, 어쩌면 그것은 인식에 불과한 것인지도 모
릅니다. 우리는 그분을 체험해야 합니다. 우리는 성령님을 통해서
그분을 체험할 수 있습니다.

예수님은 누구십니까? 육체로 오신 하나님입니다. 그분은 본래
하나님이셨습니다. 그 하나님이 육신의 옷을 입고 2천 년 전에 팔
레스타인 땅에 오신 것입니다. 그 예수님은 십자가의 고난을 겪으
셨습니다. 그리고 부활하고 나서 40일 후에 승천하셨습니다. 그
후에 어떻게 되었을까요? 오순절 날 성령이 오셨습니다. 이 성령
님은 바로 영으로 오신 예수 그리스도십니다. 성령님이 예수님이
란 말입니다. 그 성령님을 통해 예수님이 우리에게 다시 오신 것입
니다. 하나님이 육신을 통해서 우리에게 오셨던 것처럼, 예수님이
영을 통해서 우리에게 오신 것입니다. 그러므로 누구든지 예수님

을 체험하고 그 안에 살아 계신 인격적인 예수님을 모시려면, 성령 체험을 해야만 합니다.

우리는 성경을 읽고 의지적으로 구원받았음을 확신할 수 있습니다. 그러나 삶 속에서 나를 만지시고, 가르치시고, 위로하시고, 인도하시고, 모든 은사와 더불어 그리스도인의 삶을 살게 해 주시는 분은 성령님이기 때문에, 성령으로 오신 예수님을 만나지 않으면 제대로 된 그리스도인의 삶을 살 수 없습니다. 하나님은 그 성령님을 베드로뿐 아니라 이방인들도 체험하게 해 주셨습니다. 베드로가 이것을 증거한 것입니다. 이방인들도 살아 계신 예수님을 보고 느낀 것입니다. 이것은 예수님을 단지 지적, 의지적, 이성적으로 믿는 것과는 다릅니다.

저는 당신이 예수님을 성령으로 체험할 수 있게 되기를 바랍니다. 우리는 내 안에서 호흡하시고, 나를 통해 보시고, 나를 통해 걸으시고, 나를 통해 움직이시고, 나를 통해 역사를 일으키시는, 통치하시는 예수 그리스도를 만나야 합니다.

차별하지 않으시는 하나님

베드로는 세 번째로 이렇게 말했습니다.

믿음으로 그들의 마음을 깨끗이 하사 그들이나 우리나 차별하지 아니 하셨느니라(행 15:9).

하나님이 그런 이방인들에게 믿음을 주셨다는 것입니다. 이 믿음은 죄 사함을 받게 합니다. 죄 사함을 받았다는 것은 그들의 마음이 깨끗해졌다는 것입니다. 이제는 의인이 되었다는 것입니다. 얼마나 놀라운 일입니까? 베드로의 이 말속에는, 하나님은 우리나 그들을 차별하지 않으셨다는 의미가 들어 있습니다.

예수를 믿으면 가지게 되는 독선이 하나 있습니다. 나만 구원받고 싶은 것입니다. '저 사람들은 구원 안 받았으면 좋겠어. 우리 교회만 구원하고 다른 교회는 구원하지 않으셨으면 좋겠어.' 이런 경우도 있습니다. '일제 치하 36년을 생각하면, 일본 사람들은 예수님 안 믿었으면 좋겠어. 한국전쟁을 생각해서라도 북한은 좀 멸망했으면 좋겠어.' 예수님을 믿으면서도 이렇게 자기중심적이 될 수 있습니다.

하나님은 이스라엘 백성을 택하셨습니다. 이스라엘을 택하셨다는 이 사실 앞에서 유대인들은 뭐라고 합니까? "이방인들은 구원 안 받았으면 좋겠어." 그들은 이방인들의 구원에 대해 몹시 알레르기 반응을 보이고 있습니다. 어찌 이방인이 구원을 받을 수 있겠느냐는 것입니다. 거룩하신 하나님은 우리 하나님, 내 하나님이라면서 하나님과 그분이 주시는 축복을 독점하고 싶어 하는 것입니다. 여기에 문제가 있습니다. 나누어야 합니다. 나만 구원받아서는 안 됩니다. 다른 사람도 다 구원받아야 합니다.

이런 독점욕을 가지고 있던 사람 중에 하나가 돌아온 탕자의 형입니다. 그는 동생이 돌아오는 것이 싫었습니다. 돌아온 동생을 아버지가 아무 조건 없이 받아들이자, 그 마음에는 아버지에 대한 원망과 반항이 쌓였습니다. '나는 열심히 일하고 아버지 돈을 탕진한 적도 없는데, 나를 위해서는 언제 잔치 한번 해 준 적이 있습니까? 아버지, 그럴 수 있는 겁니까?' 이게 큰아들의 마음이었습니다.

오늘날 많은 교인들의 마음도 이와 같습니다. 우리 교회만 잘하면 되지, 다른 교회 도와줄 것 뭐 있느냐는 것입니다. 다 자기 중심적입니다. 우리 교회만 구원받으면 되지, 죽어 가는 다른 영혼은 내 알 바 아니라는 것입니다.

초대 교회 당시 유대 그리스도인들 가운데 그런 사람들이 있었습니다. 그들은 '이방인들이 어떻게 구원을 받을 수 있겠는가'라고 생각했습니다. 이것이 선택받은 유대인들의 치명적인 실수였습니다. 이런 실수를 오늘 우리도 하고 있는 것입니다. 은혜 받고 훈련받았으면 나가서 도와줘야 합니다. 이것이 하나님의 명령입니다. 복음의 본질입니다.

인간은 끊임없이 자기 지향적이기에, 복을 받으면 받을수록 더 자기 것으로 만들려고 합니다. 하지만 필요한 만큼의 돈보다 더 여유가 있으면, 그것은 다른 사람을 도와주라는 하나님의 사인입니다. 그 여유를 누리고 사치하라는 사인이 아닙니다. 우리는 무슨 일을 하든지 언제나 불우한 사람들을 먼저 생각해야 합니다. 그것이 그리스도인의 본분입니다.

건강한 사람은 약한 사람을, 부유한 사람은 가난한 사람을 도와야 합니다. 왜 건강을 주시고 물질을 주셨겠습니까? 기술을 소유한 사람은 그 기술을 나누어야 합니다. 축복을 나누어야 합니다. 이것이 하나님의 마음입니다. 그러나 대부분의 사람들은 자기 것만 챙깁니다. 나만 잘살면 된다는 것입니다. 이런 모습이 개인에게뿐 아니라 교회에도 있습니다. 교회가 선교하지 않고 자기 교회 크는 데만 신경 쓰는 모습이 그것입니다.

베드로의 마지막 변증

> 그런데 지금 너희가 어찌하여 하나님을 시험하여 우리 조상과 우리도 능히 메지 못하던 멍에를 제자들의 목에 두려느냐(행 15:10).

할례를 받아야 한다고 주장하는 사람들에게 베드로는 두 가지로 설명했습니다.

하나님을 시험하지 말라

첫째, 그들이 주장하는 것은 하나님을 시험하는 것이라고 말했습니다. 그런데 좀 이해가 안 됩니다. 할례를 받아야 한다고 주장하는 것이 왜 하나님을 시험하는 것일까요? 그러나 이는 정말 하나님을 시험하는 것입니다.

인간의 최대 위기는 자신이 하나님이 되려 하는 것입니다. 그런데도 인간은 하나님처럼 되고 싶어 합니다. 그것이 여러 가지 영역에서 나타납니다. 남편에게서도 나타나고, 사업가에게서도 나타납니다. 권력이든 돈이든, 자기가 가진 것으로 사람들을 지배하고 노예로 만들고 싶어 하는 것이 인간의 속성입니다. 이것이 인간이 하나님이 되려는 모습입니다.

자기가 하나님이 되려는 사람들은 항상 자기주장이 옳고, 자기 믿음이 옳은 믿음이라고 합니다. 자기가 배운 것은 절대 양보하지 않습니다. 항상 그 자리만 고집하고, 다른 것은 배우려 하지 않습니다. 이런 것이 모두 인간의 본성 안에 들어 있습니다. 이것이 바로 하나님을 시험하는 것입니다. 아무것도 아닌 것 같지만 엄청납니다.

멍에를 씌우지 말라

둘째, 베드로는 '너희 조상도 능히 메지 못하던 멍에를 제자들의 목에 두려 한다'고 말합니다. 이는 '너희가 주장하는 할례나 율법을 지키는 것은 너희 조상들도 제대로 이행하지 못했다'는 뜻입니다. 율법을 시행하고 제정한 아브라함도, 모세도 못 지켰다는 것입니다. 그리고 할례를 주장하는 그들 역시도 못 지킨다는 말입니다. 그런데 왜 남에게 그것을 지키라고 강요하느냐는 것입니다.

이것은 참 놀라운 메시지입니다. 어떤 인간도 율법을 완전하게 지키지 못합니다. 이 문제에 대해서 예수님 당시에 한 사람이 예수님을 찾아와 물었습니다. 자기는 어릴 때부터 율법을 다 지켰는데, 무엇을 더 해야 하느냐고 말입니다. 그랬더니 예수님이 살인에 대한 해석을 새롭게 해 주셨습니다. "네가 칼로 사람을 찔러 죽이지는 않았을지 모르지만, 형제를 가리켜 미련한 놈이라고 말하는 것조차도 이미 살인한 것과 똑같다."

다른 사람에게 미련하다고 말하지 마십시오. 예수님은 그것도 살인한 것과 똑같다고 말씀하셨습니다. 간음한 일이 없다고 장담하지 마십시오. 예수님이 뭐라고 하셨습니까? 여자를 보고 음욕을 품는 것도 간음한 것과 똑같다고 말씀하셨습니다.

이러한 기준 앞에서 누가 율법을 피해 갈 수 있겠습니까? 아무도 없습니다. 그런데 왜 그것을 자꾸 다른 사람에게 강요합니까? 자신도 못 지키는 것을 왜 다른 사람의 목에 걸려고 합니까? 더군다나 이런 행위를 전도자의 이름으로, 신앙의 이름으로 하고 있습니다.

우리는 이 문제를 심각하게 생각해 봐야 합니다. 왜 예수를 믿으면서도 마음에 평화가 없을까요? 기쁨이 없을까요? 간단합니다. 교회의 경우, 목회자도 못하는 것을 성도에게 강요하기 때문입니다. 내가 못하면 다른 사람도 못할 수 있다고 생각해야 합니다. 내가 실수하면 다른 사람도 실수할 수 있다고 이해해 주어야 합니다. '나는 실수해도 되지만 너는 안 된다, 나는 잘못할 수 있지만 너는 그래서는 안 된다'는 생각은 잘못된 것입니다.

> 비판을 받지 아니하려거든 비판하지 말라 너희가 비판하는 그 비판으로 너희가 비판을 받을 것이요 너희가 헤아리는 그 헤아림으로 너희가 헤아림을 받을 것이니라 어찌하여 형제의 눈 속에 있는 티는 보고 네 눈 속에 있는 들보는 깨닫지 못하느냐(마 7:1-3).

사람들은 저마다 하나님이 되려고 합니다. 그러나 그것은 남에게 방해가 되는 것입니다. 다른 사람에게 그것을 강요한다면, 그것은 자신에게도 불편한 행동입니다. 베드로가 말하는 바가 바로 이런 뜻입니다.

> 우리는 그들이 우리와 동일하게 주 예수의 은혜로 구원받는 줄을 믿노라(행 15:11).

이 말은 이런 의미입니다. '우리가 구원받은 것과 이방인들이 구원받은 것은 다르지 않다. 우리나 그들이나 동일하게 주 예수 그리스도의 은혜로 구원받은 것이다. 율법으로 구원받은 것이 아니라,

할례를 행함으로 구원받은 것이 아니라, 예수님이 우리 죄를 위해 십자가에 못 박혀 돌아가심으로써 우리가 공짜로 구원받은 것이다. 이는 다시 제사 드릴 필요가 없는 완벽한 구원이다. 바로 이것이 우리가 받은 구원이다.'

하나님의 이름이나 율법의 이름으로 다른 사람에게 멍에를 씌우지 마십시오. 그 멍에가 나에게 힘들다면, 다른 사람에게도 힘든 것입니다. 우리는 이 율법의 멍에로부터 어떻게 자유할 수 있었습니까? 우리는 그리스도가 값없이 주시는 구원의 은혜로 말미암아 율법에서 자유함을 얻고 구원받은 것입니다. 그러니 다른 사람에게 율법의 멍에를 씌우지 마십시오.

또한 어떤 사람을 비판하거나 야단치고 싶으면, 혹시 누군가와 논쟁하고 싶은 생각이 들면 예수님을 소개하십시오. 그것이 최고의 방법입니다. 싸우고 논쟁하면 당신이 하나님이 되는 것입니다. 사람이란 한번 고집을 피우면 계속 밀고 나가고 싶어 합니다. 거기에는 해답이 없습니다. 무언가를 꼭 말하고 싶다면, 그 사람에게 예수님을 보여 주십시오. 그러면 문제가 쉽게 해결될 것입니다.

나도 못하는 일을 남에게 강요하지 마십시오. 그로 하여금 예수님을 바라보게 하십시오. 그러면 은혜 가운데서 우리의 약점과 실수들이 보완될 것이고, 서로 눈물을 흘리며 하나님 앞에 영광을 돌리게 될 것입니다. 저는 "어찌하여 형제의 눈 속에 있는 티는 보고 네 눈 속에 있는 들보는 깨닫지 못하느냐"(마 7:3)는 말씀을 볼 때마다 늘 이런 생각을 합니다. '왜 타인의 눈 속에 있는 티가 보일까?' 그것은 자기 눈 속의 들보 때문입니다. 거짓말을 하는 사람은 다른 사람이 거짓말하는 것을 빨리 눈치챕니다. 또한 사기를 쳐 본 사람은 남이 사기 치는 것을 빨리 알아차립니다. 왜입니까? 자기가 해 봤기 때문입니다. 죄가 크고 많은 사람일수록 다른 사람의 죄를 빨리 봅니다.

절대 다른 사람을 고치려 하지 마십시오. 정말 고치고 싶다면 그를 만드신 하나님에게 기도하십시오. 그러면 그가 변할 것입니다.

22

첫 번째 교리 논쟁(2):
야고보의 변증

사도행전 15:12-29

초대 교회의 가장 심각한 문제는 '구원이 전적으로 하나님의 은혜와 예수 그리스도로 말미암아 얻어지는 것이냐', 아니면 '예수님도 필요하지만 동시에 모세의 율법을 지킴으로써 완성되는 것이냐' 하는 것이었습니다. 이 문제는 아주 심각했기에 논쟁을 넘어 다툼이 되었고, 결국에는 이 문제를 해결하기 위해 몇몇 사람이 안디옥에서 사도와 장로들이 있는 예루살렘까지 가야 했습니다.

하나님을 제한하지 말라

율법이나 선행이나 금식 등을 행함으로써 구원이 완성되는 것이냐 하는 논쟁이 예루살렘으로 옮겨졌을 때, 바리새파 중에 예수 믿는 사람들이 반론을 펼쳤습니다. 예수 믿는 것도 좋지만 할례를 받아야 하고, 모세의 율법도 행해야 한다는 것이었습니다. 그러나 또 다른 사도와 장로들은 그렇게 생각하지 않았습니다. 이들 사이에서 논쟁이 거듭되자, 사도 베드로가 일어나 다음과 같은 결론을 내렸습니다. "참된 구원은 어떤 율법의 행위를 첨가함으로써 완성되는 것이 아니다. 예수 그리스도만으로 구원을 얻는 것이다." 그리고 이어서 바나바와 바울이 일어나 하나님이 자신들을 통해서 하신 일들을 간증했습니다.

> 온 무리가 가만히 있어 바나바와 바울이 하나님께서 자기들로 말미
> 암아 이방인 중에서 행하신 표적과 기사에 관하여 말하는 것을 듣
> 더니(행 15:12).

1차 전도 여행과 안디옥교회 목회를 통해서 바울과 바나바가 깨
달은 것은, 할례 받지 않아도, 율법의 전통과 의를 행하지 않아도
하나님은 이방인들을 찾아와 주셨고, 예수님은 그들의 구원이 되
셨으며, 성령의 역사와 기적들이 나타났다는 사실입니다. 이것은
굉장히 놀라운 일입니다. 특별히 유대인들에게는 믿어지지 않는
일이었습니다. 그러나 그것은 사실이었습니다.

그렇습니다. 하나님은 유대인만의 하나님이 아니요, 모든 열방
과 이방인의 하나님이 되십니다. 물론 하나님은 구약의 율법과 제
사를 지키는 이스라엘 백성을 통해서도 영광을 받으십니다. 그러
나 제사도 예배도 율법도 모르는, 심지어 우상을 숭배했던 이방인
들에게도 역사하셔서 영광을 받으셨습니다.

우리가 가진 문제 중 하나는 하나님을 제한하려는 경향이 있다
는 것입니다. 특히 예수님을 오래 믿어 온 사람들 가운데 그런 경
우가 많습니다. 그들은 자기가 믿는 방법이 전부라고 생각하기 쉽
습니다. 자기 경험, 자기 지식, 자기 방법 안에 하나님을 가둬 두려

는 경향이 있습니다. 유대인들이 바로 그랬습니다. 유대인들이 누구보다도 예수님을 잘 믿고, 바리새인들이 누구보다도 하나님을 열심히 섬긴 것은 사실입니다. 그러나 오히려 그것 때문에 자신들의 생각과 경험 밖에 계신 하나님을 수용하는 것에는 방해를 받았습니다. 하나님을 자신의 경험과 전통과 생각 안으로 제한하려고 했기 때문입니다.

우리의 실수가 여기에 있습니다. 하나님을 제한하지 마십시오. 하나님은 엄청난 일을 하십니다. 위대한 일을 하십니다. 하나님은 살아 계시며, 새 역사(役事)를 베푸시는 분입니다.

야고보, 논쟁에 마침표를 찍다

바나바와 바울이 간증을 하고 난 후, 이제 마지막으로 총회장 격인 야고보 사도가 일어납니다. 그리고 결론을 짓습니다.

> 말을 마치매 야고보가 대답하여 이르되 형제들아 내 말을 들으라
> (행 15:13).

갈라디아서 2장에는 야고보가 기둥과 같은 사람이라고 표현되어 있습니다. 그런 야고보가 "형제들아, 내 말을 들으라"라고 했을 때는 개인의 사사로운 말을 하는 것이 아닙니다. 많은 논쟁과 토론

과 변증의 과정을 거치고 이제 간증까지 듣고 난 그는, 총회장으로서 교회에 결론을 이야기하고 있는 것입니다.

> 하나님이 처음으로 이방인 중에서 자기 이름을 위할 백성을 취하시려고 그들을 돌보신 것을 시므온이 말하였으니 선지자들의 말씀이 이와 일치하도다 기록된바(행 15:14-15).

이방인을 부르신 하나님

야고보의 말에는 크게 두 가지 내용이 담겨 있습니다. 첫째는, 하나님이 이방인을 부르셨다는 것입니다. 즉, 절대로 하나님을 믿을 수 없을 것이라고 생각했던 이방인들, 율법도 지키지 않고 하나님의 말씀도 없으며 할례도 행하지 않던 그들에게 성령이 임하고 기적이 임한 것은 하나님이 직접 행하신 일이며, 그것은 구약 시대에는 없었고 오순절 이후 처음으로 일어난 일이라는 것입니다. 처음 있는 일이기에 구약의 전통을 믿고 있던 사람들은 그 사실을 받아들일 수가 없었던 것입니다.

구약의 예언대로 이방인을 구원하신 하나님

둘째는, 하나님이 하신 이 일은 예고 없이 무작정 행해진 것이 아니라, 구약의 예언자들을 통해 이미 알려진바 되었고, 그 예언이 그대로 이루어진 것이라는 말입니다.

베드로가 말한 것은 자신의 개인적인 경험이었습니다. 바울과 바나바가 말한 것도 그들이 개인적으로 경험한 것이었습니다. 그것은 사실입니다. 그러나 우리가 신앙적인 결론을 내릴 때는 개인의 체험이나 환상에 의해서만 결정해서는 안 됩니다. 그 체험과 환상은 반드시 기록된 하나님의 말씀이나 예언과 일치해야 합니다. 야고보는 바로 이것을 입증한 것입니다. 구약의 아모스나 예레미야 선지자를 통해서 예언된 말씀이 바울과 바나바와 베드로가 경험한 내용과 놀랍게도 일치하고 있습니다.

특히 신약 시대, 혹은 성령 시대에 살고 있는 우리는 이 메시지를 잘 기억해야 합니다. 우리는 성령 받고, 은혜 받고, 하나님의 음성을 듣고, 기적의 역사를 체험할 수 있습니다. 그러나 문제는, 그것이 성경과 일치하느냐는 것입니다. 일치하지 않으면 이단이 되기 쉽습니다. 극단적으로 나가거나 잘못되기가 쉬운 것입니다. 많은 이단이 거기에서 생깁니다.

우리 신앙의 근거는 성경입니다. 우리의 경험도, 간증도 중요하지만, 그것이 성경과 일치해야 합니다. 야고보는 바로 이 문제를 거론했습니다. 구약의 메시지와 당시 일어나고 있는 사건과 연결시킨 것입니다.

이후에 내가 돌아와서 다윗의 무너진 장막을 다시 지으며 또 그 허물어진 것을 다시 지어 일으키리니 이는 그 남은 사람들과 내 이름

으로 일컬음을 받는 모든 이방인들로 주를 찾게 하려 함이라 하셨
으니 즉 예로부터 이것을 알게 하시는 주의 말씀이라 함과 같으니
라(행 15:16-18).

하나님이 왜 다윗의 무너진 장막을 다시 세우고 그 허물어진 것
을 다시 지어 일으키시겠습니까? 왜 다윗의 위를 영영히 폐하지
않겠다고 하시겠습니까? 하나님의 목적은 간단합니다. 다윗의 자
손에서 메시아를 나오게 하시고, 그 메시아를 통해서 예루살렘의
선택된 유대인들뿐 아니라, 열방의 모든 이방인들을 구원하시기
위해서입니다.

아모스 선지자는 이 사실을 오래전에 이런 예언으로 남겨 놓았
습니다. "에돔의 남은 자와 내 이름으로 일컫는 만국을 기업으로
얻게 하리라"(암 9:12). 사도행전과는 몇 가지 다른 부분이 있는데,
그것은 아모스 시대와 당시의 시대적 정황이 약간 다름으로 인한
표현상의 차이일 뿐입니다.

어쨌든 하나님이 이방인들을 찾으신다는 메시지는 이미 예언된
것입니다. 아모스서의 메시지가 지금 사도 베드로가 말하고 있는
메시지 그리고 바울과 바나바의 경험과 일치한다는 것이 야고보
의 결론입니다. 이는 예언이 응답되었다는 것입니다.

예수님이 세상에 오실 때 예언 없이 된 것은 하나도 없습니다.
그분이 태어나는 때와 장소 등, 그 모든 과정이 구약에 예언된 대

로 되었습니다. 예수님은 예언대로 이 세상에 오신 것입니다. 마찬가지로 신구약에 나타난 모든 예언은 예수님이 다시 오실 때 그대로 다 이루어질 것입니다.

야고보는 놀라지 않을 수 없었을 것입니다. 구약을 열심히 공부했던 베드로도 마찬가지입니다. '이방인의 회심은 인간이 계획하고 만든 사건이 아니었다. 인간이 예측할 수 있는 사건이 아니었다. 하나님이 초자연적으로 우리의 상상을 초월해서 행하신, 그분의 주권적인 구원의 섭리였다.' 그들은 이 사실을 깨달았습니다. 아모스서는 이것을 '하나님의 일'이라고 말했습니다. 야고보도 이것을 '주의 말씀'이라고 말했습니다.

야고보가 내린 두 가지 결론

이 말씀에 근거해서, 야고보는 이제 교회를 대표해 두 가지 일을 결정합니다.

> 그러므로 내 의견에는 이방인 중에서 하나님께로 돌아오는 자들을 괴롭게 하지 말고 다만 우상의 더러운 것과 음행과 목매어 죽인 것과 피를 멀리하라고 편지하는 것이 옳으니(행 15:19-20).

율법이나 전통을 강요하지 말라

첫째, 예수 그리스도로 말미암아 구원받고 성령 받은 이방인들에게 유대인의 전통을 강요하지 말라는 것입니다. 선택받은 이스라엘 백성이 지켰던 율법의 규례나 할례를 강요하지 말라는 것입니다. 야고보의 말은 사사로운 의견이 아니라, 강력한 결정을 뜻하는 선포였습니다.

야고보는 이방인 중에서 하나님에게로 돌아오는 자들을 괴롭히지 말라고 했습니다. 그런데 우리는 어떻습니까? 우리는 그들을 너무 괴롭히고 있습니다. 우리가 하나님의 마음을 읽지 못하면 하나님의 일하는 사람들을 괴롭히기 쉽습니다. 또한 처음 예수 믿는 사람들을 괴롭히기도 쉽습니다. 정작 예수님에 대해서는 가르쳐 주지 않고 이상한 규례나 전통만을 강요함으로써 잘못된 신앙을 심어 주는 실수를 하기 쉽다는 것입니다. 베드로식으로 표현하면, 그것은 하나님을 시험하는 일입니다. 또한 그의 말대로, 그들의 조상과 그들 자신도 능히 매지 못했던 멍에를 이방인의 목에 매려는 것과 똑같은 것입니다. 바리새파 그리스도인들의 반론에 대한 야고보의 결론은 아주 통쾌합니다.

은혜 받는다는 것이 무엇입니까? 내가 원하는 것이 이루어지는 게 아니라, 내가 깨지는 것입니다. 내가 박살나는 것입니다. 내 생각, 내 주장이 틀렸다는 사실을 깨닫는 것입니다. '하나님이 내 생각, 내 주장보다 더 크시구나, 더 위대하시구나.' 이것을 깨닫는 것입니다.

오늘날 교회의 위기는 무엇입니까? 복음이 아닌 것을 가지고 너무나 심각하게 사람과 교회 모두를 속박하는 것입니다. 은혜를 가르치는 것이 아니라 율법을 가르칩니다.

60-70년대에 학생 운동이 부흥한 이유가 무엇입니까? 교회가 복음을 설교하지 않았기 때문입니다. 당시만 해도 '당신은 구원받았습니까?'라는 말이 없었습니다. 교회에서 선포되는 대부분의 설교는 윤리적이고 도덕적인 것이었습니다. 해야 하는 것과 하지 말아야 하는 것을 정해 두고, 그것을 잘 지키면 예수를 잘 믿는 것으로 착각했습니다. 바리새인마냥 율법의 규례를 많이 지킬수록 예수를 잘 믿는 것으로 착각했습니다. 어쩌다 가정 예배 한 번 안 드리면 천벌을 받을 것 같은 스트레스를 주는 것입니다.

우리 세대는 그렇게 자랐습니다. 그때는 아침저녁으로 예배드리는 게 얼마나 지겹던지, 저녁 예배 한 번만 안 드리면 살 것 같다는 생각도 해 보았습니다. 우리 부모님 세대는 그렇게 신앙을 가르쳐 왔습니다. 이런 모습은 우리가 윤리를 강요하는 유교 전통에서 살아온 데서 연유한 것 같습니다. 예수님 안에 있는 자유와 구원의 기쁨과 감격이 무엇인지를 가르쳐 주어야 하는데, 그렇게 하지 못했습니다.

이런 가르침이 심해지면 어떤 결과가 올까요? 간단합니다. 무신론자가 되는 것입니다. 사람들에게 율법을 계속 강요하면 하나님을 믿지 않게 됩니다. 부모가 목사인 신앙 좋다는 집안에서 자랐지만, 단지 기독교를 부인하지만 않을 뿐, 하나님을 믿지도, 교회에 나오지도 않는 사람들이 얼마나 많은지 모릅니다. 왜 그렇습니까? 이미 너무 질려 버렸기 때문입니다. 만약 그들에게 진정한 복음을 들려주었더라면 그렇게 되진 않았을 것입니다. 윤리만 가르쳤기 때문에 그렇게 된 것입니다. 이런 문제가 초대 교회에도 있었던 것을 보게 됩니다.

저는 이단에 빠져 있는 사람들을 많이 만나 보았습니다. 그들 가운데 많은 사람들이 이전에 교회에 다녔던 사람들입니다. 교회를 떠난 사람들은 무신론자가 되거나 이단으로 가는 경우가 많습니다. 이단이 생긴 책임은 기성 교회에 있습니다. 교회가 복음을 제대로 가르치지 않고 예수님을 보여 주지 않았기 때문에, 그들이 좀 더 잘해 보려고 다른 데를 찾다가 이단에 빠진 것입니다. 우리가 제대로 구원을 선포했더라면, 제대로 예수 그리스도를 전하고 예수 믿는 삶을 가르쳤더라면, 이단이 생길 이유가 없습니다. 기성 교회의 타락이 이런 결론을 유발하게 된 것입니다.

교회는 예수님을 보여 주어야 합니다. 예수님으로 말미암아 죄 용서함을 받고 구원받는다는 이 진리를 정확하게 가르쳐 주어야 합니다. 이단에 빠진 많은 사람들이 이런 말을 합니다. "나는 기성 교회 다니면서 하나님을 한 번도 느껴 본 일이 없다. 그냥 교회에 다녔을 뿐이다." 교회가 이런 말을 들어서는 안 됩니다. 교회는 예수 그리스도로 말미암아 구원받고 성령 받은 사람들에게 율법이나 전통만을 강요해서는 안 됩니다. 야고보가 내린 결론의 하나가 이것입니다.

구원받은 자답게 살아가라

야고보가 내린 두 번째 결론은 무엇입니까? 그렇다면 구원받는 것으로 다 끝나느냐는 것입니다. 아닙니다. 구원의 필수 조건은 아니지만, 구원받은 자에게는 구원받은 자의 생활, 구원받은 자로서 살아가는 방법이 있다는 것입니다.

> 다만 우상의 더러운 것과 음행과 목매어 죽인 것과 피를 멀리하라고 편지하는 것이 옳으니(행 15:20).

이것을 술, 담배라는 말로 쉽게 설명해 보겠습니다. 술, 담배를 끊어야만 구원받습니까? 아닙니다. 술과 담배를 해도 구원이 있습니다. 많은 사람들이 "난 아직도 담배 피우는데, 나는 아직도 도박을 하는데"라고 말합니다. 그래도 구원받을 수 있습니다. 왜냐하면 구원은 예수 그리스도를 믿음으로써 얻는 것이지, 윤리 도덕적으로 선한 일을 해서 얻는 것이 아니기 때문입니다.

그러나 좋아하지 마십시오. 그렇다고 해서 구원과 술과 담배가 전혀 상관이 없습니까? 아닙니다. 술과 담배를 끊었기 때문에 구원받는 것은 아니지만, 예수 믿고 구원받으면 술과 담배를 끊게 되는 것입니다.

예수 믿기 전에 우상을 숭배하고 세상적으로 살던 사람들도 마찬가지입니다. 그들이 행동을 바꿨기 때문에 구원받은 것이 아니라, 예수를 믿음으로 구원을 얻은 것입니다. 그렇게 구원을 받고 보니 구원받은 자의 생활이 있다는 것입니다. 거지로 살 때는 거지 문화가 있습니다. 깡통을 들고 돌아다니는 것입니다. 그러나 왕이 되었을 때는 왕의 생활이 있습니다. 도둑으로 살 때는 도둑의 문화가 있습니다. 사기꾼의 문화가 있습니다. 깡패의 문화가 있습니다. 악한 사람의 문화가 있습니다. 세상의 문화가 있습니다. 그러나 예수를 믿고 나면 더 이상 그것을 지속할 수 없는 것입니다. 그래서 하나님의 자녀답게, 천국 백성답게 살아가는 사람으로 변하게 되는 것입니다.

다시 말하면, 야고보의 메시지는 두 가지로 요약됩니다. 첫째, 행함으로 구원받는 것이 아니라 예수 그리스도를 믿음으로 구원받는다는 것입니다. 둘째, 예수 믿고 구원을 받으면 구원받은 자로서의 생활을 해야 한다는 것입니다.

그리스도인의 문화를 지키라

그렇다면 유대인과 이방인의 문화가 다른데, 그리스도인인 유대인과 이방인이 공통적으로 지켜야 할 그리스도인의 문화는 무엇입니까? 야고보는 이에 대해 세 가지를 제시합니다.

첫째, 우상 숭배에 사용되었던 제물이나 음식이나 물건을 멀리하라는 것입니다. 사실, 예수를 믿지 않는 사람들은 저마다 우상을 섬깁니다. 그것이 자기 자신이든 다른 종교든 간에, 모두 자신만의 우상을 가지고 있습니다. 우상을 가지고 있다는 것은 우상 문화 속에 살았다는 얘기입니다. 그러나 바로 그 문화, 과거에 하나님 없이 우상을 섬기고 살면서 익혀 왔던 그 문화를 이제는 멀리하라는 것입니다. 계속 그 문화 속에 있으면 다시 우상 숭배로 돌아가거나 영적 유혹을 받기가 쉽기 때문입니다.

예수님을 믿는다면서도 옛날에 섬기던 우상 문화를 버리지 못하는 사람들이 있습니다. 교회에서 집사님이고 봉사도 많이 하는데, 자녀를 결혼시킬 때면 꼭 점을 보는 사람이 있습니다. "왜 점을 봅니까?" 물었더니, 자신 때문이 아니라 자식을 위해서 할 수 없이 본다고 합니다. 도대체 이 사람의 믿음은 무엇입니까? 세상 사람이 그렇게 한다고 해서 그것을 따라서는 안 됩니다. 우리는 예수 믿기 전에 따르던 우상 숭배의 문화에서 빠져나와야 합니다.

둘째, 음행에서 빠져나오라는 것입니다. 우상 숭배에 필수적으로 붙어다니는 것이 음행입니다. 우상이 있는 곳에는 음행이 있게 마련입니다. 구약 시대의 많은 우상 숭배자들은 제사 방법의 하나로서 성적인 만족을 추구했습니다. 그들은 그렇게 하면서도 양심의 갈등을 느끼지 않았습니다. 그것이 그들 제사의 한 방법이었습니다.

음행은 마귀가 쓰는 가장 강력한 무기입니다. 그래서 야고보는 이를 경고하는 것입니다. 음행은 결국 우상 숭배를 하게 하는 것이기 때문입니다.

셋째, 목매어 죽인 것과 피를 멀리하라는 것입니다. 목매어 죽이고 피를 먹는 것은 구약에서도 금하는 행위들이었습니다.

이 모든 것은 우리로 하여금 하나님의 가족답게, 영적인 방법대로 살아가라는 뜻입니다.

편지를 들고 안디옥으로 돌아가는 사도들

야고보의 말이 끝나자 사도와 장로와 온 교회는 사람을 택해 바울과 바나바와 함께 안디옥으로 보내기로 결정합니다. 그리고 그들이 내린 결론의 내용을 담은 편지도 함께 보냅니다.

> 이에 사도와 장로와 온 교회가 그중에서 사람을 택하여 바울과 바나바와 함께 안디옥으로 보내기를 결정하니 곧 형제 중에 인도자인 바사바라 하는 유다와 실라더라 그 편에 편지를 부쳐 이르되 사도와 장로 된 형제들은 안디옥과 수리아와 길리기아에 있는 이방인 형제들에게 문안하노라(행 15:22-23).

그들은 유다와 실라를 뽑았습니다. 그리고 안디옥과 수리아와 길리기아에 있는 모든 이방인 형제들에게 편지를 써서 인사를 전하게 됩니다.

사람을 택하여 우리 주 예수 그리스도의 이름을 위하여 생명을 아끼지 아니하는 자인 우리가 사랑하는 바나바와 바울과 함께 너희에게 보내기를 만장일치로 결정하였노라(행 15:25-26).

그러면 편지의 내용은 무엇일까요? 앞에서 야고보가 말한 내용 그대로입니다. 그렇게 편지를 전하면서, 중요한 내용은 다시 한 번 말로 전하게 합니다. "이 일을 말로 전하리라"(행 15:27). 그러면서 편지도 쓰고 말로도 전할 내용을 반복해서 기록하고 있습니다.

성령과 우리는 이 요긴한 것들 외에는 아무 짐도 너희에게 지우지 아니하는 것이 옳은 줄 알았노니 우상의 제물과 피와 목매어 죽인 것과 음행을 멀리할지니라 이에 스스로 삼가면 잘되리라 평안함을 원하노라 하였더라(행 15:28-29).

그들이 말로도 전하고 편지로도 전한 메시지는 두 가지였습니다. 앞에서 살펴본 대로, 무거운 멍에를 이방인들에게 매게 함으로써 그들의 구원을 방해하지 말라는 것이 첫 번째 메시지입니다.

즉, 할례를 받아야 한다거나 율법을 행해야 한다는 말로 이방인들에게 짐을 지우지 말라는 것입니다. 그렇지만 복음에 합당한 생활이 있다는 것입니다. 이것이 두 번째 메시지입니다. 그러니 우상숭배하던 때의 문화와 음행 등을 버리고 식생활을 비롯한 모든 영역에서 정결하고 거룩한 생활을 하라는 내용입니다.

성령님과 함께 내린 결정

그런데 여기에 아주 중요한 표현이 하나 나옵니다. 이는 우리가 꼭기억해야 할 내용입니다.

> 성령과 우리는 이 요긴한 것들 외에는 아무 짐도 너희에게 지우지아니하는 것이 옳은 줄 알았노니(행 15:28).

'성령과 우리는 이 요긴한 것'이란 무슨 뜻입니까? 지금은 굉장한 논쟁이 벌어진 상황입니다. 우리 식으로 말하면 토론과 세미나가 열린 것입니다. 변론이 있고 반론이 있었습니다. 베드로가 나서서 얘기했고, 바울과 바나바도 간증을 했습니다. 그러고 나서 야고보가 결론을 내렸습니다. "구원은 예수 그리스도만으로 얻는 것이다. 행위나 율법으로는 절대로 구원을 얻을 수 없다. 그러니 할례나 율법의 행위를 추구하지 마라. 그렇지만 예수 믿는 사람은 그

나름대로의 생활 방식이 있다. 그 생활을 지키는 것이 좋겠다."

이 결론은 야고보가 내린 것입니까? 아닙니다. 베드로가 내린 것입니까? 아닙니다. 그곳에 모인 사람들이 만장일치나 다수결로 가결한 것입니까? 아닙니다. 이것은 성령님이 하신 것입니다. '성령과 우리는'이라는 말에는 바로 이런 의미가 담겨 있습니다. 이는 굉장히 중요한 말입니다. 성령과 우리가 같이했다는 것입니다.

최근에 무엇인가를 결정한 일이 있습니까? 그것이 신앙적인 것이든 생활적인 것이든, 무언가 결정한 일들이 있을 것입니다. 그렇다면 그때 행한 결정들은 성령님의 의견입니까, 아니면 당신 자신의 의견입니까? 이것은 아주 중요한 질문입니다.

제가 연예인교회에서 목회할 때 건강이 좋지 않아 병원에 갔는데, 의사 선생님이 목회를 그만둬야 한다는 진단을 내렸습니다. 너무 고민이 되었습니다. 제가 없으면 그 교회가 깨질 것만 같은 생각이 들었기 때문입니다. 저는 고민을 안고 제 결혼식 주례를 해주셨던 한경직 목사님을 찾아갔습니다. 상황을 설명하고 "어떻게 하면 좋겠습니까?" 물었더니, 목사님은 당신의 경험담을 들려주셨습니다.

목사님이 북한에서 피난 올 때 한 달 정도만 피신해 있으면 될 것이라 생각하고 남쪽으로 내려왔다고 했습니다. 그런데 그렇게 되지 않고 휴전선이 생겼답니다. 만약 그때 이 사실을 알았다면 피난 오지 않았을 거라고 하셨습니다. 왜냐하면 북한에서 섬기던 그 교회에 하나님의 가라는 명령을 받아 갔었고, 떠나라는 명령은 없었기 때문입니다.

이 말씀을 하시면서, 목사님은 세 가지 사건이 있을 때만 떠나야 한다고 말씀하셨습니다. 첫째, 기도 중에 "너는 가라"는 분명한 음성을 들었다면 가라는 것입니다. 둘째, 온 교인들이 만장일치로 "당신은 가시오" 그러면 가라는 것입니다. 셋째, 병들어서 목회를 할 수 없으면 떠나라는 것입니다. 이렇게 하나님의 뜻이 분명할 때는 교회를 떠나도 된다고 하셨습니다. 하나님의 음성을 듣고 그 교회에 갔으면서, 떠날 때는 왜 맘대로 하느냐는 것입니다. 그 말씀이 제 마음에 오래도록 남습니다.

우리는 살면서 여러 가지 일을 결정합니다. 그때 중요한 것은 그것이 나의 결정이냐, 성령님의 결정이냐는 것입니다. 사도들을 비롯한 본문에 나오는 사람들은 분명히 자기들끼리 논쟁하고 변론하고 간증을 했습니다. 그러고 나서 그에 대한 결론을 내릴 때는 성령님과 함께 결정했습니다. 초대 교인들의 특색이 무엇입니까? 그것은 오순절 이후 성령님의 음성을 듣고, 성령님의 인도함을 받으며, 성령님과 동행하고, 성령님이 주시는 능력 속에서 살았다는 것입니다. 그것이 초대 교회였습니다. 그리고 그것이 사도행전입니다.

하나님이 모든 영광을 받으시게 하라

당신은 무언가를 결정할 때 하나님이 시키셔서 합니까, 아니면 하나님이 좋아하실 것이라는 막연한 기대감과 상상으로 합니까? 베드로전서에 귀한 말씀이 소개되고 있습니다.

> 만물의 마지막이 가까이 왔으니 그러므로 너희는 정신을 차리고 근신하여 기도하라 무엇보다도 뜨겁게 서로 사랑할지니 사랑은 허다한 죄를 덮느니라 서로 대접하기를 원망 없이 하고 각각 은사를 받은 대로 하나님의 여러 가지 은혜를 맡은 선한 청지기같이 서로 봉사하라 만일 누가 말하려면 하나님의 말씀을 하는 것같이 하고 누가 봉사하려면 하나님이 공급하시는 힘으로 하는 것같이 하라 이는 범사에 예수 그리스도로 말미암아 하나님이 영광을 받으시게 하려 함이니 그에게 영광과 권능이 세세에 무궁하도록 있느니라 아멘(벧전 4:7-11).

여기 중요한 말씀이 있습니다. "만일 누가 말하려면 하나님의 말씀을 하는 것같이 하고"라는 말씀입니다. 이는 어떤 생각이나 의견을 말하기 전에 많이 기도하고 고민하라는 것입니다. 이렇게 하는 것이 내 생각인지 하나님 생각인지, 이렇게 가는 것이 하나님 뜻인지 아닌지를 가지고 눈물 흘리고 금식하며 기도하라는 것입니다. 그렇게 했을 때 우리는 불안하지 않습니다. 하나님이 시키셨기 때문입니다. 말하고 나서 불안하다면, 그것은 내 생각을 말했기 때문입니다. 내가 말한 것, 내가 생각한 것은 불안합니다. 그러나 하나님의 뜻이면 불안하지 않습니다. 그래서 그리스도인들은 말이 적습니다. 할 말이 많이 없기 때문입니다. 그리스도인은 행동은 많고, 말은 적어야 합니다.

베드로는 계속 말합니다. "누가 봉사하려면." 내 돈, 내 능력, 내 시간으로 하면 내가 영광 받고 교만해집니다. 그렇기 때문에 무슨 봉사를 하든 내가 하되, 하나님이 공급해 주시는 힘으로 해야 한다는 것입니다. 내가 돈을 쓴다고 해서 그것이 내 돈은 아닙니다. 하나님의 돈을 내가 대신 쓰는 것입니다. 시간도 마찬가지입니다. 이것은 내 시간을 쪼개서 내는 것이 아니라, 하나님의 시간을 내가 대신 드리는 것입니다. 이렇게 하는 것이 바람직한 그리스도인의 모습입니다. 그것이 교회입니다. "이는 범사에 예수 그리스도로 말미암아 하나님이 영광을 받으시게 하려 함이니." 그래야만 하나님이 영광을 받으시게 된다는 것입니다.

이것이 우리의 모습이 되기를 바랍니다. 성령님의 생각이 곧 내 생각이고, 내 생각이 곧 성령님의 생각이 되도록 기도하게 되기를 바랍니다. 저는 제가 그렇게 되기를 원합니다.

성령님과 하나 되는 비결

그렇게 되기 위한 두 가지 비결이 있습니다. 이것은 아주 고전적인 방법인데, 첫째는, 성경을 많이 읽고 묵상하는 것입니다. 성경을 많이 읽는 사람의 머릿속은 온통 성경으로 가득 차 있습니다. 성경을 읽을 뿐만 아니라 깊이 묵상하십시오. 둘째는, 많이 기도하고 순종하는 것입니다. 그런 사람 안에는 성령의 생각이 끊임없이 머물게 됩니다.

당신에게 이런 조언을 해 주고 싶습니다. 누군가의 말을 들어야 하거든, 성경을 많이 읽는 사람의 말을 들으십시오. 어떤 사람의 충고를 받아들여야 하거든, 기도 많이 하는 사람의 충고를 들으십시오. 그 사람의 나이가 많고 적음은 그리 중요하지 않습니다. 저도 개인적으로 이런 원칙을 갖고 있습니다. 제가 부족하기 때문에 다른 사람의 얘기도 많이 들어야 하는데, 그때 그 사람이 목사냐 아니냐를 가지고 판단하지 않습니다. 목사 중에서도 기도 안 하는 사람의 얘기는 건성으로 듣습니다. 같은 동역자라도 성경을 읽지 않는 사람의 얘기는 건성으로 듣습니다. 그러나 기도 많이 하는 분, 성경을 많이 읽는 분의 얘기에는 귀를 기울입니다. 왜냐하면 그 속에 하나님의 메시지가 있기 때문입니다. 하나님 앞에 무릎 꿇는 사람, 말씀 앞에 자주 서는 사람의 말 속에는 틀림없이 하나님의 뜻이 담겨져 있습니다.

저는 당신의 모든 결정이 성령님의 결정이 되기를 바랍니다. 그러기 위해서는 기도하고 성경 읽는 것 이외에 다른 방법이 없습니다. 일을 많이 하는 것도, 능력이 많은 것도, 높은 위치에 있는 것도 그 방법이 될 수 없습니다.

가끔, 저를 아는 분들이 저를 위해 기도하다가 깨달은 하나님의 메시지를 저에게 전해 줄 때가 있습니다. 저는 그것이 아무리 시시해도 굉장히 정중하게 받습니다. 왜냐하면 기도하는 사람이 그 말을 했기 때문입니다. 그것은 제게 참 많은 도움과 은혜가 됩니다. 당신에게 권면합니다. 기도하는 사람의 말을 들으십시오. 성경을 많이 가르치는 사람이 아니라, 성경을 많이 읽고 개인적으로 묵상하는 사람의 말에 귀를 기울이십시오.

교회의 사역이 제대로 되는가의 여부를 판가름하는 것은 기도입니다. 새벽 기도가 어떠한가가 그 교회를 결정합니다. 진정으로 무릎 꿇고 기도하는 사람이 많으면, 그 교회에는 성령님이 역사하실 것입니다. 그러나 아무리 많은 사역과 좋은 프로그램이 있다 하더라도 기도하는 사람이나 성령의 사람이 없으면, 그것은 다 모래알과 같은 것입니다. 이 모든 일들은 성령님 그리고 성령님과 동행하는 우리가 결정합니다.

23

만남과 헤어짐

사도행전 15:30-41

신앙의 교리가 분명해지고 확정되면 신앙의 갈등이 사라집니다. 우리에게 갈등이 여전한 이유는 하나님을 믿을 것인가, 믿지 않을 것인가 하는 문제를 가지고 계속 고민하기 때문입니다. 믿음이 확정되지 않은 채 교회에 다니면 계속 고민하게 됩니다. 그러나 하나님을 향해 마음이 확정되면, 인생의 문제가 단순해집니다. 심지어 삶과 죽음, 성공과 실패의 문제도 간단하게 정리됩니다. 하나님을 믿는 사람은 죽음이 두렵지 않습니다.

베드로의 실수

예루살렘의 결정이 내려지자 바나바와 바울과 유다와 실라가 안디옥으로 갔습니다. 이들은 결정된 내용이 담긴 편지를 가지고 안디옥에 있는 형제들을 찾아가 그 메시지를 함께 나누었습니다. 이로 인해 사람들은 위로를 받고 기뻐했습니다.

저희가 작별하고 안디옥에 내려가 무리를 모은 후에 편지를 전하니 읽고 그 위로한 말을 기뻐하더라 유다와 실라도 선지자라 여러 말로 형제를 권면하여 굳게 하고 얼마 있다가 평안히 가라

는 전송을 형제들에게 받고 자기를 보내던 사람들에게로 돌아가
되(행 15:30-33).

교회가 평안해졌습니다. 폭포수처럼 소란했고 들끓던 많은 논
쟁들이 순식간에 잠잠해졌습니다.

'율법과 할례를 행하지 않아도 구원은 완전하다'는 선언이 성령
의 감동을 받아 교리로 확정되었습니다. 그러나 실제로 이를 행하
는 데는 어려움이 있었습니다. 말과 행동은 그렇게 쉽게 일치되지
않습니다. 우리가 믿는 대로 살면 얼마나 좋겠습니까? 그러나 그
렇게 안 되는 데 우리의 기도 제목이 있습니다.

이런 고민을 가장 많이 한 사람이 누구겠습니까? 베드로입니다.
베드로는 실수도 많이 하고 고민도 많이 했습니다.

> 게바가 안디옥에 이르렀을 때에 책망 받을 일이 있기로 내가 그를
> 대면하여 책망하였노라 야고보에게서 온 어떤 이들이 이르기 전에
> 게바가 이방인과 함께 먹다가 그들이 오매 그가 할례자들을 두려워
> 하여 떠나 물러가매 남은 유대인들도 그와 같이 외식하므로 바나바
> 도 그들의 외식에 유혹되었느니라(갈 2:11-13).

게바, 즉 베드로가 안디옥에 왔습니다. 그는 자기가 설교하고 선
언한 대로 이방인들과 교제했습니다. 같이 식사도 하고, 율법의 멍

에를 매지 말라고 설교도 했습니다. 그런데 그가 이방인들과 식사를 하고 있을 때 야고보가 보낸 사람들이 안디옥에 온다는 소식을 들었습니다. 순간 베드로는 두려움에 사로잡혔습니다. 할례자들에게 비판받을 생각을 하니 순식간에 겁에 질린 것입니다. 그래서 음식을 먹다가 살짝 빠져나와 도망을 갔습니다.

이런 모습을 본 다른 유대인 그리스도인들은 어떻게 되었겠습니까? 베드로를 따라 유혹받기 시작했습니다. 누구까지 유혹을 받았습니까? 바나바까지 유혹을 받았습니다. 성경을 보면 "바나바도 그들의 외식에 유혹되었느니라"라고 기록되어 있습니다.

이를 통해 볼 때, 자신이 젖어 있던 전통과 문화에서 빠져나와 새로운 영적 진리에 이른다는 것이 말처럼 쉽지 않다는 것을 알 수 있습니다. 얼마나 어려운 일인지, 베드로조차도 실패했습니다. 그는 순식간에 옛날의 전통으로 돌아가서 유대인식으로 믿는 모습을 보일 수밖에 없는 고통을 겪게 되었습니다.

부족한 자를 복음의 통로로 사용하시다

당신은 어떻습니까? 주님을 믿고 나서 당장 세상일을 버리겠다고 결심했을 것입니다. 그런데 그게 그렇게 쉽게 버려집니까? 세상으로, 우상을 숭배하고 점을 쳤던 문화로, 세속적인 생활로 순간순간 자꾸 빠져드는 것이 우리의 모습입니다.

‘예수를 믿으면 구원받는다’는 말이 옳다는 사실을 알지만, 때로는 그것이 이해되지 않습니다. 그래서 자꾸 무언가를 해야 하고 변해야 될 것 같은 생각이 듭니다. 착한 일도 좀 해야겠고, 헌금도 좀 해야겠고, 기도도 좀 해야 구원이 완전할 것 같다는 유혹을 받는 것입니다.

하지만 기억하십시오. 우리는 오직 예수 그리스도로만 구원을 받습니다. 그런데 이 사실을 온전히 받아들이는 것, 십자가의 보혈에까지 완전히 들어가는 이 과정은 그렇게 쉽지 않습니다.

사도 바울은 화가 났습니다. 그래서 베드로를 사람이 많은 곳에서 공개적으로 공격합니다.

> 그러므로 나는 그들이 복음의 진리를 따라 바르게 행하지 아니함을 보고 모든 자 앞에서 게바에게 이르되 네가 유대인으로서 이방인을 따르고 유대인답게 살지 아니하면서 어찌하여 억지로 이방인을 유대인답게 살게 하려느냐 하였노라(갈 2:14).

바울은 계속해서 강한 어조로 말합니다.

> 만일 내가 헐었던 것을 다시 세우면 내가 나를 범법한 자로 만드는 것이라(갈 2:18).

그리고 그 유명한 갈라디아서 2장 20절이 나오는데, 이런 정황을 알아야 이 말씀을 이해할 수 있습니다.

내가 그리스도와 함께 십자가에 못 박혔나니 그런즉 이제는 내가 사는 것이 아니요 오직 내 안에 그리스도께서 사시는 것이라 이제 내가 육체 가운데 사는 것은 나를 사랑하사 나를 위하여 자기 자신을 버리신 하나님의 아들을 믿는 믿음 안에서 사는 것이라(갈 2:20).

우리는 여기서 베드로의 실수를 보았습니다. 또한 그로 인해 격정을 드러내는 사도 바울의 모습도 보았습니다. 사도행전에서 보면 사도 바울은 인격적으로 결함이 많은 사람입니다. 그러나 하나님은 이처럼 부족하고 완전치 못한 인간을 통해 구원과 복음의 역사를 계속 행하셨습니다. 바로 이것이 본문의 말씀을 통해 볼 수 있는 또 한 가지 주제입니다.

우리는 성인(聖人)이 아닙니다. 한 부분에 장점이 있다면 다른 부분에는 단점이 있게 마련입니다. 하나님은 우리가 온전하고 능력이 있어서 쓰시는 게 아닙니다. 연약하고 부족하고 지혜롭지 못한 요소가 있지만, 그런 것을 다 알면서도 우리를 사랑하기 때문에 우리를 통해서 일하시는 것입니다.

사람이란 누구를 막론하고 완전하지 못합니다. 따라서 완전하지 못한 자신 때문에 좌절해서는 안 됩니다. 비록 성자라는 말을 듣는 사람이라 할지라도 연약함과 실수가 많습니다. 하나님은 우리가 완전하기 때문에, 헌금과 봉사를 잘하기 때문에, 누구보다도 신실하고 약속을 잘 지키기 때문에 우리를 사랑하시는 것이 아닙니다. 우리는 의인이 아니라 죄인이었기 때문에 은혜를 받을 수 있었고, 하나님의 자녀가 될 수 있었습니다.

하나 되어 복음을 전하다

사도 바울과 바나바는 분명한 하나님의 일꾼이었습니다. 성령을 체험하고 복음에 사로잡힌 후, 그들은 물불을 가리지 않고 목숨을 걸어 가며 주님의 복음을 전했습니다. 우리가 존경하고 흠모해야 마땅한 자들이었습니다. 특별히 사도 바울은 설교와 변증에 뛰어났으며, 기적과 능력과 표적을 누구보다도 많이 체험했습니다. 반면에 바나바는 설교나 변증에는 좀 약했지만, 신약에서 볼 때 그 어떤 사람과도 비교할 수 없는 인격을 소유한 사람이었습니다. 특히 그는 상담을 잘했고, 연약한 자들을 잘 돌봤으며, 실수한 사람도 잘 용납했습니다.

바울과 바나바, 두 사람은 기가 막힌 팀워크를 가진 팀이었습니다. 은사와 특징과 나이는 다르지만, 좋은 팀워크를 이루었습니다. 바나바가 먼저 초대 교회에 왔으니 바울이 후배가 됩니다. 바울은 바나바의 동생 같은 사람이었습니다. 그들은 안디옥에 돌아온 뒤에도 서로 협력하며 꾸준히 사역했습니다.

> 바울과 바나바는 안디옥에서 유하며 수다한 다른 사람들과 함께 주
> 의 말씀을 가르치며 전파하니라(행 15:35).

우리는 두 사람이 사역하는 모습을 그려 볼 수 있습니다. 바나바와 바울은 아침 일찍 만나서 예배하며 기도했을 것입니다. 여러 가지 일을 의논하고, 같이 밥도 먹으며, 선교 전략도 함께 짰을 것입니다. 참 아름다운 관계입니다. 지상에서 가장 아름다운 것은 서로 다른 두 사람이 합력해서 한 가지 일을 하는 것입니다. 예수님은 요한복음 17장에서 하나님 아버지와 예수님이 하나인 것처럼 예수님과 우리가 하나 되기를 그리고 우리 각자가 다른 사람들과 하나 되기를 원하셨습니다.

2차 전도 여행을 계획하다

당시 바울과 바나바는 1차 전도 여행을 마친 후 함께 사역하고 있었습니다. 그런데 유난히 복음에 대한 뜨거운 열정을 가지고 있던 바울이 바나바를 재촉했습니다. 1차 전도 여행 때 만났던 수많은 사람들, 그중에서도 복음에 반응한 사람들을 다시 찾아가 심방하자는 것이었습니다. 그래서 시작된 것이 2차 전도 여행입니다.

며칠 후에 바울이 바나바더러 말하되 우리가 주의 말씀을 전한 각 성으로 다시 가서 형제들이 어떠한가 방문하자 하고(행 15:36).

2차 전도 여행은 2차 양육 여행이라 해야 맞습니다. 그들이 1차 전도 여행 때는 전도하러 갔지만, 2차 전도 여행 때는 전도가 아니라 사실은 양육하러 간 것이기 때문입니다. 그러나 후에 하나님은 양육하러 가던 그들의 진로를 그들이 생각지도 못한 방향으로 바꾸셔서 유럽 전도 여행이 되게 하셨습니다. 즉, 소아시아를 전도했던 그들을 마게도냐 쪽으로 가게 하셔서 유럽을 전도하게 하셨던 것입니다. 이것이 2차 전도 여행입니다.

우리는 앞의 말씀에서 '형제들이 어떠한가'라는 말을 발견하게 됩니다. 사도 바울은 자기가 복음의 씨를 뿌려 전도했던 사람들, 자기가 눈물 흘리며 기도해 주고, 귀신을 쫓아내고 기적을 베풀어 주었던 사람들의 소식이 몹시 궁금했습니다. 그래서 찾아가지 않고는 견딜 수가 없었습니다. 이것이 바로 선교사의 마음입니다. 이 마음이 없으면 아무것도 아닙니다. 선교지에 가서 현지 사람들을 만나고 집을 짓고 신학교와 병원을 세우는 것이 선교사가 아니라, 바로 이 마음을 갖고 있는 자가 선교사입니다. 설교하는 사람이 목사가 아니라, 성도들을 향해서 이 마음을 가진 자가 목사인 것입니다.

바울은 지금 형제들이 어떻게 지내고 있을까 하는 것이 가장 궁금했습니다. '내가 복음을 전한 형제들은 그 후에 어떻게 되었을까? 잘 살고 있을까? 혹시 시험에 들지는 않았을까? 시련과 고난을 겪으면서 마음에 상처를 받고 신앙을 버린 것은 아닐까?' 이런 염려로 인한 불타는 긴장감이 바울에게 있었던 것입니다. 이것은 자식을, 특히 병든 자식을 둔 부모의 마음과도 같습니다. 그리고 이런 애틋한 마음이 바로 하나님의 마음입니다.

그래서 그는 바나바에게, 형제들을 방문하기 위해 다시 떠나자고 제안합니다. "나는 지금처럼 잘사는 것이 영 불편합니다. 형제들이 궁금해서 견딜 수가 없어요." 바울은 지금 이렇게 말하고 있는 것입니다. 행복하게 사는 것이 오히려 불편하게 여겨지는 사람이 있습니다. 그리고 자기는 어딘가로 가야 될 것 같다는 생각으로 꽉 찬 사람이 있습니다. 바울이 바로 그런 사람이었습니다.

얼마든지 잘살 수 있습니다. 얼마든지 누리고 살 수 있습니다. 그런데 그것이 행복하게 여겨지지 않습니다. 왜 그렇습니까? 그 사람 안에 목자의 심정이 있기 때문입니다. 그래서 가난한 데로, 험한 데로 뛰어드는 것입니다. 그곳에 가면 덜 입고 덜 먹지만, 오히려 더 행복해합니다. 이 사람이 사도 바울이었습니다.

다투는 바울과 바나바

그런데 문제가 생겼습니다.

바나바는 마가라 하는 요한도 데리고 가고자 하나 바울은 밤빌리아에서 자기들을 떠나 함께 일하러 가지 아니한 자를 데리고 가는 것이 옳지 않다 하여 서로 심히 다투어 피차 갈라서니 바나바는 마가를 데리고 배 타고 구브로로 가고(행 1:37-39).

마가라 하는 요한 때문에 문제가 생겼습니다. 마가는 1차 전도 여행 때 수종자로서 함께 출발한 바나바의 생질입니다. 마가는 전도 여행을 간다니까 너무 신나서 따라나섰습니다. 그런데 가 보니 고생스럽기만 했습니다. 잠자리가 불편하고, 먹을 것도 형편없었습니다. 또 어떤 때는 귀신이 나가고 사람들이 자신들을 때려죽이려고 하는데, 겁이 났습니다. 불편했습니다. 가기 전까지는 좋아서 따라나섰지만, 막상 가 보니 너무 힘들었습니다. 그래서 그는 밤빌리아에서 도중하차하고 맙니다. 이런 사연이 1차 전도 여행 때 있었습니다. 아마도 사도 바울은 그때 화가 났던 모양입니다. 그 때문에 마음속에 맺힌 게 있었던 것 같습니다.

사실, 마가 같은 사람들은 옛날에도 있었고, 지금도 있습니다. 부름 받아 나선 이 몸 어디든지 가오리다 했는데, 가 보니 화장실도 없고, 먹을 것도 없고, 사람들은 자기를 죽이려고 합니다. 그래서 많은 사람들이 도중하차해 버립니다. 이런 사람을 바나바는 또 데리고 가겠다는 것입니다.

바울은 화가 났습니다. "안 된다. 못 데려간다." 두 사람은 이 문제로 싸웠습니다. 그리고 싸움이 좀 지나쳤는지, 그들은 결국 헤어졌습니다. 도대체 바나바와 바울 사이에 헤어질 정도의 일이 무엇이겠습니까? 마가가 그렇게 중요하단 말입니까? 아주 큰일을 앞에 두고 두 사람은 이렇게 갈라서게 되었습니다.

만남과 헤어짐의 원리

그런데 바로 여기에 만남과 헤어짐의 원리가 있습니다. "서로 심히 다투어 피차 갈라서니." 아무리 위대한 사도라 할지라도 인간적인 실수와 약점이 있는 것을 보게 됩니다. 그리고 성경은 이런 인간적인 실수와 약점을 감추지 않고 그대로 드러냅니다. 우리는 여기서 몇 가지 실제적인 교훈을 발견합니다.

첫째, 주님의 일을 할 때는 언제나 이견이 있을 수 있다는 것입니다. 우리는 이 사실을 이해해야 합니다. 성령이 계시면 다른 견해가 존재할 수 없지 않느냐고 말하는 사람들이 있는데, 그렇지 않습니다. 관점과 해석과 문화의 차이 때문에 다르게 볼 수도 있는 것입니다. 우리는 이것을 인정하고 이해해야 합니다. 많은 사람들이 싸우는 이유가 무엇입니까? 나와 같지 않다는 것입니다. 왜 저 사람은 내 방식으로 생각하지 않느냐는 것입니다. 그런 생각으로 계속 자기주장만 하다 보면 싸우게 됩니다.

그런데 여기서 주의해야 할 기본적이고도 중요한 문제가 있습니다. 즉, 의견이야 다를 수 있지만, 그것이 사탄의 공격에 의한 본질적인 문제냐, 아니면 문화 · 관점 · 해석 · 경험 · 지식의 차이 등으로 말미암아 생긴 문제냐 하는 것입니다. 만약에 사탄의 공격으로 인한 본질적인 문제라면 심각합니다. 그러나 문화적 차이라면, 서로 수용해야 합니다.

지금 바울과 바나바는 격렬하게 싸웠습니다. 그리고 결국 헤어졌습니다. 그들이 하나님 때문에 그랬습니까? 아닙니다. 그러면 누구 때문에 그랬습니까? 사람 때문입니다. 두 사람은 본질적인 문제, 즉 문화적인 차이, 견해의 차이, 은사의 차이 때문에 헤어졌습니다.

둘째, 하나님의 사람이라 인정받는 사람일지라도 의견의 불일치가 있을 수 있으며, 헤어질 수 있다는 것입니다. 보통 사람이 싸우면 갈등이 없는데, 존경하는 사람이 싸우면 갈등이 생깁니다. 평신도들이 싸우면 문제가 없는데, 목사들이 싸우고 갈라지고 헤어지면 시험에 듭니다. 그렇지 않습니까? 부모 입장에서 자식이 싸우는 것은 문제가 되지 않습니다. 하지만 자식의 입장에서 부모가 싸운다면 엄청난 갈등이 됩니다. 자식에게 부모는 도덕의 기준이기 때문입니다. 부모가 격렬하게 싸우고 내쫓고 이혼하면, 자녀들은 큰 충격을 받습니다. 도덕적 사고가 흔들립니다. 왜 그렇습니까? 그 부모를 사랑하고 존경했기 때문입니다.

성경은 존경하고 사랑하는 사람도 싸울 수 있다는 것을 보여 줍니다. 그러나 여기서도 짚고 넘어가야 할 것이 있습니다. 이 사람들은 본질적인 문제를 가지고 싸우지 않았다는 것입니다. 이 사람들은 하나님을 가지고 싸운 것이 아니라, 서로 다른 방법 때문에 싸웠습니다. 즉, 그들의 목표가 달랐던 것이 아니라, 그것을 이루는 방법이 달랐던 것입니다.

우리는 이 점을 조심해야 합니다. 상대적인 취향의 문제, 체질의 문제 때문에 서로를 비판해서는 안 됩니다. 조용한 것을 좋아하는 사람이 있고, 시끄러운 것을 좋아하는 사람이 있습니다. 시원시원하게 말하는 것을 좋아하는 사람이 있고, 신중하게 말하는 것을 좋아하는 사람이 있습니다. 또 일을 막 벌이는 사람이 있고, 일을 축소시키는 사람이 있습니다. 이런 차이 때문에 서로 비판하고 정죄해서는 안 됩니다. 이것은 선이냐 악이냐, 나쁜 것이냐 좋은 것이냐의 문제가 아닙니다. 서로 취향이 다른 것뿐입니다. 생각이 다른 것뿐입니다. 서로 다르기 때문에 똑같은 문제를 놓고도 다른 관점을 가질 수 있는 것입니다.

우리는 상대적인 것을 자꾸 절대화시키려 합니다. 바로 거기에 문제가 있습니다. 상대적으로 다른 관점에서 볼 수 있는 것을 절대화시키려는 것입니다. 거기에다 감정까지 개입시켜 야단을 칩니다. 그것은 나쁜 행위라고 지적합니다. 그렇게 생각할 수도 있는 문제인데 비판합니다.

부부가 살다 보면 부부싸움을 하게 됩니다. 그러나 사랑한다는 기본 전제가 흔들리면 안 됩니다. 사랑한다는 기본 전제만 있으면 의견 차이는 얼마든지 극복할 수 있습니다. 의견 차이로 말미암아 얼굴을 붉히거나 큰소리칠 수도 있지만, 그 이면에 사랑이 있다면 오히려 그것을 통해 더 발전하고 성숙할 수도 있습니다. 오히려 그것이 복이 될 수 있는 것입니다. 그런데 이것이 조금 지나쳐서 상대방이 내가 주장하는 대로, 내가 생각하는 대로 하지 않으면 화를 내고 정죄하는 사람이 있습니다. 이렇게 되면 문제가 심각해지는 것입니다. 마귀는 이것을 이용합니다. 그래서 심하면 헤어지게도 만듭니다.

우리는 같이 일하다가 헤어질 수도 있습니다. 그러나 다시 한 번 강조하지만, 하나님 때문에 헤어지는 것이 아닙니다. 구원이나 진리 때문에 헤어지는 것이 아닙니다. 서로의 취향과 생각이 다르기 때문에 헤어질 수 있는 것입니다.

만약 우리 교회에서 신앙생활하는 것이 불편하다면, 계속 다닐 필요가 없습니다. 그러면 자꾸 시험에 들 뿐입니다. 자기 체질에 맞는 교회를 찾아가는 것이 제일 좋습니다. 서로 사랑하고 일하고 기도해 주기에도 시간이 부족한데, 논쟁하며 감정을 낭비할 시간이 어디 있습니까? 하나님이 여러 교파와 선교 단체를 만들어 주신 것은, 서로 맞는 사람들끼리 잘해 보라고 그런 것입니다. 바로 그 사실을 바울과 바나바를 통해서 배우게 됩니다.

35절까지는 바울과 바나바가 함께 일하는 것이 하나님의 뜻이었습니다. 하지만 그 후에는 은사와 생각과 취향이 다른 두 사람이 헤어짐을 통해서 새롭게 일하도록 하셨습니다. 만일 바울과 바나바를 계속 붙여 놓으셨더라면, 이 갈등 때문에 계속 소모전을 했을 것입니다. 우리는 여기서 이 교훈을 배워야 합니다.

헤어진 바울과 바나바

정리하면, 바울과 바나바의 헤어짐은 첫째, 예수 그리스도 때문도, 하나님 때문도, 교리 때문도 아니었습니다. 그러면 누구 때문에 헤어지게 되었습니까? 마가를 어떻게 해석했느냐에 대한 개인적인 취향 때문에 헤어졌습니다.

바나바의 입장은, 마가에게 기회를 한 번 더 줘야 한다는 것입니다. '그때는 마가가 실수한 것이다. 사람으로서 그럴 수 있지 않느냐? 그러니 이 사람을 여기서 버리면 안 된다'는 것이 그의 의견입니다. 그래서 마가도 데려가야 한다는 것입니다. 바나바의 의도는 아주 좋았습니다. 그러니 인격자로 세상에 소문이 난 것입니다. 목회자는 이런 모습을 따르는 것이 제일 좋습니다.

반면에 바울의 입장은 바나바와 달랐습니다. 그는 걱정이 되었습니다. 마가는 팀워크를 깬 전적이 있는 사람입니다. 개인적으로는 이해가 되기도 합니다. 그런 그를 데려갔는데, 힘들다고 도중에 또 도망가 버리면 어떡합니까? 그런 일이 또 발생해서는 안 된다는 것입니다. 그렇기에 절대 같은 팀에는 넣을 수 없다는 것이 바울의 생각이었습니다.

바울도 나름대로 깊이 생각했고, 바나바도 그랬습니다. 그러나 바나바는 사람을 중요하게 생각했고, 바울은 선교를 중요하게 생각했습니다. 둘 다 맞습니다. 절대적인 문제가 아닌 상대적인 문제를 볼 때 우리가 기억해야 할 것은, 누가 옳고 누가 틀리냐를 판단하지 말아야 한다는 것입니다. 둘 다 맞습니다. 저 사람 입장에선 저 사람이 맞고, 이 사람 입장에선 이 사람이 맞습니다. 다 일리가 있는 얘기입니다.

어쨌든, 서로 용납이 안 된 두 사람은 헤어지는 지경에까지 이르렀습니다. 그런데 재미있는 것은, 바나바가 마가를 데리고 구브로 지방으로 갔다는 사실입니다. 구브로는 바나바의 고향이었습니다. 그리고 1차 전도 여행을 처음 시작했던, 즉 마가가 실수했던 장소였습니다. 바나바는 마가를 그곳으로 다시 데리고 갔습니다. 바나바는 참 사려가 깊은 사람입니다. 그는 상담자요, 인격자였습니다. 반면에 바울은 정반대 방향으로 갔습니다. 즉, 예루살렘에서 파송되었던 유다와 실라 중에서 실라를 데리고 수리아와 길리기아 지역으로 간 것입니다.

성경적인 헤어짐

바울은 실라를 택한 후에 형제들에게 주의 은혜에 부탁함을 받고 떠나 수리아와 길리기아로 다니며 교회들을 견고하게 하니라(행 15:40-41).

여기서 우리는 잘 만나는 것도 중요하지만, 잘 헤어지는 것도 중요하다는 사실을 배우게 됩니다. 복음을 위해서 말입니다. 우리가 만나서 영원토록 같이 살면 더없이 좋은 일일 것입니다. 그러나 그렇지 못한 경우가 우리 인생에는 더 많습니다. 이때 어떻게 헤어지느냐가 아주 중요합니다. 여기에 그리스도인다운 모습이 있어야 합니다.

많은 젊은이들이 사랑을 합니다. 그런데 만나서 결혼에 성공하는 경우보다는 헤어지는 경우가 더 많은 것을 봅니다. 헤어질 때는 다 가슴앓이를 합니다. 상처를 받습니다. 그것은 그 사람의 일생에 큰 영향을 줍니다. 그렇기 때문에 연인들이 헤어질 때는 잘 헤어져야 합니다. 불가피하게 헤어져야 할 경우에 잘 헤어지면 오히려 하나님 앞에 영광을 돌릴 수 있습니다. 젊은이들에게 이것을 가르쳐 주어야 합니다.

이것은 아주 실제적인 문제입니다. 대부분의 사람들은 서로 헤어질 때 얼굴을 붉히고 고소를 하고 상처를 주고 인격적으로 모독을 하고 소문을 만듭니다. 그렇게 해서라도 자기를 정당화하고 합리화하려는 게 우리 인간입니다.

바울과 바나바는 헤어질 수밖에 없었습니다. 그들은 서로 의견이 달랐기에 헤어질 수밖에 없었지만, 바울 서신을 보면 후에 다시 하나가 되는 것을 볼 수 있습니다. 마가는 어쩌면 패배한 인간이 될 수밖에 없는 사람이었습니다. 그러나 그는 바나바를 통해 나중에 기독교에서 아주 중요한 인물이 됩니다. 바나바와 바울이 후에 다시 만나게 되는데, 바울과 마가도 다시 만나는 것을 볼 수 있습니다. 하나님은 이들의 헤어짐을 통해서도 손해가 아닌 창조적이고 발전적인 일을 하셨습니다.

신앙생활을 하다 보면 한 교회에서 봉사하다가 다른 교회로 옮기게 되는 경우를 자주 봅니다. 교회를 옮기는 당사자는 얼마나 갈등이 많았겠습니까? 목사님에게 미안하고, 죄책감이 들고, 같이 신앙생활했던 사람들에게도 참 미안한 마음이 들 것입니다. 그러나 그 사람이 그 교회를 떠나는 것은 예수님을 안 믿기 때문도 아니고, 사도신경을 고백하지 않아서도 아닙니다. 그도 하나님을 사랑하지만, 문화적으로 서로 다르기 때문에 어쩔 수 없이 떠나는 것입니다. 그렇다면 괜찮습니다. 선교 단체의 경우도 마찬가지입니다. 한 선교 단체에서 헌신해서 일하다가 다른 선교 단체로 옮겨 갈 수도 있는 것입니다.

만남과 헤어짐에 대한 성경적인 원리는 무엇입니까? '만나도 하나님에게 영광을, 헤어져도 하나님에게 영광을.' 이거면 됩니다.

헤어짐을 통해서 서로 미워하거나 저주하거나 용납하지 못하거나 대화하지 않는 것이 잘못입니다. 서로 은사가 다르기에, 서로 다른 역할을 감당하기 위해서 헤어지는 것입니다.

헤어질 때 주의해야 할 점이 있습니다. 마귀가 개입하게 해서는 안 된다는 것입니다. 마귀가 개입하면 어떤 일이 생깁니까? 다 망합니다. 서로 물고 뜯다가 모두 죽게 되는 것입니다. 그러나 하나님이 개입하시면, 오히려 합력해서 선을 이룰 수 있습니다. 문제는 헤어짐의 원인이 무엇이냐, 내용이 무엇이냐입니다. 과연 그것이 사탄의 공격으로부터 온 것이냐, 아니면 은사와 부르심과 사역이 서로 다른 데서 온 것이냐 하는 것입니다.

우리는 세상을 살아갈 때 이런 일들을 수없이 만나게 됩니다. 그 때 우리는 바울과 바나바처럼, 헤어질지라도 하나님을 부인하거나 신앙에 손해 보는 일을 해서는 안 될 것입니다. 처음에는 아픔이 있을지라도, 나중에는 하나님이 그런 일들을 통해서도 합력해서 선을 이루실 것이기 때문입니다.